我也是魯迅的遺物

朱安傳

喬麗華 著

目次

——推薦序

寂寞的世界，寂寞的人

著名魯迅研究專家　陳漱渝

世界是喧鬧的，也是寂寞的。在喧鬧的世界上，活躍著一些改天換地、運轉乾坤的傑出人物，他們在人生道路上留下了深深的屐痕，在歷史的冊頁上鐫刻了英武矯健的身影。

在寂寞的世界裡，也生存著許多渺小如螻蟻的人們。他們自生自滅，來無痕，去無跡，隨著時光流駛，像塵埃般迅速消失在大千世界。作爲中國五朝古都的北平也是喧鬧的，這裡官蓋如雲，騠騎遍地；但北平宮門口西三條胡同卻是喧鬧世界的寂寞一角。這裡位處運煤車往返的阜成門牆根，是車夫、工匠、貧民的雜居地。

在西三條二十一號一所小四合院裡，居住著一位婦人。她身材瘦小，臉型狹長，顴骨突出；由於纏足，行走時有些顫顫巍巍。她跟名義上的丈夫各處一室，每天基本上只有三次對話：

一、叫早。回答是：「哼。」

二、臨睡，問關不關北房過道的中門。回答是：「關」，或「不關」。

三、索要家用錢。回答是：「多少」然後照付。

為了盡可能少費口舌，名義上的丈夫將換洗的衣物放在柳條箱的蓋上，塞在自己的床底下；她支配傭人洗淨之後，疊放在柳條箱內，上面蓋一層白布，放在她臥室的門旁。這位婦人就是魯迅的元配夫人朱安。

朱安是一位苦命人。我不懂佛學，但知道佛教講「濁世惡苦」，即「生時苦痛，老亦苦痛，病極苦痛，死極苦痛」（《佛說大乘無量壽經．心得開明第三十四》）。還聽說有一種苦，叫「求不得苦」。朱安在她六十九年的生涯中，真可謂諸苦遍嘗。她雖然出生在一個普通的官宦之家，但一生下即缺少天生麗質，又被纏足，知識水準不高，這些因素自然會減損她作為女人的魅力。二十八歲成為老姑娘後才嫁到周家，跟魯迅過的是形同陌路的日子。魯迅的母親希望她能生一個兒子，以此維繫夫妻感情。朱安回答得很實在：「老太太嫌我沒有兒子，大先生終年不同我講話，怎麼會生兒子呢？」跟精神生活貧乏一樣，她的物質生活同樣困頓。北平《世界日報》有一位記者採訪朱安，看到她正在用晚餐：半個小米麵窩窩頭、一碗白菜湯，另外有幾碟辣椒、醃白菜、豆腐乳。

比生苦、老苦更可怕是的病苦。我目前已是奔八十歲的老人，深知老人並不畏死，只求死得少痛苦，有尊嚴。然而這種願望對朱安來說顯得十分奢侈。我不確知朱安死於何種疾病，但從她託人代寫書信來看，應該是既有腎病、肺病，多年來又有嚴重的胃病，再加上血液循環不良，兩腿長期處於冰冷麻木狀態，眞是求生不得，求死不成。「千古艱難唯一死」，這句老話在朱安身上也得到了應驗。

我不懂佛學中「求不得苦」的確切意思是什麼，但用世俗觀念理解，大約是反映出願望與現實的衝突吧？人的願望如果是奢求或苛求，那「求不得」是正常的，不值得同情。如果這種願望屬於正常的最基本的人性需求，然而又偏偏不能實現，那就會釀成人間悲劇。比如朱安希望能有正常的夫妻生活，這本無可厚非。但她從訂婚到結婚卻整整拖延了七年。據魯迅舊家的傭工王鶴照說，新婚後的第二天新郎就獨睡書房，婚後第四天，新郎又東渡日本了。作爲妻子，朱安在夫妻身處異地的日子裡當然會想有魚雁往返，但魯迅讀她來信的感受卻是「頗謬」，自然也就碰撞不出跟許廣平撰寫《兩地書》時的那種火花。

朱安臨終前給許廣平寫信，希望將她的靈柩運至上海跟魯迅合葬。作爲正常夫妻，這種願望當然可以理解，應予滿足。但對於朱安而言，這卻是一種妄想，不僅許廣平不會贊成，其他親友也不會認爲妥當。結果朱安既沒有埋在初葬魯迅的上海萬國公墓，也沒有葬在她婆婆長眠的北京板井村墳地，而是臨時埋在北京西直門外的保福寺墓地。結果文化大革命中紅衛兵「破四舊」，朱安墳墓被夷爲平地，所以我們至今也不知她魂歸何處。朱安臨終前還希望死後每逢七日有人給她供水飯，至「五七」請和尚給她念一點經。這也是往昔一般人家的舊習俗，並不過分。但朱安無子嗣，估計也不會有什麼人認眞爲她焚香念佛。

由上可知，朱安的一生是名副其實的悲劇一生。作爲一種生物的存在，朱安自然有她由新生到老死的生命流程；但作爲一種社會存在，她生命的意義究竟在什麼地方呢？思來想去，我感到她存在的價值主要就是爲周氏三兄弟貼身照料了他們的母親。

周氏三兄弟都不是一般的人物。魯迅與周作人在中國現代文化史上地位自不待言，即使周建人也是一位生物學家、編輯家、翻譯家，建國後擔任過浙江省副省長，人大常委會副委員長等要職。朱安自嫁到周家，三十七年中盡心盡力承擔了照料婆婆的職責，除開早晚問候起居，還要管理家務；即使家中請了傭人，下廚烹炒紹興口味的菜肴也是她的日常工作。

魯迅雖然恪守孝道，連給母親購買的通俗小說都要先行閱讀，但畢竟在上海定居十年，單靠書信問候起居飮食，其間僅兩度北上省親，但還要忙於其他方面的雜事。周作人在一九四三年五月寫過一篇《先母行述》，簡述了母親一些美德，如「性弘毅，有定識」，自損以濟人，讀書以自遣之類，但在日常生活中恐怕距離孝行的標準尚存差距。據瞭解周家狀況的人說，周作人自從跟乃兄鬧翻之後，不但不願見兄長，連老太太也不看。

住在八道灣的時候，周作人讓母親單獨用膳，母親生病時也是到磚塔胡同去找魯迅帶她看病。魯迅定居上海之後，母親不願到八道灣跟周作人一起生活，從中似可窺其家庭關係之一斑。周建人是周氏兄弟中的老三，從小體弱多病，先於魯迅到上海謀職，經濟支絀，對於母親恐怕是出力出錢都有實際困難。

老人既需要「生活費」，更需要「生活」——這種生活就是親人的貼身照料。朱安在她存活的歲月當中，有一半多光陰是用於照料周氏三兄弟的生母，使他們減少了後顧之憂，在不同領域作出了各自的貢獻。從這個角度來看，朱安存在的社會價值恐怕是不能低估的吧。既然我們充分肯定許廣平在上海期間照顧魯迅的功勞，稱她為偉人背後的「無名英雄」，那朱安伺候魯迅母親長達三十七年，不也是一種功績嗎？

朱安的一生既然是一齣悲劇，那麼悲劇的製造者究竟是誰呢？這並不是一個複雜深奧的問題，而且前人已有公論。不過近些年來由於顛覆解構魯迅的聲音甚囂塵上，以至於有人想依據中華民國的法律判魯迅以「重婚罪」，依據上世紀八十年代臺灣當局修訂的《民法》想判魯迅以「通姦罪」；比較溫和的責難，是認為魯迅在家庭中對妻子施加了「冷暴力」。如果違背歷史進步的邏輯來判定是非，那豈不是還要依據蔣介石政權制定的「勘亂條例」將革命前輩都判以「叛亂罪」嗎？其實，魯迅的母親魯瑞已經承擔了自己的那一部分責任。她承認這樁不相稱的婚姻給大兒子帶來了終生的苦痛，所以此後二兒子和三兒子的婚事她就撒手不管了。

魯迅有一篇未完成的雜文，內容就是談論「母愛」。魯迅認爲母愛是偉大的，但他也認爲在舊時代母愛有時也是盲目而可怕的。母親在有些問題上成見很深，費了九牛二虎之力也只能改變十分之一、二，但沒過多久又會故態復萌。不過，魯瑞的想法和做法在當時也不是什麼「奇葩」和「異端」，無非是一般人家的普遍想法和做法。由此可見，釀成朱安悲劇的總根源是舊的家族制度和倫理觀念。現代的愛情觀以兩情相悅、自由擇偶、心靈溝通爲主要特徵，而在中國封建社會，那種儀式化婚姻的特徵卻是「父母之命，媒妁之言」。

魯迅去世之後，有人離間許廣平跟朱安之間的關係，說什麼許廣平每星期都給魯迅寫信，破壞了魯迅跟朱安的關係。又說，許廣平跟朱安爭奪《魯迅全集》的版權，似乎許廣平是爲了金錢而跟魯迅結合。在極端氣憤的情況下，許廣平寫了一首白話詩〈爲了愛〉，刊登於一九三七年《中流》第一卷第十一期，道明了新式和舊式婚姻的本質區別：

在亞當夏娃的心目裡，
戀愛結合神聖；
在將來解放的社會裡，

戀愛，再——
志同道合，成就婚姻。
那言語不通，
志向不同，
本來並不同在的，
硬說：「佳偶」，
就是想污蔑你的一生。

所以，要根除無愛情婚姻釀成的悲劇，從根本而言就是要滌蕩舊式的倫理觀念和婚姻制度，而不能苛責舊式婚姻的受害者，使他們受到雙重傷害。魯迅在文章中喊出了「沒有愛的悲哀」，喊出了「無所可愛的悲哀」（《隨感錄．四十》），號召人們把妨礙人類享受正當幸福的一切舊制度、舊觀念、舊習俗通通踏翻在地，哪怕是歷來被視爲凜然不可冒犯的《三墳》《五典》、百宋千元、天球河圖、金人玉佛。

許廣平也表示，她跟魯迅之間有著共同反抗舊倫理的思想基礎，決心「一心一意向著愛的方向奔馳」「不知道什麼是利害、是非、善惡」。在魯迅和許廣平這兩位「同行者」面前，朱安確如她自比的那隻蝸牛，雖然想盡力慢慢往上爬，終究無法接近魯迅心靈的殿堂。

前文提到，朱安是一個舊時代普通的悲劇人物，只是因爲她嫁到了新文化運動的領軍人物魯迅家，才受到了世人的特別關注。把朱安這個寂寞的人引入到「公眾視線」有什麼意義呢？根據現代傳記理論，傳記寫作的物件並不限於凱撒、拿破崙、成吉思汗、腓特烈大帝一類人物。除開帝王將相、英雄豪傑、才子佳人，普通人的人生故事也可以反映出時代的一鱗一爪。只有依據各色人等不同的生命史和心靈史，才能整合出一部最爲眞實、最爲鮮活的人類歷史。

所以，中國現代傳記文學的宣導者胡適不但鼓勵陳獨秀、蔡元培、梁啓超撰寫自傳，而且一九一九年十一月三十日還親自爲一位英年早逝的普通知識女性李超立傳。爲朱安立傳，當然不能從中品嘗什麼心靈雞湯，獲取什麼勵志教誨，但正是朱安這位個性色彩鮮明而不引人注目的人物，可以反映出「無愛情結婚的惡結果」（魯迅：《隨感錄．四十》），是研究中國婦女史、倫理史的一個活標本，對於研究魯迅生平更具有直接的意義。

在當下，美女幾乎成爲了不同年齡段女性的統稱，但用「美女」二字稱呼《我也是魯迅的遺物：朱安傳》的作者喬麗華博士顯然不夠莊重。但是，將喬博士逕稱爲「才女」，卻應該說是名至實歸。我跟喬麗華在研究魯迅手稿和整理許壽裳文稿的工作中多年合作，深知她知識面廣，文筆優美，兼修中外文學和現當代文學。她的才華不僅來自於刻苦鑽研，而且必須承認還有其先天的稟賦。稟賦相對差的人固然也能夠做學問，但稟賦加上刻苦，那就如虎添翼。

喬麗華說，她撰寫《我也是魯迅的遺物：朱安傳》最大的困難就是史料匱乏，「巧婦難爲無米炊」，但經過實地考察，走訪調研，把口述史料、文字史料和實物史料進行綜合提煉，讀者就會發現喬麗華烹製的不是一盆清湯寡水，而是一席美味佳餚。她說寫作過程中她想站在女性的立場，對女性命運加以關注和思考。但這位女性作者在這部史傳中秉持的仍然是存眞求實的公正立場，並沒有表現出某些西方女性主義者的偏執。

喬麗華是懂理論的，但她在這部傳記中表現出來的考證功力也相當了得。最讓我佩服的是她對魯迅一九一四年十一月二十六日的日記中「得婦來書」這件事的考證。因爲當年十一月二十二日朱安從紹興寄給北京魯迅的這封信蕩然無存，所以魯迅爲什麼會斥責信的內容「頗謬」就成爲了千古之謎。有老專家說，這是因爲朱安在信中勸魯迅納妾。但這種說法僅僅是出自推測，朱安即使有這種念頭，也未必就是寫在這封信裡面。喬麗華則根據周作人同年十月三十日和十一月十八日日記中關於朱安的兩則記載，得知當時朱安房中竄進了一條白花蛇，而民間常把蛇視爲淫物，所以，朱安特請周作人買了一枚「秘戲泉」（即鑄有春宮圖的錢幣），想以春宮辟邪，並寫信向魯迅表白自己內心的貞潔。喬麗華自謙地說她的這種解釋也是一種「推測」，但因為有周作人日記及紹興民間習俗為依據，所以這種「推測」就比此前一些專家的推測更貼近於事實。僅此一例，也就能說明喬麗華涉獵之廣博，考證之縝密。

眾所周知，自改革開放的四十多年，魯迅研究取得了長足的進展，形成了一門體系完備並產生了國際影響的學科。但目前也遇到了瓶頸；特別是在網路世界，有時甚至出現了邪不壓正的畸形現象。所以，這部《我也是魯迅的遺物：朱安傳》的再版，在魯迅研究界是一件令人欣慰的事情。它標誌著魯迅研究後繼有人，也證明了一部嚴謹的學術著作定然會有悠長的生命力，不會像那種學術泡沫，也許會借某種光源炫耀於一時，但頃刻間就會破滅，化為烏有。

是為序。

魯迅與朱安道不盡的話題

——再版前言

原本以爲朱安只是一個邊緣人物，鮮有人關注，不料這本傳記出版後卻出乎意料地得到大量反響。我欣喜地看到，這些年「朱安」已然成爲一個較爲熱門的話題，引發了人們多方面的討論和思考。去年，值魯迅先生逝世八十周年之際，今日頭條文化頻道發佈二〇一六魯迅文學大資料，其中「魯迅相關度最高的家族成員」中，「朱安」榜上有名。

本書出版後將近八年間，我陸陸續續收到一些來信和讀者的回饋，許多讀者站在女性的立場上，對朱安這樣一位舊女性寄予深深同情，爲之唏噓、感慨。尤其讓我意想不到的是，楊絳先生也注意到了這本書，她在報上看到《我也是魯迅的遺物：朱安傳》的介紹後，給朱正先生的信中提到我的這本書，說：「我覺得這是血淚的呼聲。」朱正先生把這封信影印給我，並在信中不無幽默地問我：「你願意送一本大著給這位熱心的讀者嗎？」我立即按照朱正先生提供的地址寄出拙著，並附了一封信，表達一個後輩的仰慕之情。書寄出後我從沒有想過楊絳先生會給我回信。在我想來，錢鍾書的夫人、翻譯家、作家楊絳先生，且已屆高齡，對於不知名作者寄來的書，翻兩頁大致瞭解一下，大概已經很夠意思了吧？惟其如此，當有一天收到一封字跡陌生的來信，隨意地拆開，卻看到落款是「楊絳」兩個字，別提有多驚喜了。楊絳先生在回信寫道：「朱安最後那一聲淒慘的呼號，實在動人憐憫。常言『一雙小腳三升淚』，她卻爲此成了一件無人珍惜的『棄物』！」楊絳先生關注女性的命運，她對朱安流露出深深的同情。

本書出版後，得到諸多魯研界前輩的肯定，有些學者則指出朱安對魯迅的影響至爲深刻：「一個偉人的誕生，往往出於迫不得已。魯迅文風的陰冷、偏激、滯澀，也與朱安這個背景有關。從這個意義上說，朱安成就了魯迅。」（陳丹青語）；也有研究者圍繞魯迅與朱安婚姻中的一些問題，提出種種疑問……總之，在魯迅研究的領域，就像周氏兄弟爲何反目始終是個未解之謎，魯迅與朱安的關係也是個道不盡的話題。

當然，二〇〇六年底《我也是魯迅的遺物：朱安傳》出版後，也有細心的讀者向我指出了書中存在的一些問題，包括當初由於時間倉促，個別地方沒有仔細核對所產生的差錯。這次再版，正好能把這一類的訛誤加以訂正，而更主要的是能對本書做些必要的修訂和增補。

此書出版後，葉淑穗老師對於我用「棄婦」一詞描述朱安婚後的狀態提出了不同意見。她在信中說：「我認爲魯迅對朱安，雖然是不喜歡，只作爲母親送他的禮物，供養而已。但從魯迅對她的態度來說，始終還是尊重的……當然在魯迅的心裡確實也是無奈。但魯迅沒有拋棄，所以我看到您有一個標題用『棄婦』，我感到心裡有些接受不了。魯迅對這樁婚事雖在感情上接受不了，但他始終都是承認的，在日記中也將她寫成『婦』。這個意見僅供您參考。」

葉老師的這個意見一直縈迴在我的心中。可以說，當初用「棄婦」這個標題完全出於我的直覺，感性的成分居多。雖然我認爲這個詞並不過分，但也必須承認它可能會對讀者產生誤導。記得有一年我赴外地參加一個魯迅研討會，席間遇到一位老師，她直言不諱地認爲《我也是魯迅的遺物：朱安傳》過分同情朱安，貶損了魯迅。儘管我並不能接受這位老師的觀點，但也使我反思：我的有些用詞是否表現出過多感情色彩，從而容易使人產生誤解？因此，這次我把標題《棄婦——落地的蝸牛》改爲《深淵——落地的蝸牛》。「深淵」一詞，同樣表達了朱安跌落谷底後的悲苦處境，也更符合本書的宗旨——用資料說話，不做過多的闡述。

葉淑穗老師還向我指出了一處差錯，關於初版第一百二十四頁的一幅合影的說明。她在給我的信中指出：「P124，左起第二人認爲是許羨蘇，實際上左起第四人才是許羨蘇。此事俞景廉和我也做過討論。他曾對此發表了文章，可查《魯迅研究資料》。」查《魯迅研究月刊》，確實刊登過多篇俞景廉先生關於他母親許羨蘇的文章，還有葉老師的

〈許羨蘇與魯迅文物——記許羨蘇在魯迅博物館的日子裡〉等文，某種意義上也側面提供了朱安在西三條的生活背景資料。對於葉老師的指正，我非常感謝！

還有已故的高信先生，作爲魯研界的前輩，看了這本傳記後，熱心提供給我周作人的外孫楊吉昌（周靜子之子）寫的〈憶外祖父周作人〉一文，文章對八道灣十一號的情況有較爲詳細的描述，其中有「大外祖母」一節，很短，內容如下：

> 大外爺魯迅的元配夫人朱安是和魯迅的母親住在一起的，她們在西三條住了多久呢？或許她偶爾也來過八道灣，我幼時見到大外祖母，留下的印象並不深。記得她的頭髮向後梳結成一個髻，橢圓形的臉，下巴較尖，矮個子，底下一雙舊社會常見的小腳，談話聲音很細，自然是紹興口音，我見到的她也在六十歲左右了吧！而我卻沒有見過大外爺，他去世在我出生之前。

大外祖母指的就是朱安。楊吉昌此文發表於一九九五年，發表在《華山天地》上。這篇文章前面有高信先生的〈寫在前邊〉一文，對楊吉昌及其家人的情況做了一些介紹。從高信先生和楊吉昌的文章可知：周作人的長女周靜子於一九三五年與留日回國的數學教師楊永芳結婚，次子楊吉昌生於一九三八年，所以他從未見過魯迅，卻見過大外祖母朱安。一九四九年後楊永芳任西北大學數學系教授，周靜子隨楊永芳去了西安，主要料理家務，他們的一雙兒女（楊美英和楊吉昌）都曾在秦嶺電廠子校教書。周靜子大約去世於一九八四年。此外楊吉昌還提到阿姨周鞠子（周建人之女）去世於一九七六年唐山大地震。

儘管楊吉昌的回憶主要講述周作人一家的情況，但跟朱安不無聯繫。據高信先生說，楊吉昌曾給高先生看周靜子的兩張結婚合影，照片上都有朱安。高信先生還將這兩張照片影印給了我。事實上，儘管魯迅與周作人反目，但後來朱安與八道灣十一號並未完全斷絕往來。有研究者注意到新披露的周作人一九三九年一月九日的一則日記，裡面寫到：「下午大嫂來。」由此指出：這裡的「大嫂」，顯然不是許廣平，而是朱安女士。周作人一月一日在八道灣寓所遇刺，「爲暴客所襲，左腹中槍而未入，蓋爲毛衣扣所阻也。啓無左胸重傷。舊車夫張三中數槍即死，小方左肩貫通傷。」得知周作人遇刺之後，朱安女士也抽時間前往探視。

我在書中引用了周作人早年紹興時日記裡關於「大嫂」的記載。其實到北京後也是有記載的，如一九三二年就有幾處提到「大嫂」：

八月十六日　陰　……舊中元，午祭先祖，母親大嫂來，下午去。

九月八日　晴　上午大嫂來，託代交佩弦賀禮。

九月十九日　陰雨　……大嫂來即去。

九月二十一日　陰雨，下午晴　……下午往商務買書……大嫂來……

從以上幾則日記可以看出，像中元節這樣的日子，魯迅母親和朱安會去八道灣跟周作人一起祭拜先祖。而送朱自清（佩弦）賀禮，朱安也託周作人轉交。另外九月周建人之子豐三住院，這段時間魯瑞和朱安婆媳倆多次前往八道灣。自然，日記中也多次記載周作人和羽太信子前往西三條看望母親。這些雖是微末小事，但知者不多，故趁此機會在這裡寫一筆。可惜的是周作人日記還沒有全部影印出版，僅能看到一九三四年以前的部分，如全部影印出來，對於周氏兄弟及周氏家族的研究是很有價值的。

這些年網上關於朱安的文章屢屢見到，其中陸波的〈在保福寺橋下，尋找歷史的草蛇灰線〉一文挖掘了關於朱安最後的埋葬地保福寺的一些情況。根據陸文，從明朝起，在中關村這塊永定河故道的低窪地區，就開始興建寺廟，特別是明清兩朝太監偏愛在這一帶購買「義地」（墓地），後來普通人也願意埋葬在這片抬眼即看到西山的土地上，形成了中關村一帶寺廟、墳地眾多的格局。保福寺建於明正德十一年（一五一六年），到清朝道光年、光緒三十一年都進行過重建。清代《日下舊聞考》載：「南海澱之東二裡許有保福寺，東柳村有長壽寺、觀音庵……」民國時期進行寺院統計，做記錄如是：「此寺位於保福寺村六十四號，占地二畝零四厘，有九間瓦房，土房兩間，附屬瓦房一間。泥像九尊，鐵五供一堂，另有石碑兩座，井一眼，楸柳四棵。屬合村公建。被村公所及小學佔用。原有鼐公禪師靈塔，三十年代塌了一半，但仍有香火。」中華人民共和國政府成立初期，在這座寺廟成立了保福寺小學。保福寺小學一九五八年搬遷後，保福寺也就結束了它的歷史使命。基本可以判斷，保福寺於二十世紀五〇年代末廢棄，最多熬不過文化大革命。

陸文還提到，抗戰勝利後，因爲保福寺這塊墳地屬於周作人家私產，一九四八年中華民國政府將其私產予以沒收。從一九五一年起，中關村地區就已確定規劃建設社會主義科學城，也就是說，大規模的平墳拆遷，在一九五〇年代初期就開始了。我曾說朱安的墳毀於「文革」，恐怕還需要進一步查證，不排除它毀於更早之前。這雖然也屬於細枝末節，但考慮到朱安作爲一個舊女性，臨終前對於身後事曾有慎重的囑託和安排，如此結局不免讓人興嘆。

朱安作爲一個家庭婦女，也只是在魯迅去世後才受到媒體的關注，本書初版引用了《北平晨報》、《新民報》等報刊的相關報導，並將《世界日報》的報導作爲附錄收入書中。其實，還有一些刊物當時也對朱安有所報導，主要集中在以下幾個時段：

一、一九三六年十月魯迅剛剛去世不久，上海的《電聲》週刊等關於魯迅身後作品版權的問題做了一些報導。需要指出的是，其中有些內容並不符合事實。

二、一九四四年九月至一九四五年，上海的《文藝春秋》、《雜誌》等刊物關於出售魯迅藏書一事所做的報導。

三、抗戰勝利後，除了北平的報紙外，上海的《海光》、《快活林》、《吉普》等刊物也報導了朱安的生活情況。當然有些小報只是將朱安作爲談資，如一九四六年十二月一日《新上海》刊登的〈許廣平故都訪魯迅前妻〉一文，雖然許廣平去北平西三條一事是實有的，但其中很多內容都出於臆想，完全是小報手法。

這次再版，我經過甄選，增補了三篇較有史料價值的報導。同時在參考文獻部分列出了以上報導的目錄，供有興趣的讀者參考。此外，增補了幾幅圖，如朱安住過的八道灣十一號、磚塔胡同及西三條故居的平面圖等。總之，這次的修訂本，在基本保持原貌的基礎上，彌補了初版本的不足，也能將這些年來我發現的一些新資料呈現給讀者，可以說了卻了我心頭的一件事。

最後，還需要說明的是，本書在寫作過程中得到諸多同行的幫助，特別是本書刊用的朱安的書信及照片，絕大部分藏於北京魯迅博物館，其中有些從未發表過。在此特致謝忱！

二〇一七年四月於上海虹口

──序章

「一切苦悶和絶望的掙扎的聲音」[1]

那是二〇〇六年四月底的一個週末，爲了給《魯迅和他的紹興》一書尋找靈感，我和幾位合作者來到了紹興。就是那一次，紹興魯迅紀念館的人員帶著我們走上了魯迅故居二樓的房間。這是魯迅和朱安當年成婚的新房，平時一般不開放。我之前也不止一回來過魯迅故居，但從來沒有進入過二樓的房間，而且是魯迅成親的洞房，可以說是懷著一種十分好奇的心情走上樓梯的。

台門[2]裡的老屋子大多光線昏暗，但二樓的這個房間更幽暗。也許是因爲多年空著的緣故，感覺有些陰森。仔細打量室內的陳設，舊式的雕花木床、衣櫥、桌椅等不多的幾件傢俱在黑暗中似乎只浮現出一個輪廓，相形之下，貼在牆壁和傢俱上的大紅喜字格外醒目。

1　此句引自魯迅〈傷逝〉。

2　紹興傳統民居格局的名稱，紹興凡是房屋比較像樣的都稱作台門。

我們問：這是原來就有的嗎？

工作人員回答說：是劇組拍電影留下的。

是啊，隔了這麼多年紅紙怎麼可能還存在？當年的大紅喜字早已從牆上剝落了，當年的新人也早已消殞了。

環顧這間洞房，並沒有因爲貼了鮮豔的喜字而呈現出喜慶的氣氛，相反，紅色的喜字讓屋內顯得更壓抑慘澹。特別是想到魯迅成婚後第二天就住到了別處，只留下朱安獨守空房，這大紅喜字給人的感覺也就分外刺眼。

其實，說這是魯迅當年的新房並不完全準確。一九一九年，周家新台門賣給了城內的富豪朱閬仙，魯迅攜全家遷往北京。直到一九四九年後，周家新台門才被政府收回，成爲魯迅故居。因此，我們看到的這所謂魯迅的新房，也只是一種歷史場景的復原，不可能是朱安當年生活的眞實還原。但即便如此，走進這間屋子，還是讓我眞切地感受到了一個被拋在暗處的影子，感受到在魯迅身邊，還有朱安這樣一個人物存在著，徘徊著。

作爲魯迅的元配夫人，朱安在無愛的婚姻中度過了苦澀的一生。這是個一提起來就令人感到窒息的話題，魯迅本人也很少提到朱安，他的緘口不語給後人留下了許多未解之謎。當然，關於魯迅的這段婚姻，在他同時代親友撰寫的回憶錄中還是有所反映的。許壽裳、孫伏園、郁達夫、荊有麟、許羨蘇、俞芳等在他們的回憶錄中，大多根據自己的所見所聞，對魯迅與朱安名存實亡的夫妻關係做了描述。從這些描述來看，魯迅的確只是把這位夫人看做「母親送給的禮物」，對她僅僅是盡到供養的責任而已。朱安在婚後的幾十年裡，始終處於「棄婦」這一可悲的地位。

魯迅對朱安沒有感情，二人形同陌路。但這是否意味著他能夠忘記身邊這樣一種淒慘的存在呢？

一九三五年魯迅在《中國新文學大系》小說二集的序言中提到凌叔華的小說，稱讚她「適可而止的描寫了舊家庭中的婉順的女性」，寫出了「世態的一角，高門巨族的精魂。」[1]我不知道，他寫到這裡，腦海中是否會浮現出朱安的身影？

每次讀〈傷逝〉，我都會被那些冰冷尖銳的詞句深深觸動：

> 四周是廣大的空虛，還有死的寂靜。死於無愛的人們眼前的黑暗，我彷彿一一看見，還聽得見一切苦悶和絕望的掙扎的聲音。[2]

---

1 魯迅《〈中國新文學大系〉小說二集序》，《魯迅全集》第六卷，第二百五十八頁，人民文學出版社二〇〇五年版。

2 《魯迅全集》第二卷，第一百三十一頁，人民文學出版社二〇〇五年版。

從這沉痛的文字中，我彷彿聽見了魯迅內心的聲音。我認爲，他從來沒有忘記那些「死於無愛的人們」，忘記朱安們的不幸。就算這是一個令他痛苦的問題，他也要把這個問題揭示出來，而不是繞開，甚至遮掩。固然，在魯迅的文字中很少提及這位夫人，但在他的內心深處一刻也不曾忘記「無愛的人們」與「一切苦悶和絕望的掙扎的聲音」，而這聲音中定然包括了朱安這樣一個與他有特殊關係的舊女性的聲音。

可是，翻開魯迅研究的歷史，朱安卻始終是個無法安置的人物。

當年魯迅去世後許壽裳等著手起草年譜時，就討論到了要不要把「朱女士」寫進去的問題。一九三七年五月三日許壽裳致函許廣平，信中提出：「年譜上與朱女士結婚一層，不可不提，希弟諒察。」對此，許廣平的回答是：「至於朱女士的寫出，許先生再三聲明，其實我絕不會那麼氣量小，難道歷史家的眼光，會把陳跡洗去嗎？」[1]因此，在許壽裳編的《年譜》上，留下了這樣一條現在看起來十分可貴的記載：

1 許廣平〈魯迅全年譜的經過〉，《許廣平文集》第二卷，第三百八十二頁，江蘇文藝出版社一九九八年版。原載一九四〇年九月十六日上海《宇宙風》乙刊。

前六年　三十二年丙午（一九〇六年）　二十六歲

六月回家，與山陰朱女士結婚。

同月，復赴日本，在東京研究文藝，中止學醫。

中華人民共和國成立後，當魯迅被定性爲「文學家、思想家、革命家」，朱安的地位卻很尷尬了。魯迅是文學革命的先驅、吶喊者，是新文化運動的旗手，然而他的婚姻卻是包辦婚姻。包辦婚姻對魯迅那一代人而言是很普遍的，但許多人卻認爲這有損魯迅形象。因此，一九四九年後魯迅研究得到空前重視，研究者在資料的挖掘和整理工作上投入了很大的力氣，唯獨朱安被排除在外，乏人問津。特別是在極「左」的年代裡，當魯迅被抬上神壇，封爲偶像，朱安更成了一個忌諱，成爲魯迅研究的禁區之一。所有的魯迅傳記中都找不到她的名字，很長一段時間朱安幾乎就在人們的記憶中消失了。

朱安浮出水面是在「文革」後。隨著魯迅研究回歸「人性化」，不少研究者對過去那種洗去歷史陳跡的做法提出了質疑，並對有關魯迅與朱安的一些事實做了鉤沉和探討。如裘士雄〈魯迅和朱安女士以及他倆的婚姻問題〉（《紹興師專學報》一九八一年第二期）、楊志華〈朱吉人與朱安及魯迅〉（《上海魯迅研究》第四期）、段國超〈魯迅與朱安〉（《中國現代文學叢刊》一九八三年第三期）、余一卒〈朱安女士〉（《魯迅研究資料》第十三輯）、張自強〈魯迅與朱安舊式婚姻締定年代考〉（《紀念與研究》第九期）等，都是發表於這一時期的力作。特別是一九八一年出版的《魯迅生平史料彙編》第一輯，反映了「文革」後魯迅生平史料研究的最新成果，其中在「魯迅家庭成員及主要親屬」的條目下列出了「朱安」一條，突破了很大的阻力和干擾。此條目雖僅有四百餘字，且基本維護了舊有的觀點，但終究承認了朱安的存在。[1]

至此，朱安已不再是一個禁區。越來越多的研究者承認，朱安是魯迅情感思想的一個重要的注解，在魯迅的一生中投下了「濃重的陰影」。然而，像朱安這樣一個微不足道的人物，是否值得更深入的探討？這一點恐怕很多研究者心裡至今還是存有疑慮的。而迄今爲止尚無一本有關於她的傳記，這也足以說明了一切。

當然，追溯朱安在魯迅研究中的歷史地位，也不能無視日本學者在這方面的探討。早在一九四四年出版的傳記《魯迅》中，竹內好就對魯迅留學時代回國結婚的問題提出疑問。他指出，比起與許廣平的戀愛，關於與朱安結婚這條線索卻十分模糊不清，從魯迅本人那裡也得不到任何解釋，對於魯迅是「如何處理這一事實的」，儘管「可以通過《隨感

1 薛綏之主編《魯迅生平史料彙編》第一輯，第一百零七頁，天津人民出版社一九八一年版。此書中對朱安的介紹主要引用了魯迅族叔周冠五先生的談話及陳雲坡的說法。

錄·四十》等資料去構制空想，但有個很大的不安卻不肯離我而去，那就是這個空想會不會大錯而特錯呢？」[1]自竹內好開始，一些日本學者也對魯迅與朱安的婚姻提出種種揣測。尾崎秀樹〈圍繞著魯迅的舊式婚姻——架空的戀人們〉（日本一九六〇年五月號《文學》）、丸尾常喜〈朱安與子君〉（收入《人與鬼的糾葛——魯迅小說論析》一書）、高木壽江〈魯迅的結婚和情〉（日本《魯迅之友會會報第十三期》）、岸陽子〈超越愛與憎——魯迅逝世後的朱安與許廣平〉（《魯迅世界》二〇〇一年第四期）、山田敬三〈我也是魯迅的遺物——關於朱安女士〉（收入《南腔北調論集——中國文化的傳統與現代》一書）等論文，均對魯迅背後的這樣一位女性表現出極大的關注，其中既不乏敏銳的發現，也不乏主觀的論斷，由此不難看出朱安帶給人們的困惑之深。

和竹內好們相同，我在研讀魯迅的過程中，也對朱安這個人物產生了某種強烈的好奇，迫切地想要弄個明白。如果說魯迅的一舉一動、一言一行都在我們的關注之內，那麼朱安作爲魯迅身邊的一個女性，一個典型的家庭婦女，我們對她的瞭解實在太少！正如〈故鄉〉中的「我」和閏土之間「隔了一層可悲的厚障壁」，我們和她之間也有著深深的隔膜。

1 竹內好〈魯迅〉，孫歌編，李冬木、趙京華、孫歌譯《近代的超克》，第四十三頁，三聯書店二〇〇五年版。

有不少人向我指出，朱安這個題目難寫。確實，和同時代的精英女性不同，朱安只是一個目不識丁、足不出戶的舊式婦女，既沒有秋瑾那樣的豪舉載入史冊，也沒有留下吐露心曲的閨閣詩文，供後人唏噓回味。有關於她的資料少得可憐，我自己的準備也遠不能說充分，但她可悲的、扭曲的一生始終壓在我的胸口。

朱安曾開口說：「我也是魯迅的遺物！」這聲吶喊始終停留在我的心底，揮之不去。朱安留下的話語不多，但句句都令人震撼，耐人尋味。有研究者指出：「我覺得朱安是一個眞正的問題——將來如果誰去研究中國女性歷史的話，這是一個必須認眞對待的物件。」[1] 這也道出了我的想法：朱安不應該僅僅是魯迅研究當中的一個配角，一個陪襯。無論是站在魯迅研究的立場上，還是站在女性研究的立場上，她都是一個不該被遺忘的物件。

朱安不僅長期以來在魯迅研究中沒有地位，在近現代的女性史上也沒有她應該有的位置。我們不知道該如何去對待這樣一個「她者」，一個舊女性的縮影。她是包辦婚姻的犧牲者，而且至死也沒有覺悟。自「五四」以來，新女性「娜拉」一躍成爲歷史舞臺上的主角，朱安這樣的「小腳女人」、「舊式太太」則成了落伍者的代名詞，處於尷尬失語的境

1 張業松《文學課堂與文學研究》，第二十一頁，復旦大學出版社二〇〇八年版。

地。這不僅僅是朱安一個人的悲劇，在她身後，乃是新舊時代交替中被歷史拋棄的女性群像，她們在歷史洪流中淪爲喑啞的一群，「並無詞的言語也沉默盡絕」。對這樣一個女性群體，我們除了「哀其不幸，怒其不爭」，似乎很難找到一種傾聽她們心聲的方式，也很少有人去這樣做。然而，把她們排除在外的歷史書寫註定是不完整的，也是沒有厚度的。或許正因爲如此，魯迅對凌叔華小說中所發出的舊女性的苦悶之聲產生了共鳴，儘管這聲音是如此地微弱。

我想爲她寫一本傳記的想法就是這樣產生的。不知道現在開始寫究竟是太早還是太晚，我覺得是太晚了。朱安去世距今已經六十多年，與她有過接觸的人絕大多數已不在人世。特別是當我走在紹興的街頭卻發現許多地方已是面目全非時，當我費盡力氣找到朱家後人卻空手而歸時，當我面對一些語焉不詳的資料一籌莫展找不到任何見證人時……我感到自己著手得太晚了！但另一方面，或許也只有現在，我們才能夠讓她從暗處走出來，才能夠平心靜氣地看待魯迅身邊的這樣一個「多餘人」。

○母親的禮物

「這是母親給我的一件禮物，我只能好好地供養它，愛情是我所不知道的。」

——魯迅

家世——丁家弄朱宅

尋訪丁家弄

朱安的娘家在紹興城裡的丁家弄。爲此，我特意去尋訪了這條過去從來沒有留意過的街。

從地圖上看，丁家弄位於紹興城的西面。民國前，紹興府城內以南北向的府河爲界，東屬會稽，西爲山陰，丁家弄即屬山陰縣地界。而不遠處的魯迅家的周家台門屬於會稽縣。過去的紹興城四面築有城牆，四周共有十個城門，丁家弄就在水偏門一帶，東臨水溝營大街，因此從前紹興人提到它，往往稱爲「水溝營的丁家弄」。此外，在老紹興人的記憶裡，它還有一個土名，叫作「竹園裡」。

在去丁家弄之前，我事先向紹興魯迅紀念館的老館長裘士雄先生打聽了一下。他告訴我，朱家台門他曾去過兩次，靠近紹興文理學院那裡。一九七九年，從朱家的房客陳文煥先生那裡得知朱家台門要拆的消息，他也曾趕在拆掉前去看過。他記得朱安的遠房堂叔朱鹿琴家裡房子相當好，石蕭牆，棟樑是方的，用料考究，說明家裡相當富裕。當時有人租了他家一半的房子。可惜現在已經統統拆掉了，變成了丁香社區。不過，泥牆弄旁邊的那條河還在。丁家弄現在叫丁向弄，是因爲紹興有兩個丁家弄，所以改了名。

我住的賓館恰好是在紹興文理學院旁，於是第二天早上，我穿過校區，從東大門出來，步行約五十公尺，找到了我默念已久的丁家弄——如今已改名爲丁向弄。這是一條長約一、二百公尺的東西向的街，約三、四公尺寬的水泥路，兩邊都是四、五層樓的新式住宅社區，街道兩邊零星開著一些小店鋪，周遭的環境顯得有些雜亂。聽路邊小店的老闆講，在他小的時候，丁家弄的路還沒有現在寬，是用六尺的石板橫鋪的，差不多就兩公尺寬。但是他不知道這裡有個朱家台門，也不知道魯迅的元配夫人姓朱，更不知道她的娘家就在這裡。

丁香社區在丁向弄二十三號，是一個頗爲高檔的住宅社區，絲毫也看不出當年朱家台門

清末的紹興府城衢路圖（局部）。朱安娘家朱家台門在西面靠近水溝營的丁家弄，離都昌坊口（即東昌坊口）的周家新台門不遠。

的影子了。這也是意料之中的，但還是有點悵然若失——爲了那消失的台門，也爲了台門裡那些湮沒無聞的故事。

從出生到出嫁，差不多有二十八年的時間，朱安是在丁家弄朱家台門厚厚的圍牆裡度過的。這個大宅院裡的人們是如何生活的？有過哪些悲歡？她後來酸澀的人生、乖蹇的命運是否與此有著某種內在的聯繫？對於想要瞭解朱安出嫁前生活情形的人，諸如此類的疑問有很多，但看來都已無從追尋了。

本以爲對朱家台門的尋訪只能獲得這樣一點印象，好在第二天在紹興文理學院舉辦的魯迅研究三十年學術討論會上，我遇到了《鄉土憶錄——魯迅親友憶魯迅》的作者周芾棠老先生。周先生

這條街就是丁向弄（原來的丁家弄），曾經是朱家台門所在的地方，如今建成了丁香社區。（作者攝於2009年11月）

已經八十一歲了，但精神矍鑠，思路清晰。當年他對魯迅親友做了許多採訪，還做了大量的筆記，也曾親自去踏訪過朱家台門。當我對他說了自己想寫關於朱安的傳記，他欣然表示可以陪我一起去找找那裡的老住戶，做些調查訪問。

周老先生上次來朱家台門是二〇〇〇年，時隔八年，丁家弄一帶發生了不小的變化。我們先來到附近的居委會，希望能打聽到朱家後人的一些線索。因爲是週末，居委會要到下午兩點半才上班，但從宣傳欄櫥窗裡可以看到，居委幹部中有四位是姓朱的，可見朱姓在這一區域占了不小的比例。

周老先生於是非常耐心地向一些看起來上了歲數的住戶打聽情況，這裡的房子雖然拆遷重建過了，但問下來，居民們不少都是老住戶。一位熱心的俞先生，今年六十七歲，他從小聽說過魯迅夫人是這一帶的人，在他的記憶中，當時靠南面丁家弄的台門比較高大，而靠北面泥牆弄，即靠近河埠頭的都是破台門，房子都很淺，只有一進。這裡很多住戶是做錫箔生意的。俞先生所知的也就是這些，但他帶我們去了一個地方，是原先的河埠頭，也稱爲魚鬧，是丁向弄經歷了種種改造後唯一留下來的遺跡。這對我來說是一個意外的收穫。

原來，在高富中心社區和丁香社區之間有一條不太起眼的通道，走進去，有一個臺階，下去就是河埠頭。看見這臺階，周老先生喚起了記憶，他記得二〇〇〇年他來到朱家台門時，大門就在這個位置，在泥牆弄上。他記得台門裡有弄堂、小天井、花窗、花瓶，還有一口井，雖然已不記得裡面有幾進，但房子古色古香，臺階很高，一看就是大戶人家。

我們在這幾乎被鏟平的石板臺階前查看了許久。以此爲界，它西面的台門大約在一九九二年前後被拆掉了，現在是高富社區。而它的東面，就是原來朱家台門所在的地方，據當年朱家房客陳文煥的回憶，「魯迅到朱家做姑爺住過的房子，一直保留到一九七九年年底，後來紹興地區運糧汽車修理廠擴建，把它和朱宅的多數房子拆去了。」[1]我想，這應該是丁家弄老宅最終被徹底拆掉的主要原因吧？連魯迅住過的房間都拆去了，則其餘的就更不值得保留了。朱宅最終徹底拆除是在二〇〇三年、二〇〇四年前後，變成了現在的丁香社區。至於朱家台門後門口的泥牆弄，現在也已經被新建的社區所隔斷，僅剩下東頭的一小段通道，連路名也不存在了。

就只有這個河埠頭依舊。當所有高大的建築都被拆除，唯有它還默默地講述著當年的風景。從前紹興人出行，大多是以船代步，河埠頭是船停靠的地方，也是洗菜浣衣的地

1 據稽山（裘士雄）〈魯迅和朱安婚姻問題史料補敘〉一文第四部分朱宅住戶陳文煥的憶述，《紹興師專學報》一九八二年第一期。

方。俞先生指給我們看，緊貼河岸的一堵石牆，下面是空的，水可以通到蓋著的房子裡，因爲從前的大戶人家河埠頭是在房子裡面的。他還告訴我們，最下面的石板上有一個圓圓的洞，那是用來鎖船的。我們仔細查看，果然看見石板上的圓孔。站在河埠頭的石階上，但見河水暗沉，幾個婦女蹲在青石板上埋頭浣衣。河的對面是凰儀橋，紹興隨處可見的石橋，橫臥在如今的魯迅路上。再向北是倉橋直街，那裡還保留著一大片老台門……俞先生是個熱心人，他又爲我們找到了住在高富社區的八十多歲的周阿婆。周阿婆說，丁向弄原來住著王家、朱家、金家。朱家過去是有官職的，原來房子好大，大門朝北，有兩進

這個河埠頭，是丁家弄一帶經歷了種種改造後唯一留下的遺跡。從前紹興人出門，大多以船代步，如今，這裡仍是居民們浣衣的地方。（作者攝於2009年5月）

三層樓，房子都是石頭牆，裡面住著一個老太婆。朱家主人叫朱鹿琴，朱家原來是清白的，土改時戴上了地主的帽子，成了「三九類」[1]，房子被國家收去歸公了。朱家後代到農村去了。這裡拆遷時，朱家的孫子，還有兩個姐妹都來過，想要房子，但戶名也已經沒有了，所以分不到房子了。

拄著手杖的周阿婆上了歲數，說一口讓我這外鄉人難懂的紹興話，靠俞先生的翻譯才勉強瞭解大意，因此也沒能向她追

1 「文革」前稱「三九類」人員，地富反壞右之外，加兩勞人員（勞改釋放、勞教釋放）等，「文革」初期有「黑五類」之稱。據《紹興市志》：「文化大革命」期間，動員大批市鎮知識青年上山下鄉，號召城鎮居民「不在城裡吃閒飯」，到農村參加農業勞動；一批「五類」分子和「三九類」人員被遷送農村。

河的對面是凰儀橋，如今被馬路隔斷了，但橋的風姿依存。

問清楚一些細節。周阿婆見我們對朱家的事感興趣，向我們介紹一個人，就是住在旁邊一幢樓的王嘉瑜，他是當時朱家的住戶，今年虛歲七十七，原在茶場工作，一九五九年時住到這裡，原來是向朱家租房的，後來房產公有化，國家分配給了他。王先生的妻子章國英一九六〇年嫁過來，當時才二十四歲，她還記得朱家的房主名叫朱鹿琴。他們兩人都是這裡的老住戶了，且有一定的文化。他們現在的住房看起來很擁擠，想來他們在朱家台門時的住房更狹小吧？

對朱家台門，王先生印象最深刻的是朱家有個花園，牆上題著「四時眞樂」四個字，可惜「文化大革命」的時候被鑿掉了。還有一個很大的石池，長兩米左右，寬一米多，他指了指家裡的一個三人沙發，說大約就是那長度。

紹興倉橋直街

關於石池，周芾棠先生向我解釋說，石池是用來盛水的，紹興人主要派三種用場：一是天落水（即下雨），積起來可洗衣物，洗菜，如同水缸；二是防火，起火時可以用池中的水澆滅；三是可養魚，美化環境。在魯迅故居，也可以看到這種石池。

王先生回憶說，他住進去的時候，朱宅的正廳已經燒掉了，他住在邊房，沒有看到過正廳。當時朱家有一個老太太，還有個孫子，那時十多歲。老太太戴了地主帽子，不過沒吃苦頭，雖然年紀快九十歲了，但是胃口很好，經常看見她吃帶魚。她死的時候大約是一九六四年或一九六五年左右，總之是一九六八年以前。老太太的名字叫平家珍。這個姓讓周芾棠先生想到紹興的一位名人平步青，係同治年間進士。周先生推測平家珍有可能是平步青的後代，因爲紹興姓平的不多。如果眞是這樣，那這老太太也是很有來歷的了。平家珍的孫子叫朱立，文革後到浬渚（蘭亭）那裡去了，又聽說如今在上虞。除了王先生

這是買下朱安娘家房產的陳氏後人陳文煥，解放後也一直住在這裡，知道朱家的不少掌故。（約攝於1990年，裘士雄先生提供）

這個外來住戶，原來台門裡還有個年輕的老師，是城裡教書的，名叫沈紹，在阜山中學教過書，教的是數學，現已從一中退休。

顯然一九四九年後朱家台門裡主要居住著朱鹿琴這一房。朱安的娘家人因爲很早就搬走了，所以大家對他們沒有什麼記憶。這裡簡單交代一下朱鹿琴的情況，他名叫朱桐蓀（一八九〇—一九五七），字鹿琴，魯迅在日記裡寫作「朱六琴」。他早年師事徐錫麟，與魯迅堂叔周冠五一起畢業於紹興府學堂，後也做過幕友。一九四九年後，朱鹿琴在紹興丁家弄閒居。據房客陳文煥說：「我曉得朱鹿琴有二三個兒子，小兒子在抗戰時當過『和平軍』，後來加入金蕭支隊，解放初搞肅反，結果被清查出來了。鹿琴有一個孫子叫朱力（音），曾到上虞支農，現在不知道他在什麼地方。」[1]陳文煥的回憶和我從王嘉瑜先生這裡聽到的大致相仿。又據他憶述，一九四九年後，朱鹿琴曾感慨地對人說：「魯迅定親時送來的紅綠帖，他寫來的信箚等等都沒有保存下來。魯迅從前和普通人一樣，來到我家作客，哪裡會知道在毛主席領導下的今天，他會被人民崇敬得這樣高啊！」確實，魯迅一下子成了神壇上的偶像，這是朱鹿琴當年怎麼也想不到的。

1 〈陳文煥談朱安母家等情況〉，裘士雄記錄整理（未刊稿，一九九〇年十一月）。陳氏是朱家部分房屋的買主，陳文煥上世紀九〇年代仍住在朱家轉讓的房子裡。

我讓王先生畫出當年朱宅的示意圖，這對他來說顯然有些難度，房子的結構有些複雜，根據他的講述，可以知道朱宅當時進出的大門在泥牆弄，臺階上去，是兩扇絲竹門，一般只開一扇門，另一扇門基本不開。正廳已燒掉，房間主要集中在正廳的一側，裡面有走廊、客廳、天井等，樓梯上去還有房間。平家珍和朱立就住在最靠裡的小樓上……聽王先生在那裡費力地講解，我更爲朱家台門被拆毀感到惋惜。

時間已近黃昏，從王嘉瑜家裡出來後，我們結束了這一次的尋訪。雖然，這裡住戶所講述的朱家的往事支離破碎，而且主要是關於朱安遠房堂叔朱鹿琴家裡的情況，但對我這個外鄉人來說，更高興的是能接觸到這麼多與丁家弄有關的老住戶，知道他們還生活在這一帶，朱家的往事還依稀留存在他們的記憶裡。通過這些街坊鄰里的追憶，朱家台門的歷史在我的眼前以另一種方式展開。

朱家台門

回到清朝末年。那時山陰縣丁家弄的朱家台門稱得上是殷實之家，「台門」是過去紹興大戶人家的宅邸，造得都很講究，朱家台門也不例外，它前臨丁家弄，後接泥牆弄，裡面有台門鬥、廳堂、座樓、側屋、天井等，廳堂內掛著「孝友堂」的匾。此外，台門裡還建造有書房、小花園、石池、家廟等，時時可見題字和楹聯，透露出士大夫的生活情趣。

朱宅與一般台門不同的是，有的房屋是上下用三塊石板做牆體的石蕭牆，既堅固又防火。在紹興，用二道板打牆已稱得上富戶，三道板打牆就更顯富足了。朱安的從叔朱鹿琴曾對人說起過：「房子造得這般堅固、考究，是想開當鋪的。」既然一度準備開當鋪，可想而知朱家曾經是有些資產的。[1]

據說朱安的祖上和一九一八年買進周家新台門屋宇的朱閬仙是同一個祖宗，祖籍原在紹興城西郭門外的白洋。查清代朱增修等纂修的《山陰白洋朱氏宗譜》[2]，白洋朱氏爲宋代宰臣朱勝非的

朱安母家的小天井。（約攝於1990年，裘士雄先生提供）

1 據裘士雄〈魯迅和朱安婚姻問題史料補敘〉。

2 丁家弄朱家原籍山陰白洋，係裘士雄根據朱仲華的口述告之。

後裔，奉朱榮一為始祖，世代繁衍，人才輩出。其中最著名的當屬明末著名政治家、軍事家朱燮元，他最主要的功績是平定了禍亂西南多年的奢崇明之亂，朱燮元本人及其後代還世代執掌錦衣衛。此外也出了一些以詩文著稱的名士，如朱純、朱啓元等。朱氏後人因做官或經商等有不少遷居到了外地，譜中記載老大房第十二世的朱振孔（一六五秀—一七三二）始遷至紹興城，時間是康熙年間。但此譜只記載了朱振孔長子朱光乾這一房的後人，其餘四子均「客外失考」。譜中沒有丁家弄朱氏這一支的記載，可能是因遷徙到了城裡的緣故。

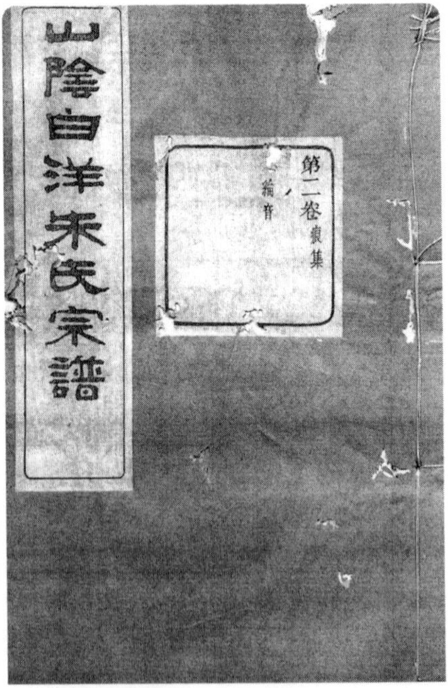

上海圖書館藏《山陰白洋朱氏宗譜》第二卷封面，清代朱增修等編撰，共三十二卷，清光緒二十一年（1895年）朱氏玉泉堂木活字本。

朱吉人曾追憶：「我們朱家纂修過家譜，記得是藍面子，放在兩只洋油箱裡。日本佬打進紹興來，我們全家逃到外地去避難。等到紹興重光後，回家一看，發現家裡著賊，好些東西被人偷走了，包括朱氏家譜，眞當可惜！否則，我們只要看家譜就能搞清許多問題了。我記得我家的堂名叫『孝友堂』，是雍十六房。朱鹿琴是我父親的堂叔，堂名叫『濯錦堂』，是敬大房。」[1]看來就像魯迅家裡有《越城周氏支譜》，遷到城裡的朱家也有自己的家譜，只是後來失竊了。

朱安母家的後門，即朝向泥牆弄的門口。（約攝於1990年，裘士雄先生提供）

在朱氏後人的記憶裡，在一八六一年太平軍進駐紹興前，朱安的祖父曾被清政府任命爲江蘇省揚州府的地方官吏，因故未赴任。[2]可是這樣一位人物的名字竟然沒有留下來，如今也就難以進一步查考了。

朱安的祖輩曾被清政府任命爲揚州府地方官吏一事，朱氏後人常常提起，引以爲榮，卻都說得含糊其辭。有的說是朱安的祖父在揚州府做過官，有的說是祖輩；有的說做過揚

---

1 〈朱吉人談姑母朱安等情況〉，裘士雄記錄整理，未刊稿（一九九〇年十一月）。

2 據裘士雄〈淺論魯迅對中國傳統婚姻的「妥協」與抗爭〉，《紹興師專學報》一九九一年第三期。

州知府，有的又說受到任命但沒有上任。[1]據陳文煥回憶，朱安遠房堂叔朱鹿琴對他講過：「祖上做過揚州知府，時間在太平天國以前。」朱安的侄子朱吉人則說：「我的祖父名叫朱耀庭，聽說在江蘇揚州做過官，好像未上任，是候補的樣子。」[2]兩種說法出入很大，後一種說法恐怕是朱吉人的誤記。朱耀庭是朱安的父親，從年齡上看不可能在太平天國前出仕做官。當然，清代通過捐納可以躋身爲候補官員，而這些候補官員數量龐大，很多人根本輪不上實缺，所以也不排除朱耀庭是這種情況。

沒有家譜，很難進一步查考朱安祖上的事蹟。不過，朱氏祖輩曾有人在揚州府做過官，這在有關朱自清的傳記資料中可以得到一些佐證。朱自清的弟弟朱國華曾說及他們與魯迅、朱安的關係：「我家原是紹興人氏，母親周姓，與魯迅同族。周、朱兩姓門戶相當，常有聯姻，均爲當地大族，魯迅的元配夫人朱安也是我家的遠親。」朱自清祖輩曾得到朱安族人的幫助，據李東軒〈朱自清與魯迅略說〉一文：朱自清的祖先本姓余，是浙江紹興人，當時在揚州做官，一次酒後墜樓不幸身亡，隨之夫人也跳樓殉夫，遺下孤兒余子擎，便由當時的顯宦、山陰同鄉朱氏收養，遂改姓朱。後結婚生子，爲不忘本姓，取名朱

1 〈陳文煥談朱安母家等情況〉。

2 〈朱吉人談姑母朱安等情況〉。

則余，就是朱自清的祖父。由於朱氏族人一直認爲他們分了朱家的肥，朱則余爲躲避朱氏族人的糾纏，後來帶著兒子朱鴻均、兒媳周綺桐離開了紹興。[1]如此看來，則朱家在更早以前就有人在揚州做官，而且是「顯宦」，說明官位不低。

朱家「祖上曾經闊過」，朱安的祖父或許得到過一官半職，但經歷了太平天國的衝擊後，紹興的世家大族境況大多已不如從前，朱家似乎也不例外。作爲朱家台門的主人之一，朱安的父親朱耀庭也只是個師爺，並且經過商，這已是台門子弟的末路了。一九四八年三月二十四日的《新民報》上刊載有一份〈朱安小傳〉，說他「精刑名之學，頗有聲於郡國間。」可以證明他主要是在各地做幕僚。陳雲坡寫於一九五八年的〈魯迅家乘及其佚事〉一文中提到朱耀庭：「我在幼年時代沒有機會來認識朱耀庭先生父子二人，單知道朱耀庭先生是逝世在贛浙道中的。」也可見他經常奔波在外地。張能耿〈朱安家世〉中說朱耀庭終年尚不到五十歲，有研究者認爲朱家不久破落的主要原因在於朱耀庭過早去世。

朱耀庭的生卒年不詳。周作人一九〇一年六月十五日的日記中還提到過他，寫作「朱印亭姻長」，那時他還健在。朱耀庭夫人俞氏，裘士雄根據朱安內侄朱吉人的回憶，對俞氏有這樣的介紹：「俞氏（一八五四—一九二九），舊時以朱俞氏稱，紹興張家漊人。她

---

1 李東軒〈朱自清與魯迅略說〉，《上海魯迅研究》二〇〇七年夏季號。

朱安的母親俞氏，約生於1856年10月17（陰曆），卒於1932年，這幀照片系朱安遺物。在北京期間，她一直收藏著母親的照片。

嫁到紹興丁家弄朱家後，養育了朱安、朱可銘等子女。據其長孫朱吉人函告：『生於一八五四年十月十七日（陰曆），於一九二九年秋冬之際去世。』朱俞氏係傳統女性，一生操持家務……」[1]「照理朱吉人的說法是應當被採信的，但楊志華〈朱吉人與朱安及魯迅〉一文則說：「一九三二年，祖母中風去世。」而這也是根據朱吉人本人的口述加以整理成文的[2]。因此，俞氏的卒年究竟是一九二九年還是一九三二年？看來只能存疑。

關於俞氏的生年，朱吉人的記述是重要的依據。不過，在周作人一九一五年十一月

1 裘士雄〈魯迅和他的鄉人（七）〉，二〇〇九年《紹興魯迅研究》。朱吉人，朱安之弟朱可銘的長子。

2 據楊志華〈朱吉人與朱安及魯迅〉，《上海魯迅研究》第四期。

日記裡有往朱宅拜壽的記載：「廿三日，雨。上午豐丸往朱宅拜壽，下午歸」。查西曆一九一五年十一月二十三日，正是陰曆十月十七日，與朱吉人所說的日期吻合。又魯迅一九二五年十一月十三日的日記：「下午寄朱宅賀禮泉[1]十元。」朱安的父親朱耀庭去世較早，一九一五年前後朱家的長輩就只有母親俞氏，且其餘年份魯迅和周作人日記都沒有朱宅賀壽的記載，也就是說，很可能一九一五年是她的六十大壽，一九二五年是她的七十大壽。按照舊時的習慣，一般採用虛歲，因此筆者推測她的生年是在一八五六年前後。

朱耀庭夫婦子女不多，朱安是長女，長輩們稱她安姑或安姑娘。胞弟朱可銘，原名鴻猷，後改天蒸，字可銘，又字筱雲，《周作人日記》中又寫作小雲。他學過法律，做過師爺，當過司法承審員，先後娶過兩位夫人，生有四子一女。據他的長子朱吉人回憶：「父親朱可銘是一子兼祧[2]二房。他有一個弟弟叫阿興（音），我在家廟裡曾經看到父親所書寫的有『亡弟□□』等字樣的紅紙。看樣子，叔叔死得很早。」[3]朱吉人曾說他的父親屬蛇，比朱安小幾歲，可知朱可銘出生於一八八〇年或一八八一年，與魯迅年紀相仿。到朱可銘

1 泉：古人對錢幣的稱呼。錢的流行像泉水一樣，故稱為「泉」。

2 據《紹興風俗簡志》：兼祧即若干兄弟的下一代只有一個男丁，生身父母和叔伯們都給他娶妻，誰給他娶的妻子生下子女，就是誰的孫子（孫女）。

3 〈朱吉人談姑母朱安等情況〉。

這一代，朱家迅速敗落，但這是後話了。[1]

舊時的婦女，一般來說，她們的生卒年應該記載在夫家的家譜中，可惜朱安的這一願望落空了。因此，這裡不得不費些筆墨對她的生年做些交代。

朱安的生年

朱安出生於哪一年？歷來有不同說法，至今未有定論，較常見的是這兩種說法：一說生於一八七八年，如紹興的研究者裘士雄、張能耿等均認爲朱安生於清光緒四年即一八七八年，比魯迅大三歲。這是對朱氏及周氏後人的採訪調查所得。這一說法最爲流行，但口述者的記憶是否準確無誤，這一點不能不考慮。

另一種認爲生於一八七九年，比魯迅大兩歲。這一說法也有不少的證據：其一，當年在北京磚塔胡同與魯迅家人一道居住的俞芳說：「關於朱安夫人的出生年月，我寫成一八七九年的根據是：當年和魯迅先生一家同住在磚塔胡同時，魯太夫人告訴我，朱夫人比魯迅先生長兩歲，魯迅先生屬蛇，朱夫人屬兔。魯迅先生一八八一年出生，朱安夫人的

1 朱安家世，詳見附錄一：朱安家世簡表。

出生年就是一八七九年了。」其二，周作人長子周豐一一九八六年一月七日給裘士雄的信中說：「關於朱安生肖，我確記係兔年，推算之，則應是光緒五年己卯年，即一八七九年了。」其三，朱安去世後，報紙上發表的由親友撰寫的〈朱安小傳〉（署名森君，可能是阮和森）中說：「夫人朱氏，紹興世家子，生於清光緒五年七月。」清光緒五年即一八七九年。此外，有研究者根據魯迅北京寓所的家用賬指出，一九二八年十一月二十二日記載朱安收到胞弟朱可銘郵寄來十元禮金，這在當時是比較重的禮，很可能是因爲朱安五十壽誕。如果說一九二八年是她的五十壽辰，那麼推斷起來她應出生在一八七九年。[1] 但小傳說生於陰曆七月，而收到禮金是在陽曆十一月，似乎又對不起來。

除以上兩種年份外，還有人認爲生於一八七七年、一八八〇年的，但都缺乏有力的依據。本書姑且採用〈朱安小傳〉的說法，即生於一八七九年農曆七月。因爲朱安後半生主要生活在北京，北京方面的親友如周豐一、俞芳等與她有較多接觸，且這篇小傳發表於朱安去世後不久，相比時隔多年後的追憶或推斷，似更值得採信。

朱安出生於一八七八年抑或一八七九年純屬細枝末節，但作爲魯迅的元配夫人，我們對她的瞭解實在匱乏，這一點是肯定的。值得一提的是，朱安和秋瑾年歲相差無幾。秋

1 吳長華〈平凡之中見精神—魯迅家用賬讀後記〉，《上海魯迅研究》第七期。

瑾生於一八七五年（一說生於一八七七年），號鑑湖女俠，祖籍紹興山陰，出生於福建，曾隨父旅居湖南、臺灣，小時候在紹興住過一年左右。她自幼喜好詩文，尤慕劍俠，豪爽奔放。稍長，隨表兄習棍棒拳術、騎馬擊劍，性格倔強，一如她在閨中寫下的詩句：「今古爭傳女狀頭，紅顏誰說不封侯？」「莫重男兒薄女兒，始信英雄亦有雌。」從少女時代起，秋瑾就表現出驚世駭俗、敢作敢爲的一面，有巾幗英雄之氣概。

然而，秋瑾在那個時代只是一個特例，絕大多數的婦女，只能靜守閨中，大門不出，二門不邁，做著女人該做的事情。在《白洋朱氏家譜》中，列出了一些婦女的傳記，這些婦女要麼受過誥封，要麼得到旌表，屬於家族婦女中「有懿行淑德者」。她們中一些人在閨中就具備了柔順端莊的美德，受到父母長輩的稱讚。如陸太君是一位五品官之妻，在出嫁前就「不好華孅，遇宗党必正容」，看見家中的女性穿著豔麗就會加以勸誡：「女子當不出閨門，古云冶容誨淫，裙布釵荊，分內事也。」（〈誥封宜人陸太君傳〉）又如一位同樣被誥封爲宜人的潘太君，她出嫁前就謹守閨訓，十分端莊：「宜人自幼勤儉，能以禮自持，足跡不履戶，內言不出梱，家人未嘗見色笑。」（〈誥封宜人潘太君傳〉）還有一位三品官之妻陳太君，傳記中這樣描述她：「淑人幼而端莊，不苟言笑。長習女工，通書傳、孝經，內則尤喜文公、小學，日諷誦不置。而天性儉素，施膏澤耀珠翠者過其前，不屑視也。」（〈誥封淑人陳太君傳〉）

這些後來受到誥封、表彰的女性都有共同的特點：她們態度端莊、不苟言笑，衣著儉樸，不好妝飾，也看不慣那些打扮過分的女人，平時從不輕易跨出閨門，恪守著作爲女人的本分。她們中一些人出身書香門第，自幼耳濡目染，略通詩文，爲婦德更增加了一些光彩。當然她們在婚後更是家族女性中孝順公婆、相夫教子、無私奉獻的典範。

有意思的是，在朱安去世後也留下了一份小傳，裡面也有對她閨中生活的描述：「夫人生而穎慧，工女紅，守禮法，父母愛之不啻若掌上珠……」[1]這些字眼雖然籠統，但與上面的表述是一脈相承的。朱家台門內顯然並不鼓勵女孩子讀書識字，最多讀點《女兒經》這類的閨訓。朱吉人曾對人說起：「姑母沒有讀過書，但《女兒經》裡的許多話語能講得出來。我聽人說，在封建社會裡，《女兒經》是女人的必修課，大姑娘雖不能上私塾，但一定由父母或其他人講給她們聽，千方百計地灌輸。」[2]

朱耀庭常年奔波在外，想來是由俞氏或族中其他長輩口授，一字一句把《女兒經》教給她：「女兒經，仔細聽，早早起，出閨門，燒茶湯，敬雙親，勤梳洗，愛乾淨，學針線，莫懶身，父母罵，莫作聲……」《女兒經》是專爲女子編寫的蒙學教材，在明清時代

1 〈魯迅夫人〉，刊載於一九四八年三月二十四日北平《新民報》。
2 〈朱吉人談姑母朱安等情況〉。

廣爲流行，全文一千一百多字，語言朗朗上口，內容宣揚女性「遵三從，行四德，習禮義」。朱耀庭夫婦膝下僅一子一女，他們一片苦心，替唯一的女兒纏了足，又教她讀《女兒經》，讓她牢記這些訓誡，無非是希望她將來嫁個好人家，過上好日子。可惜的是《女兒經》裡那些相夫教子的至理名言，安姑娘這一輩子都沒能用上。

婚約——一八九九年前後

「老大姑娘」的婚事

周朱兩家締結婚約的時間，大致是在魯迅去南京讀書的第二年。周作人生於一八八五年，比魯迅小四歲，當時在三味書屋讀書，在他的日記裡，留下了這一時期兩家密切來往的痕跡，也讓我們看到當年這樁婚事是如何推進的。

事情還要從一八九八年前後說起。當時，魯迅的母親魯瑞和謙少奶奶關係非同尋常，這一點，周作人在〈魯迅的故家〉中曾屢次說起：

戊戌（一八九八）年閏三月十一日，魯迅離家往南京進學堂去。同年十一月初八日，四弟椿壽以急性肺炎病故，年六

魯迅的母親魯瑞（1857—1943）。

歲。這在伯宜公去世後才二年，魯老太太的感傷是可以想像得來的……本家的遠房妯娌有謙少奶奶，平常同她很談得來，便來勸慰，可以時常出去看戲排遣。那時只有社戲，雇船可以去看。[1]

戊戌以後，伯撝夫人為得慰問魯老太太喪兒之痛，時相過從，那時玉田公也去世了，她有時候便隔著牆叫話，問候起居，吃過飯沒有……[2]

當時兩家隔了一道曲尺形的牆，喊話很方便，據《知堂回想錄》，伯撝夫人常在晚飯後招呼魯瑞去玩，有時也打麻將消遣，「沒有什麼輸贏，只醵[3]出幾角錢來，作爲吃炒麵及供油火費之用」。魯瑞喪夫不久，小兒子椿壽又夭折，她的心情十分低落。這一時期，謙少奶奶時常約她一起看戲，打打麻將，給了她不少安慰。

母親的禮物正是在這段時間，魯瑞爲兒子相中了丁家弄朱家台門的安姑娘。由於這樁婚事後來十分不幸，現在頗有人替朱安嘆息，認爲如果她當年不是找了魯迅，而是嫁個一

1 周作人〈魯迅的故家．阿長的結局〉，《魯迅回憶錄．專著》（中冊），第九百四十八頁，北京出版社一九九九年版。

2 周作人〈魯迅的故家．仁房的大概〉，《魯迅回憶錄．專著》（中冊），第九百五十三頁。

3 醵：泛指湊錢、集資。

般的男人，那麼她這一輩子至少會過上平淡舒心的日子。確實，婚姻有著很大的偶然性，如果當年不是嫁給魯迅，朱安的命運也許大不相同。但仔細考察周朱兩家的聯姻，可以看到，這樁婚事的締結未必全都是偶然，其實有著很多必然的因素。

首先，周朱兩家談婚論嫁時還沒有「魯迅」，朱安要嫁的人是東昌坊口周家台門裡周福清的長孫周樹人。此時周樹人的家裡，由於祖父周福清一八九三年犯下的科場大案，周家大禍臨頭，已經從小康之家墜入了困頓。周福清此時還囚禁在杭州的監獄裡，父親周伯宜於三年前病故，只有母親魯瑞一人苦苦支撐著這個家。

在〈吶喊．自序〉中魯迅回顧了他當年的窘境：「有誰從小康人家而墜入困頓的麼，我以爲在這途路中，大概可以看見世人的眞面目；我要到N進K學堂去了，彷彿是想走異路，逃異地，去尋求別樣的人們。我的母親沒有法，辦了八元的川資，說是由我的自便；然而伊哭了，這正是情理中的事，因爲那時讀書應試是正路，所謂學洋務，社會上便以爲是一種走投無路的人，只得將靈魂賣給鬼子，要加倍的奚落而且排斥的，而況伊又看不見自己的兒子了。」N即南京，K學堂即江南陸軍學堂附設礦務鐵道學堂。作爲破落戶的子弟，魯迅當時走的乃是一條「末路」。

其次，朱家也有著自己現實的考慮。一八九九年，朱安已經過了二十歲，卻還沒有定下人家。對此，〈朱安小傳〉給出的解釋是因爲父母的挑剔：「夫人生而穎慧，工女紅，守禮法，父母愛之不啻掌上珠，因而擇婿頗苛，年二十八始歸同郡周君豫才」。依照當時紹興的風俗，「對年長待字的閨女，不研究因何貽誤的原因，凡是年逾二十以外，概目之爲『老大姑娘』，對老大姑娘的估價都認爲無論是任何原因總或多或少的有其缺點。要挽人做媒就只好屈配塡房，要想元配，那就無人問津。」[1]魯迅的大姑母德姑就是因「介乎公相攸過苛，高來不就，低來不湊，以致耽誤了婚期。」最終因爲延誤過久許給了吳融村一個姓馬的做了塡房。所謂塡房，就是嫁給喪偶的男子，做繼室夫人。

可以想見此時朱安的父母族人已顧不得挑三揀四，只希望能給她找一個門當戶對的人家。朱安其時已二十多歲，錯過了最佳年齡，朱耀庭夫婦不願女兒受委屈，成爲人家的塡房，去給人當後母，所以寧願將唯一的女兒嫁給東昌坊口周家，儘管周家破落了，但怎麼說也是去做元配夫人，終歸體面些。

再次，丁家弄朱家與周家也是姻親，他們的婚事也算是親上加親。對此，周作人在《魯迅的故家》中說得很明確：「〈朝花夕拾〉中曾說及一個遠房的叔祖……乃是仁房的兆藍，字玉田，藍太太即是他的夫人，母家丁家弄朱姓，大兒子小名曰謙，字伯撝，謙少

1 周冠五〈三台門的遺聞佚事〉，倪墨炎、陳九英編選《魯迅家庭家族和當年紹興民俗——魯迅堂叔周冠五回憶魯迅全編》，第二十一至二十二頁，上海文化出版社二〇〇六年版。

奶奶的母家趙姓，是觀音橋的大族，到那時卻早已敗落了。她因爲和魯老太太很要好，所以便來給魯迅做媒，要把藍太太的內侄孫女許給他……」[1]周玉田是魯迅早年的啓蒙老師，已於一八九八年六月去世。玉田叔祖之妻藍太太是丁家弄朱家嫁過來的，藍太太是朱安的姑太太，因爲有這一層關係，藍太太的兒媳謙少奶奶出面做媒，可以說是順理成章。

此外，據周建人說，之前魯瑞也曾考慮過琴姑，小舅父一共有四個女兒，琴姑居長。但由於長媽媽嘀嘀咕咕說什麼兩人犯沖，遂作罷（琴姑後來與別家訂了親，未出嫁就過世了，可見身子骨單薄）。正在魯瑞找不到方向的時候，謙少奶奶介紹給她丁家弄的這位姑娘，雙方可以說是一拍即合。

紹興婚俗，男女從訂婚到結婚要經過「出口」、「請庚」等好幾道繁瑣的手續。周、朱兩家聯姻的經過，在周作人日記裡有著清楚的記載：

第一步：出口。

己亥年二月（即西曆一八九九年三月）的周作人日記裡，記下了朱宅出口一事：

初二日 晴。偕叔輩登舟往蘭亭。同舟朱霞汀舅公衍生伯及伯翬茗三二叔同余五人。

1 周作人〈魯迅的故家·阿長的結局二〉，《魯迅回憶錄·專著》（中冊），第九百四十九頁。

初五日　晴。朱宅出口，託蕙叔備席，約洋五元。五桌。

二月初二日，江南的早春還是寒風瑟瑟，周作人和家族中的長輩及藍太太的兄弟朱霞汀一行五人，乘著航船去蘭亭遊玩。這不是一次單純的出遊，因爲緊接著，初五日就是「朱宅出口」。所謂「出口」，是舊時婚俗中的一種手續，先由男方出「求帖」，送到女方家裡求婚，女方同意即收下「求帖」，另具「允帖」，送還男方，表示應允。所以，當天周家託蕙叔代辦酒席，招待賓客，以示慶賀。這位蕙叔，即周子衡，是魯迅遠房族叔。

在新台門周家，主要住著智房、仁房、興房三房，魯迅家裡屬於興房。以上日記中提到的周氏族人，除茗三（鳴山）外，衍生伯、伯撝叔、蕙叔都是仁房的人。可見對魯迅的婚事，仁房當年最爲熱心。

「出口」是雙方家裡經過媒人說項，同意婚事後履行的一道手續。朱宅「出口」，意味著兩家互相有了承諾，「積習相沿，自經此一諾後，也從未發生過退悔和調換的事情。」[1]可以認爲，一八九九年農曆二月，這樁婚事已經確定下來了，雙方不能反悔了。

1 周冠五〈紹興的風俗習尚〉，《魯迅家庭家族和當年紹興民俗——魯迅堂叔周冠五回憶魯迅全編》，第一百三十四頁。

第二步：請庚。

按照慣例，在女家出了「允帖」後，男方即發送頭盤彩禮，緊接著就應該很快進入「請庚」的程式了。所謂「請庚」，就是在發二盤彩禮正式聘定之前，男方向女方家裡請問姑娘的生辰八字，再將男女雙方的生辰送到紹興頂有名的夏家或章家等有名的擇日店家，請他們去排「八字」，揀定「安床」和「合巹」的吉日。其經過大致是：男家具備兩份紅全帖和一對提盒送至女家，這兩份全帖是「拜帖」和「求帖」，女家收到後，也有「拜帖」和「允帖」送還男家，「允帖」的簽條上寫著姑娘出生的「年月日時」。但周家隔了兩年直到一九〇一年正月才去「請庚」：

正月廿三日 晴，暖。下午同大哥、蕙叔往樓下陳看戲，遇朱氏舟，坐少頃。演《盜草》《蔡莊》《四傑村》訖，即擬回家，被留不獲行。蕙叔與大哥先回，予留觀夜劇。夜演《宜興城》《雙玉燕》《五美圖》《紫霞杯》數出。黎明反棹，大雨暴作，至偏門趁小舟回家，時方六下點鐘。

二月拾伍日 晴。下黃沙。上午種素蘭，換盆。又遣人往丁家弄朱宅請庚。……夜作致大哥信三紙，擬明日由郵發。

由以上兩則日記可知，正月年廿三日這天魯迅和周作人等去樓下陳看戲，遇到了朱家的大船，於是被請到朱家的船上，一起看了《盜草》、《蔡莊》、《四傑村》三出戲。隨後，魯迅和蕙叔即告辭回家。周作人則被朱家盛情挽留下來，晚上繼續觀劇。此時的魯迅，不會不清楚他和朱家台門的這一層關係。魯迅返回南京是在兩天以後，即正月廿五日。這次寒假他在家住了近五十天，這期間我們不知道魯瑞是否徵詢過他的意見。不過，在這之後不到一個月，周家就前往朱家「請庚」，詢問安姑娘的生辰「八字」，當晚周作人就寫了三張信紙的長信給大哥，大約就是爲了報告這一「喜訊」。

這年正月裡，周家同時還有一件喜事：祖父周福清獲准釋放。一八九三年秋周福清爲參加鄉試的兒子周伯宜和親友中的幾個子弟赴蘇州賄賂主考殷如璋，向他行賄一萬兩銀票，結果事情敗露，周伯宜受斥革，被取消秀才資格，周福清投案自首，押至杭州監禁。第二年初，光緒皇帝諭旨判其爲「斬監候」，俟秋後處決，成爲轟動一時的欽案。周福清在杭州前後監禁了八年。周家只得不斷變賣產業，年年設法保住他的性命，自此家道中落，成了族人眼中的破落戶。這次周福清獲釋，是因爲刑部尚書薛允升的幫忙。正月廿二日家裡收到祖父來信得知釋放的消息，二月十五日周家向朱家「請庚」，二月廿一日祖父攜妾回到家中。可謂雙喜臨門。

第三步：文定。

自大哥去南京讀書後，許多應酬的場合都是周作人出面，直到一九〇一年九月他也去南京水師學堂讀書。此後婚事的進展在他的日記裡就難以尋覓了。「請庚」之後，應該還有一道「文定」的手續，男方向女方發送「彩禮」置辦嫁妝，同時送上紅綠帖，其一書「安床」的良辰吉日（男方事先安放好結婚的床，俗稱「新人眠床」），其一書「合巹」吉日，將結婚的日子最終定下來。「文定」的日期，不見於周作人日記，故無法知曉確切的日期，不少研究者傾向於認爲，兩家原定於一九〇二年初魯迅畢業後完婚，但因爲他留學日本而不得不推遲了。

看戲與拜壽

除了以上締結婚約手續中必要的往來，周家台門和朱家台門的人這一時期還有一些往來，可以看出當時兩家關係是比較密切的。

一八九九年四月，在「朱宅出口」後兩個月，我們看到，周作人日記裡出現了兩家人雇著大船去看戲的記載：

初五日 晴。晨同朱筱雲兄、伯撝叔、衡廷叔、利冰兄下舟，往夾塘看戲平安吉慶。半夜大雨。

初六日　雨。放舟至大樹港看戲鴻壽班。長媽媽辰刻發病，身故，送去。

初七日　晴。歸家，小雲兄別去。

四月初五、初六日，正是清明時節，桃紅柳綠，春暖花開，周朱兩家一行十幾人浩浩蕩蕩坐了船去看戲，場面煞是壯觀。初五日是在夾塘看平安吉慶班的演出。和周作人一起出行的人中，不僅有伯撝叔、衡廷叔、利冰兄等幾位仁房的叔伯兄弟，還有一位朱筱雲兄，就是朱安的弟弟朱可銘。在周作人日記裡有時又寫作朱小雲。這一天看戲，從早晨一直看到半夜，大家的興致很高。半夜落下的一場大雨，嘩嘩地打在明瓦船的烏篷上，歸途中亦平添一種趣味。

初六日這天出遊的規模更大。周作人自己對這日記有過一番注解：「那一次看戲接連兩天，共有兩隻大船，男人的一隻裡的人名已見於日記，那女人坐的一隻船還要大些，魯老太太之外，有謙少奶奶和她的姑藍太太，她家的茹媽及其女毛姑，藍太太的內侄女。」[1] 女眷們當天坐的「是一隻頂大的四明瓦」。所謂明瓦船就是烏篷船，因爲在烏篷上有幾道

1 周作人〈魯迅的故家·阿長的結局二〉，《魯迅回憶錄·專著》（中冊），第九百四十九頁。

用蚌片嵌出的「明瓦」，故有此稱呼。周作人〈烏篷船〉一文曾說起故鄉的這種交通工具：

> 你在家鄉平常總坐人力車，電車，或是汽車，但在我的故鄉那裡這些都沒有，除了在城內或山上是用轎子以外，普通代步都是用船。船有兩種，普通坐的都是「烏篷船」……烏篷船大的為「四明瓦」，小的為腳划船，亦稱小船，但是最適用的還是在這中間的「三道」，亦即三明瓦。

這四明瓦的大船是很闊氣的交通工具，當時坐在船上的女眷有魯老太太即魯迅母親魯瑞，「藍太太的內侄女」即朱安的姑母，另外幾位都是藍太太家的人。由這份出席名單可見，這是周朱兩家初步締結婚約後的一次「聯誼活動」。但這份名單並不完全，那天長媽媽也在船上，就是魯迅在〈朝花夕拾〉中提到的那位替她買來《山海經》的阿長，周作人在後面提到：「長媽媽本來是可以不必去的，反正她不能做什麼事，魯老太太也並不當作佣人看待，這回請她來還是有點優待的意思，雖然這種戲文她未必要看。」此外據周建人回憶，那天他也坐在這船上。不知那天是否也帶了安姑娘一起來？

這次大樹港看戲本來是很愉快的，不料發生了一件意外的事：長媽媽在船上因癲癇病發作猝死。長媽媽驟然發病是在「辰刻」，不久「身故」，只好派人用四明瓦的船把她送回她的夫家。「辰刻」也就是上午七點到九點的這段時間，這天看戲因爲長媽媽的死，一切都亂了套：「於是大船的女客只好都歸併到這邊來，既然擁擠不堪，又都十分掃興，無心再看好戲，只希望它早點做完，船隻可以鬆動，各自回家，經過這次事件之後，雖然不見得再會有人發羊癲病，但開船看戲卻差不多自此中止了。」[1]

長媽媽年紀輕輕就守了寡，在魯迅很小的時候她就來到周家做保姆。她的家就在大樹港附近，家裡有一個過繼的兒子。當晚周作人和朱安的弟弟朱小雲徹夜不歸，可能是去看望她的家人，照料喪事，故朱小雲第二天才回家。這位小舅子，儼然已是周家的一分子了。然而，朱宅應允了周家的求婚後，隔了整整兩年周家才「遣人往丁家弄朱宅請庚」，其中很可能有某種微妙的原因，是不是與這次看戲有關，就不得而知了。

在周家向朱家「請庚」後的一九〇一年六月，周作人日記中再次提到兩家的來往，也值得注意：

十三日，楳（梅）雨，涼。伯撝叔三十初度，上午去道壽。朱霞汀舅公孤誕卅乢

1 周作人《魯迅的故家・阿長的結局二》，《魯迅回憶錄・專著》（中冊），第九百五十頁。

（歲），去糕桃各百。作文。

月半，楳（梅）雨。上午伯揮叔[1]生日，補祀神，祭先。予去拜，留餐。遇朱霞汀舅公、朱印亭姻長、沈叔丞表叔，未回。申刻往筆飛弄發水師信，附致大哥箋一紙……

日記裡的朱霞汀舅公，與藍太太應是同輩，是朱安的遠房叔祖。有研究者說他是藍太太的兄弟，但兩人的年紀相差很大，藍太太比丈夫玉田公小三歲，大約出生於一八四七年，而朱霞汀的年紀，根據日記可知他與周伯撝同歲，生於一八七二年。一九〇一年六月十三日是伯撝叔的三十歲生日，周作人那天前去道了壽。而朱霞汀舅公也逢三十歲生日，周家專門送去了賀禮。據《紹興風俗簡志》：男家向女家發送彩禮，如女家還有長輩在堂，男家也要致送孝敬錢或禮物。這次的送禮，是否也算是周家在吉日之前對親家長輩致送的禮物？

接下來十五日伯撝叔舉辦壽宴，周作人前往拜壽，遇到朱家台門的這位舅公，還有朱安的父親朱耀庭，日記中寫作「朱印亭姻長」。不知是常年在外奔波的緣故，還是因爲別的原因，至少在周作人的日記裡，他就只露過這一次面。朱耀庭這一次親赴周家新台門，

1 伯揮叔即伯撝叔，原文寫法不一，下同。

其意圖恐怕不僅僅是給周伯撝拜壽，更可能是想借此機會把婚期確定下來。朱安這一年已經二十三歲，不能再拖下去了。遺憾的是朱耀庭似乎並沒有能等到女兒結婚的那一天，如前所述，他去世在從江西到浙江的路途中，終年尚不到五十歲。

朱霞汀是周家台門裡的常客，周作人日記裡屢屢提到他，除以上一八九九年二月及一九〇一年六月日記中提到，還有幾處也是關於朱家台門裡的這位舅公的：

〔一八九九年六月〕初四日，晴。午拜公忌辰，遇朱叚汀[1]舅公，食粉蒸肉二包。下午見看叔輩嬉牌。

〔一九〇〇年四月〕初一日，晴。上午接伯撝叔箋，云徐州無物出產，惟雲龍山碑帖尚多，如欲購對聯可以代辦云云。下午丁家弄朱霞汀舅公之德配卒未時，范氏。往大雲橋買孔雀牌洋酒一匣，計洋三分。

〔一九〇一年十月〕十一日，晴。洋文上書。晨千叔復回，朱叚汀舅公同來，下午去。

二十日……補：朱叚汀舅公來，上午去。

1 朱叚汀舅公即朱霞汀舅公，原文寫法不一，下同。

〔一九〇二年五月〕初十日，晴。晨打靶，禮拜放假。上午仲陽叔、朱可銘原字小雲兄來談少頃。

〔一九〇二年九月〕十五日，禮拜四。陰。……知朱霞汀舅公初六去世，為之悲惋。

這位舅公輩分雖高，可爲人隨和灑脫，周作人對他頗有好感。兩家的聯姻，從種種跡象看，朱霞汀起了不小的作用。他和周家台門的人很熱絡，一九〇一年九月周作人去南京水師學堂求學，朱霞汀這年十月去南京，也曾去看望這位未來的小叔子。日記中千叔即謙叔，也就是伯撝叔，他是錢谷師爺，常因事去外地。朱可銘當時在南京學幕[1]，做幕友或經商，這也是當時台門子弟最常見的職業。當時魯迅還沒有去日本，照理也會和朱家台門的人會上一面，可惜魯迅早年的日記沒有保存下來。朱霞汀去世時年三十一歲，連三十六歲的「本壽」都不到。周作人在南京聽說他去世的消息後，「爲之悲惋」，想必是嘆息他去世太早。

總之，僅從周作人記下來的兩家的交往來看，自一八九九年至魯迅赴日留學之前，周家新台門和朱家台門保持著禮節上的來往，彼此之間也有相當的瞭解。雖然以朱安當時的

1 清代州縣的幕賓席位，必須經過專業培訓，稱為學幕。

年紀，婚事的進程未免太緩慢了些，其中似乎有某種欲言又止的原因，但也應該看到，在男女建立感情之前，兩個家族間已經建立了相當穩固的關係，況且由本家的親戚做媒，因此要想悔婚是很困難的，也是絕對說不出口的。

婚約背後的疑問

魯迅的婚事是由母親魯瑞做主包辦的。魯瑞出生書香門第，父親魯希曾是前清舉人，咸豐元年中浙江鄉試第二十四名舉人，同治元年任戶部主事。母親何氏，出身名門，父親何元傑爲翰林院編修。關於魯迅的婚事，她在北京時期曾對同住一個四合院的俞芳說起過：

當時我為大先生訂了親，事後才告訴大先生。他當時雖有些勉強，但認為我既作了主，就沒有堅決反對，也許他信任我，認為我給他找的人，總不會錯的。

她爲長子定下的親事，從當時的擇婚標準看應當還算般配。只是由於這樁婚事後來很不幸，特別是魯迅對朱安很不滿意，因此，對於當年魯瑞爲什麼偏偏選中朱安，也就有了一些相互矛盾的說法。

版本一：魯迅母親主動提出。按魯迅堂叔周冠五的說法，在提親之前魯瑞就見過安姑娘本人，因爲很喜歡她，所以主動挽人做媒：

關於魯迅的結婚：原來水偏門朱家一女嫁到周家，是我伯母輩，她經常回娘家，有時帶一個侄女之類的姑娘來玩，名叫安姑娘，魯迅母親見了很歡喜，想要她作媳婦，就挽了伯母為媒去說合了。但魯迅在日本知道後，很反對，來信提出要朱家姑娘另外嫁人。[1]

周冠五的說法長期以來被不少研究者採納和引用，如一九八一年版《魯迅生平史料彙編》「朱安」一節就大致採用了他的說法。裘士雄〈淺論魯迅對中國傳統婚姻的「妥協」與抗爭〉、張能耿〈魯迅家世〉中都基本認爲是魯迅母親主動託了周玉田的長媳趙氏爲媒去說合。馬蹄疾在《魯迅生活中的女性》一書中更是寫得繪聲繪色。但仔細推敲起來，周冠五的說法存在著不少問題。周冠五雖爲魯迅的堂叔，卻比魯迅小六歲，他生於一八八七年，直到一九〇一年才隨父親周藕琴從陝西回到故鄉紹興。因此，有些情況他顯然也是間

1 周冠五〈我的雜憶〉，《魯迅家庭家族和當年紹興民俗》，第二百四十五頁。

接聽說。首先，他說藍太太經常帶侄女安姑娘來玩，按照輩分，朱安並不是藍太太的侄女，應當是侄孫女，差了一輩。其次，最容易使人誤解的一點，他說「魯迅在日本知道後，很反對」，讓人誤以爲這樁婚事締結於魯迅去日本以後即一九〇二年後。至於說魯迅母親見了很歡喜，因此主動請藍太太做媒，這生動的一幕自然也不可能是他親眼所見。周冠五和當年做媒的藍太太等都屬於仁房，或許他也是聽了仁房族人的一面之詞吧。

版本二：魯迅母親受騙上當。跟周冠五相反，周作人、周建人卻認爲是魯老太太受騙上當。周作人在《知堂回想錄》中就表達了這樣的觀點：

> 「新人」是丁家弄的朱宅，乃是本家叔祖母玉田夫人的同族，由玉田的兒媳伯撝夫人做媒成功的。伯撝夫人乃出於觀音橋趙氏，也是紹興的大族，人極漂亮能幹，有王鳳姐之風，平素和魯老太太也頂講得來，可是這一件事卻做的十分不高明。新人極為矮小，頗有發育不全的樣子，這些情形，姑媳不會得不曉得，卻是成心欺騙，這是很對不起人家的。本來父母包辦子女的婚姻，容易上媒婆的當；這回並不是平常的媒婆，卻上了本家極要好的妯娌的當，可以算是意外的事了。」

1 周作人《知堂回想錄》，第一百七十二頁，香港三育圖書文具公司一九七〇年版。

周朱兩家的聯姻，伯撝夫人（也就是謙嬸）扮演著拉媒穿線的重要角色。對這位嬸嬸，周作人的評語是「人極漂亮能幹，有王鳳姐之風」，說明她是很有手腕的人，魯老太太是上了她的當。

周建人在晚年的回憶錄《魯迅故家的敗落》裡也持類似的看法：

母親極愛我大哥，也瞭解我大哥，為什麼不給他找一個好媳婦呢，為什麼要使他終身不幸呢？又為什麼要使我的表姊，特別是琴表姊，如此不幸呢？那只有一種解釋，那就是，她相信謙嬸的話，認為朱安一定勝過她所有的侄女、甥女。[1]

作爲魯迅的手足，周作人和周建人的說法無疑是值得重視的。但有一層我們不能不考慮到，婚事不幸，人們往往歸咎於媒人的欺騙，這是很常見的。不過畢竟周作人親自見證了兩家結親的過程，若按他的說法，則魯老太太在提親前應該沒有見到過安姑娘本人，很可能是在基本確定後才見到了未來的媳婦，這門親事是她親口答應的，就算那時發現眼前

1 周建人口述、周曄筆錄《魯迅故家的敗落》，第二百一十九頁，福建教育出版社二〇〇一年版。

的姑娘遠遜於謙少奶奶描述的模樣，也只能認了。況且，以魯迅當時的條件，朱家姑娘家境好人又賢慧，作爲周家媳婦是完全夠格的。

版本三：受魯老太太之騙。這裡有必要提一下朱家的看法，朱吉人曾說：「姑母和魯迅的婚事，是老太太（指魯瑞）騙的，害得雙方都不高興。」

這是站在朱家的立場上所發出的聲音。分析起來，大約朱家本來以爲既然魯老太太同意，則魯迅當然也沒有問題，可是此後魯迅卻表示反對，朱安嫁過去後又受到這般冷遇，因此有了受騙上當的想法。

一般認爲，當時朱安雖然年紀偏大，但魯瑞因爲喜歡她溫順知禮，所以沒有計較她的年齡，也沒有挑剔她的外貌。但這是站在魯迅的立場上來推斷的。很可能在朱家人看來，反而是自己這一方做了許多不得已的讓步。此時魯迅家裡的條件差強人意，而魯迅在很多人眼裡也是走投無路才去南京讀新學堂，但畢竟兩家門當戶對，又是去做元配夫人，況且又有藍太太一家牽線，魯老太太也一百個同意。朱耀庭夫婦僅有一子一女，對唯一的女兒細心呵護，疼愛有加，原以爲女兒的終身從此有了託付，孰料結局竟是這樣，也就難怪要發出怨言了。

版本四：出於經濟上的考慮。有人認爲，魯迅母親當年定下這麼一門親事，背後可能有「更深的原因」，甚至猜測當年周家爲了獲得朱家在經濟上的幫助訂下婚約，魯迅以此難違母命云云。

曾被魯迅「罵」過的章克標認爲：周家在魯迅祖父因科場案下獄時，「可能也向朱安家裡借錢」，並認爲「這種情形一定存在的」。「這樁婚事有了這個關係，就得萬無一失，牢固非凡，魯迅是不是明白這種情況雖不可知，但從他無法反對，只好承諾而取得一個孝子的名聲來看……暗底裡一定瞭解的。」[1]

有些國外學者揣測，當年魯迅不得不接受舊式婚姻，是因爲周家當初在窘迫的情況下接受了朱家經濟上的援助。如高木壽江在〈魯迅的結婚與愛情〉一文中，根據周作人〈魯迅的故家〉中說到一八九七年周伯宜去世後，一次玉田公作爲長輩在家族會議上爲某事「硬叫魯迅署名」一事，認爲周作人之所以含糊其辭地說「某某問題」，而不完全說明白，是因爲關係到魯迅不能說出口的秘密，而這個問題就是「以獲得富裕的妻家的經濟援助這一屈辱條件和朱安訂婚」。尾崎秀樹發表於一九六〇年的〈圍繞著魯迅的舊式婚姻——架空的戀人們〉一文對此也表示贊同，認爲魯迅於一八九七年就在「某某問題」上署了名，「在魯迅去南京水師學堂讀書之前，山陰朱女士就已經命中註定是他的妻子了。」

1 章克標〈魯迅與戀愛〉，浙江《聯誼報》（一九九九年四月十六日）。

這些學者發表他們的見解是在上世紀五六十年代，當時很多事實尚未披露。今天我們知道這些揣測大多與事實不符，如周作人所說的「某某問題」，是指一八九七年族人藉口重新分配住房而奪走魯迅家部分房產一事，與魯迅的婚事根本無關。又如，說魯迅於一八九七年就定下了與朱安的婚事，這和周作人日記的記載也是不符合的。「經濟援助說」在很多史實上是經不起推敲的，只是由於國內長期以來對魯迅的婚事避而不談，故這類說法於二十世紀七〇年代末被介紹進來後，也產生了一定的影響。持這種見解的，國內亦不乏其人。

對此，有必要對周家當年的地位和經濟情況做些說明。覆盆橋周氏曾是紹興有名的大族，魯迅祖父周福清說過：「予族明萬曆時，家已小康（述先公祭田，俱萬曆年置），累世耕讀。至乾隆年，分老七房、小七房（韞山公生七子），合有田萬餘畝，當鋪十餘所，稱大大族焉。」[1]魯迅族叔周冠五也說：「以房產而論，除老台門、新台門、過橋臺門三所巨宅外，從覆盆橋至東昌坊口南北兩邊的小街屋、小住宅多數爲周氏所有。和房並在覆盆橋南端和過橋臺門櫛比之處造有別墅之曰：小過橋臺門。大雲橋和大街、大路一帶也有周

1 周福清〈恒訓〉，《魯迅研究資料》第九輯，天津人民出版社一九八二年版。

氏的房產。至於田地，則南門外、偏門外幾乎都爲周氏所有。」[1]

對周冠五的說法，裘士雄認爲有些地方可能言過其實，但他同時指出，覆盆橋周氏當年的確是紹興有名的大戶人家，只是到了魯迅的曾祖這一代，開始江河日下，急遽衰敗。敗落的原因是幾方面的，首先，十一世正值太平天國革命，作爲顯赫的工商地主和封建官僚階層，覆盆橋周氏無疑是打擊的重要物件，「遭受兵燹影響，損失甚巨，各房族多致一蹶不振，甚或流離失所。」這是覆盆橋周氏家族敗落的重要原因。其次，各房原因也有所不同。以魯迅家爲例，祖父周福清雖然是做官的，但在經濟上對家中卻沒什麼補益。他的「內閣中書」的官職是花錢買來的，少說也要幾千兩銀子。此外，他還先後納妾三房，自然也要破費不少銀兩。而直接導致家道中落的原因是祖父周福清科場賄賂案發，由於家中這一場暴風雨，魯迅的父親周伯宜一病不起，於三十七歲病逝。魯迅曾說父親周伯宜「他不會賺錢」，周伯宜係一介文弱書生，不僅不會賺錢，在他身上反而耗費了大量的財力。從魯迅的自述中我們都知道，爲了醫治父親的病，家裡只能變賣典當，年僅十三歲的魯迅不得不常常出入於當鋪與藥店，肩負起長子長孫的責任。

周家經「科場案」元氣大傷，家道中落確是事實，但是否潦倒到非依賴他人資助不能

1 周冠五〈周氏家族的經濟情況〉，《魯迅家庭家族和當年紹興民俗》，第二百三十一頁。

維持生計的地步呢？對家裡的情況，魯迅在〈自傳〉中曾寫道：「家裡原有祖遺的四五十畝田，但在父親死掉之前，已經變賣光了。這時我大約十三四歲，但還勉強讀了三四年多的中國書。」[1]「聽人說，在我幼小時候，家裡還有四五十畝水田，並不很愁生計。但到我十三歲時，我家忽而遭了一場很大的變故，幾乎什麼也沒有了……」[2]對此，裘士雄指出：「在人多地少的紹興，有四五十畝水田已是相當富裕的人家，這在紹興解放後的土改運動中，評地主成分是夠格的。」[3]同時他和一些研究者也指出，即使是在魯迅赴南京求學後，家裡還能靠族遺的田產收租維持生計，其根據是周作人日記裡關於「收租」的記載。

自一八九九至一九〇一年，周作人日記中多處記載他本人去各處收租或佃戶送租的情況，如一八九八年農曆十一月三十日：「小雨，往城收租。午晴，六和莊午餐，收穀廿五袋託荇舫叔收勞家封三戶穀八袋。」又如一八九九年農曆十一月二十一日：「陰。黎明早餐，同仲翔叔下舟至諸家灣收租，吃點心，租水九分二。……又至六禾莊，午餐，嘗新穀。兩（處）共收二十袋，下午放舟回家。」此類記載在日記中大約有十幾處。對於十三

1 魯迅〈自傳〉（作於一九二五年），《魯迅全集》第七卷，第八十五頁。
2 魯迅〈魯迅自傳〉（作於一九三〇年五月），《魯迅全集》第八卷，第三百四十二頁。
3 裘士雄〈關於魯迅參與絕賣「公田」的公同議單〉，《上海魯迅研究》二〇〇八年夏季號。

歲前一直過著少爺生活的魯迅來說，那一夕之間的變化是驚心動魄的，在感覺上遠遠超出了實際的改變。周作人日記作爲當時的實錄，顯然更能反映周家當年的經濟狀況。

有研究者根據周作人日記作了這樣的統計：一八九八年魯迅家裡收入的租穀有三十五袋，還有一筆數目不詳。一八九九年經祖父同意，由周作人經手，以每畝四十五元的價格賣去田產五畝，這一年收到的租穀共有四十五袋。一九〇〇年周作人忙於參加縣試，日記中未見記載。一九〇一年九月周作人離開紹興，這一年的七月日記中有四起佃戶「告災」的記載，樓下陳、六禾莊等處佃戶來報告災情。[1]如按一袋穀一百斤計，每年就有四千五百多斤。這些穀子，按周作人的說法，在一八九三年時「四千多斤的穀子，一家三代十口人，生活不成問題。」[2]

這些租田究竟有多少？周建人有如下的回憶：「除公共的祭田外，興房只剩下稻田二十畝，要靠它吃飯，不能再賣了。」[3]這裡「興房」即指的魯迅家裡，周家還留有維持全家最低限度生活的田產，周建人的回憶也印證了這一點。

---

1 祝肖因〈關於魯迅舊式婚姻的幾個問題〉，《魯迅研究月刊》一九八七年第九期。

2 周作人〈魯迅的故家〉，《魯迅回憶錄．專著》（中冊），第九百零八頁。

3 周建人口述，周曄編寫《魯迅故家的敗落》，第一百零五頁。

我們不很清楚丁家弄朱家曾經富裕到何種程度，覆盆橋周家也畢竟是大族，魯迅家裡即便遭受變故，迅速敗落，但也還沒有到山窮水盡的地步。兩家締結婚約是一八九九年，雖說其時魯迅祖父尚在獄中，但也畢竟是一家之長，如果當初周家為了籌錢不得不為魯迅找一個富裕的岳家，那麼一九〇一年祖父出獄後，就該馬上操辦婚事了，但實際上，周朱兩家的婚事此後依舊遲遲沒有動靜。而且，從周作人後來的回憶看，這位晚景淒涼的祖父，回鄉後脾氣更加執拗乖戾，因為受衍太太挑唆，他對兒媳魯瑞和藍太太一家的交往十分不滿，常常指桑罵槐，言語尖酸刻薄弄得家中整日不得安寧。如果曾受惠於丁家弄朱家，祖父的這種態度就是不可理喻了。一九〇二年魯迅獲得官費去日本留學的機會，祖父出乎意料地大加支持，而不是逼著孫子和朱家姑娘完婚，這也很能說明一些問題。

舊時紹興風俗，男方要向女方家裡送「頭盤」「二盤」乃至「三盤」的彩禮，作為姑娘的身價錢、置辦嫁妝費等，這一筆費用對當時敗落的周家來說顯然是不堪負擔的。或許當時朱家同意免去一些彩禮，這是有可能的。但認為周家與朱家攀親是為了經濟資助，這顯然沒有充分的依據。

洞房——母親的禮物

「養女不過二十六」

自一八九九年周朱兩家訂立婚約，婚事拖了又拖。一九〇三年夏，魯迅也曾回國探親，但婚禮並沒有舉行。我們不知道朱安的父親朱耀庭究竟去世於哪一年，他終年尚不到五十歲，從朱安的年紀推算，大概就在這期間。如果是這樣，那麼這也給了魯迅一個拖延的藉口。一九〇四年七月，祖父周福清病逝於紹興，終年六十八歲，魯迅並未回國奔喪。一九〇六年，轉眼又是兩年過去了，紹興向有「養女不過二十六」的規矩，而朱安已經二十八歲了。

斷髮照，魯迅1903年攝於日本東京。

朱家台門的情況我們所知甚少，但朱安的遠房叔祖朱霞汀及父親朱耀庭相繼去世，對朱家台門想必是不小的打擊。還有一點也是肯定的，安姑娘在年復一年的等待中蹉跎了歲月，在那個年代，到了她這樣的年紀還沒有出嫁，處境無疑是很尷尬的。

從朱安留下的不多的照片裡，可以看到那一對窄而尖的三寸金蓮。明清以來，在人們的觀念中，「在精美小鞋裝飾下的一雙纏得很好的雙腳，既是女性美，也是階層區別的標誌。」[1]當時一般紹興女子都纏足，否則就嫁不出去。可以想像，在她大約五歲至七歲的時候，母親或族中的婦女就爲她纏足，以便將來嫁個好人家。卻沒有想到，有一天這雙小腳會變得不合時宜。

據周冠五回憶，魯迅曾從日本來信，提出要朱家姑娘另外嫁人，而魯瑞則叫周冠五寫信勸說魯迅，強調這婚事是她求親求來，不能退聘，悔婚於周家、朱家名譽都不好，朱家姑娘更沒人要娶了。作爲讓步，魯迅又提出希望女方放足、進學堂，但朱家拒絕了。

魯迅在日本時期，並沒有特別交往的女性，但可以想見，他見到的日本女性都是天足，即便是下女，也都接受教育，能夠閱讀，寫信。在西方和日本人眼裡，留辮子、纏足都是野蠻的土人的習俗，這使許多留日學生深受刺激。實際上，自康梁維新以來，國內也有逐漸形成戒纏足的輿論，放足思想已爲很多新派人士所接受，各沿海城市紛紛成立不纏

1 （美）高彥頤《閨塾師——明末清初江南的才女文化》，第一百八十二頁，江蘇人民出版社二〇〇五年版。

足會或天足會，響應者也很多。但在內地鄉野，此種陋習要革除並非易事，清末的紹興顯得相對閉塞，朱家看來也是個保守的家族。應該說，魯迅勸朱家姑娘放腳讀書，也不是心血來潮，而是眞心希望縮短兩人之間的差距。如果朱家姑娘能寫信，互相通通信，或許多少能培養出一些感情吧？可是，由於種種原因，朱安在這兩方面都沒能做到。

在當時，朱安的年紀確實很大了，朱家本來已憂心忡忡，偏偏又有傳言說魯迅已經和日本女人結婚，還有人親眼看見他帶著兒子在神田散步。這使朱家十分驚慌，也最終促使魯瑞下決心把魯迅召回國。多年以後魯老太太懷著內疚對人說起她把魯迅騙回國的事情：

……倒是朱家以女兒年紀大了，一再託媒人來催，希望儘快辦理婚事。因為他們聽到外面有些不三不四的謠言，說大先生已娶了日本老婆，生了孩子……我實在被纏不過，只得託人打電報給大先生，騙他說我病了，叫他速歸。大先生果然回來了，我向他說明原因，他倒也不見怪，同意結婚。[1]

1 俞芳，〈封建婚姻的犧牲者——魯迅先生和朱夫人〉，《我記憶中的魯迅先生》，第一百四十三頁，浙江人民出版社一九八一年版。

因爲魯迅遲遲不歸，使得周朱兩家的長輩都很焦急。不得已魯瑞略施小計，託人打電報謊稱自己病危，讓魯迅速歸。同時開始重修家中的房屋，準備爲魯迅辦婚事。

三弟周建人當時十八歲，在離家很近的塔子橋邊馬神廟裡的小學教書，母親是否曾託他寫信或打電報給大哥呢？遺憾的是在他的回憶裡全然沒有提及。據他回憶，一九〇六年夏初，他從學堂回到家，看見家裡來了泥水匠、木匠，在修理房子了。這時他才知道，母親急於修理房子，是因爲準備給大哥辦婚事了。修房一事，是家中的大事，周作人也曾有回憶：「爲什麼荒廢了幾十年的破房子，在這時候重新來修造的呢？自從房屋被太平天國戰役毀壞以來，已經過了四十多年，中間祖父雖點中了翰林，卻一直沒有修復起來。後來在北京做京官，捐中書內閣，以及納妾，也只是花錢，沒有餘力顧到家裡。這回卻總算修好，可以住人了。這個理由並不是因爲有力量修房子，家裡還是照舊的困難，實在乃因必要，魯迅是在那一年裡預備回家，就此完姻的。樓上兩間乃是新房，這也是在我回家之後才知道的。」[1]

按周作人的說法：「魯迅是在那一年裡預備回家，就此完姻的。」不過他也聲明自己當時在外讀書，對重修房屋與魯迅結婚之事並不十分清楚。值得注意的是，周冠五的回憶

1 周作人《知堂回想錄》，第一百七十一至一百七十二頁。

裡也說：「……後來把這情況又告訴魯迅，結果魯迅回信很乾脆，一口答應了，說幾時結婚幾時到，於是定局結婚。定了日子，魯迅果然從日本回國，母親很詫異，又是高興又是懷疑，就叫我和鳴山兩人當行郎，他穿套袍褂，跪拜非常聽話。」[1]事情的進程當然不可能像周冠五說的那麼簡單，但他的說法和通常我們所知道的大相徑庭，這也是值得注意的。

孫伏園[2]是魯迅的學生和好友，與魯迅一家也有很深的交往，在一九三九年紀念魯迅逝世三周年的會上他也說到這事：「魯迅先生最初是學醫的。他受的是很嚴格的科學訓練，因而他不相信許多精神生活。他常對人說：『我不知什麼叫愛。』但是家中屢次要他回國去結婚，他不願放棄學業不肯回去。後來家中打電報來了，說母病危，先生回國了，到家一瞧，房已修理好，傢俱全新，一切結婚的佈置都已停當，只等他回來作新郎了。魯迅先生一生對事奮鬥勇猛，待人則非常厚道。他始終不忍對自己最親切的人予以殘酷的待遇，所以他屈服了。」[3]

1 周冠五〈我的雜憶〉，《魯迅家庭家族和當年紹興民俗》，第兩百四十五頁。

2 孫伏園（一八九四—一九六六），浙江紹興人，魯迅任山會初級師範學堂監督時的學生。一九二一年主編《晨報副刊》，與魯迅交往密切。一九二八年赴法國，一九二九年回國後長期在河北定縣從事教育工作。

3 孫伏園、孫福熙〈關於魯迅——於昆明文協紀念魯迅逝世三周年大會席上〉，《孫氏兄弟談魯在清末的中國，包辦婚姻是天經地義，悔婚是很嚴重的事。魯老太太把魯迅騙回國，實爲無奈之舉。其實，這一天是遲早的事，逃避終究不是辦法，魯迅既然不忍拂逆母親的意思，那麼就只能犧牲掉個人的意志，默默地接受這命運。

假裝大腳的新娘

一九〇六年農曆六月初六，魯迅與朱安在周家新台門的大廳舉行了婚禮。從一八九九年與周家少爺訂婚到二人舉行結婚儀式，朱安等了七年，終於等來了這一天。她想必也隱約聽說了，周家少爺對這樁婚事不太滿意。也許，就是在長達七年近乎絕望的等待中，她記住了長輩們常在她耳邊說的那句話：「生爲周家人，死爲周家鬼。」按當時紹興風俗，如果姑娘被男家退聘，無異於被宣判了死刑，是家族的恥辱。既然和周家少爺訂了婚，那麼她死也要死在周家，沒有退路。這或許也註定了她日後淒風苦雨的一生。

參加婚禮的有三個台門裡的本家，還有其他一些客人，老台門的熊三公公是族長，這天前來主持拜堂。對舊式婚禮種種繁瑣的儀式，魯迅均一一照辦，沒有任何違抗。他後來

迅》，第二十一頁，新星出版社二〇〇六年版。

回憶當時的情景說：「那時家裡人因爲聽說我是新派人物，曾擔心我可能不拜祖先，反對舊式的婚禮。可我還是默默地按他們說的辦了。」[1]

結婚當天，周家少爺最惹人注目的是他頭上的假辮子，對此，魯迅的從弟周光義曾有一番繪聲繪色的描述：「六月初六這一天，新台門周家辦起喜事來。早上，新郎本來是剪掉辮子的，如今戴著一頂羅製的筒帽（有點像後來的拿破崙帽），裝著一支拖出在帽下的假辮子，身上的服裝用套袍，外面罩上紗套，腳上穿著靴子。禮堂不知道什麼道理設在神堂下。新娘從花轎裡走出來，看去全身古裝，穿著紅紗單衫，下邊鑲有棉做的滾邊，下面是黑綢裙。一對新夫婦拜堂過後，被老嫚[2]等人擁擠的送進樓上的新房。」[3]

周光義出生於一九〇六年，係周椒生長孫、周仲翔長子。周椒生是魯迅的堂叔祖，曾把魯迅、周作人等介紹到南京江南水師學堂讀書。魯迅結婚的場面顯然是周光義從長輩那裡聽來的，或者是按照舊式婚禮的通常情況推想出來的。魯迅裝一條假辮子的事，給參加

1 魯迅對鹿地亘私下的談話，見鹿地亘為日本版《大魯迅全集》寫的〈魯迅傳記〉。

2 舊時越中陋俗，墮民只能從事賤業，不得與四民通婚。女性墮民俗稱「老嫚」，從事逢年過節到主人家道道喜，逢有慶弔諸事去幫幫忙之類的營生，從中得到若干賞錢、賞物。

3 陳雲坡〈魯迅家乘及其佚事〉（一九五八年未刊稿），轉引自裘士雄〈魯迅和朱安婚姻問題史料補敘〉。

婚禮的族人留下了深刻的印象，因此記得很清楚。魯迅到日本不久就剪去了辮子，然而在婚禮上卻需一切照舊，要裝上一條假辮子，戴上紅纓大帽。這對後來成爲新文化運動先驅的魯迅來說，無疑是不堪回首的一幕。

而大家也都注意到，新娘是假裝大腳。據魯老太太回憶，魯迅曾從日本寫信回來，要求朱家姑娘放腳：「大先生不喜歡小腳女人，但他認爲這是舊社會造成的，並不以小腳爲辭，拒絕這門婚事，只是從日本寫信回來，叫家裡通知她放腳。」[1]周冠五在〈我的雜憶〉裡也說：「魯母知道我和魯迅在通信，就叫我寫信勸他，我寫信後得到魯迅回信，他說：要娶朱安姑娘也行，有兩個條件：一要放足，二要進學堂。安姑娘思想很古板，回答腳已放不大了，婦女讀書不大好，進學堂更不願意。」從魯迅這方面來說，最初似乎也試圖和未婚妻有所溝通，縮短彼此的距離，可是朱家並沒有理會他提出的條件。朱安的態度一定令他深感失望。

魯迅留洋多年，接受了新學洗禮，不僅自己剪了辮，也很反對女人纏足。這點朱家也明白，於是這天朱家特意讓新娘穿上大一號的鞋子，假裝大腳。多年以後魯老太太回憶婚禮的情景，說了這樣一件事：「結婚那天，花轎進門，掀開轎簾，從轎裡掉出來一隻新

---

1 俞芳〈封建婚姻的犧牲者——魯迅先生和朱夫人〉，《我記憶中的魯迅先生》，第一百四十三頁。

娘的鞋子。因為她腳小，娘家替她穿了一雙較大的繡花鞋，腳小鞋大，人又矮小，坐在轎裡，『上不著天，下不著地』，鞋子就掉下來了。……當時有些老人說這是「不吉利」的，我倒也不相信這些話，但願這門親事順利。婚後沒幾天，大先生又回日本去讀書。』[1]

朱家族人對當年婚禮上一些小小的閃失也始終耿耿於懷：「魯迅結婚那一次，我家和周家是親上加親（周玉田是朱先生[2]的親姑夫），我不僅去做了送親的舅爺，還接連的吃了好幾天喜酒。那天晚上，新郎新娘拜過了堂，雙雙被人送入洞房，當新郎走上樓梯的時候，賓客擁擠，有人踏落了新郎的一隻新鞋。又有一個賀客，被招待住在一間裝有玻璃的房子裡憩夜。第二天早晨他起床以後，講話欠檢點，向我說他在昨夜遇鬼。你想，這人冒失不冒失！」[3]

這是朱安的遠房堂叔朱鹿琴多年以後的憶述。在朱家人看來，新郎的新鞋被踏落，以及周家賀客說話欠檢點，這都是不祥之兆。而在周家人看來，新娘鞋子掉下來，是很不吉利的。據周光義說，身為新郎的魯迅，那時看上去是個英俊的青年，臉上生著白白的皮

1 俞芳〈封建婚姻的犧牲者——魯迅先生和朱夫人〉，《我記憶中的魯迅先生》，第一百四十三頁。
2 朱先生指朱鹿琴。
3 裘士雄〈魯迅和朱安婚姻問題史料補敘〉。

膚，身材比新娘高一點。而新娘顯得身材矮小，面孔是長的馬臉，別的外表的缺點似乎沒有。這樣的兩個人，在老輩人眼裡至少是可以過日子的，他們兩個爲什麼婚後過不到一起？雙方的家長都想不通，只好歸因於婚禮中一些不好的兆頭，互相埋怨，互相責怪。

紹興魯迅故居，樓下是小堂前，魯迅接待來客的地方，樓上，右上角那一排木板窗，就是朱安和魯迅結婚的新房。（作者攝於2008年11月）

新婚之夜

魯迅和朱安婚後感情不和，形同陌路，這在新婚之夜就已經定局。

當晚，魯迅像木偶一樣任人擺佈，進了洞房。周冠五當時二十歲，他回憶那天晚上的情形：「結婚的那天晚上，是我和新台門衍太太的兒子明山二人扶新郎上樓的。一座陳舊的樓梯上，一級一級都鋪著袋皮。樓上是二間低矮的房子，用木板隔開，新房就設在靠東首的一間，房內放置著一張紅漆的木床和新媳婦的嫁妝。當時，魯迅一句話也沒有講，我們扶他也不推辭。見了新媳婦，他照樣一聲不響，臉上有些陰鬱，很沉悶。」[1]

王鶴照從十三歲起就在周家當傭工，前後近三十年。一九〇六年魯迅結婚時，他已經十八歲。他是第一次看到這位周家大少爺，據他的回憶：

紹興魯迅故居陳列的二樓婚房內景。（董建成先生提供）

「這年夏天，魯迅先生從日本回來與朱女士結婚的。這一次時間很短，我與魯迅先生也沒有講話，他當時的穿著怎樣我也記不大清楚了。但有一件事卻還記得。魯迅先生結婚是在樓上，過了一夜，第二夜魯迅先生就睡到書房裡去了，聽說印花被的靛青把魯迅先生的臉也染青了，他很不高興。當時照老例新婚夫婦是要去老台門拜祠堂的，但魯迅先生沒有去。後來知道是魯迅先生對這樁包辦封

1 周芾棠《鄉土憶錄——魯迅親友憶魯迅》，第六頁，陝西人民出版社一九八三年版。

建婚姻很不滿意，故第二天就在自己的書房裡睡了。」[1]

魯迅新婚第二天，表現得很決絕。這一夜究竟發生了什麼？像王鶴照這樣一個傭工是不可能知道的，但他透露了一個不爲人所知的細節：魯迅新婚後的第二天早上，印花被的靛青染青了他的臉，讓人想到他那晚很可能把頭埋在被子裡哭了。

王鶴照的回憶提供了令人回味的細節，只是缺少旁證。有人指出，當時是大夏天，在紹興根本用不著蓋被子。對新婚夜的情景，周光義也曾有追述，似乎沒有這麼戲劇性。據他說，當時新做阿婆的魯瑞老夫人擔心著新夫婦的動靜，一到夜深，她親自到新房隔壁去聽。發現他倆很少談話，兒子總愛看書，遲遲才睡。兩三天以後，魯迅住到母親的房間裡了，晚上先看書，然後睡在母親床邊的一張床裡。

王鶴照說因爲魯迅第二天早晨不高興，「當時照老例新婚夫婦是要去老台門拜祠堂的，但魯迅先生沒有去。」魯迅即便沒有拜老台門，依照老例，新婚第二天也還是有許多繁瑣的儀式：

首先是「送子」，天甫破曉，新娘盥洗完畢，吹手站在門外唱吉詞，老嫚把一對木製的紅衣綠褲的小人兒端進來，擺放在新娘床上，說：「官官來了」，一面向新娘道喜，討

1 王鶴照〈回憶魯迅先生〉，周芾棠《鄉土憶錄——魯迅親友憶魯迅》，第五頁。

賞封。接下來是「頭箸飯」，新郎新娘第一次一起吃飯，自然也只是一個儀式而已。之後要「上廟」，新夫婦坐著轎，老嫚、吹手跟在轎後，先到當坊「土穀祠」參拜，照例還要再到宗祠去參拜祖先。當天上午要「拜三朝」，在大廳裡供兩桌十碗頭的羹飯，家中男女老少拜完後，新郎新娘並肩而拜。然後「行相見禮」，依次按輩分拜族中長輩、與平輩彼此行禮，最後接受小輩的拜禮。

新婚夫婦一般在第三天要「回門」，亦叫「轉郎」，新夫婦往女家回門，在老嫚、吹手的簇擁下，坐轎來到女家，至大廳拜女家祖先，參拜岳父岳母等等。之後，還要請新郎進入內房，坐在岳母身旁聽她致照例的「八句頭」，等八句頭說完後新夫婦辭別上轎……

魯迅「回門」一事，朱家房客陳文煥曾回憶道：「我十歲光景，聽一個名叫劉和尚的泥水作講起，說：『朱家姑爺來回門，沒有辮子的，大家很好奇，我也趕去看熱鬧。』」[1]劉和尚講的「朱家姑爺」就是魯迅，前清時剪掉辮子，簡直是特大號新聞，因此引來不少圍觀者看熱鬧。

雖然魯迅像木偶似的走完了這一系列麻煩的儀式，可是新婚燕爾他卻做得很決絕，搬出新房，睡到了母親的房中。我們不知道新婚之夜究竟發生了什麼，魯迅為什麼會這麼失

1 〈陳文煥談朱安家母等情況〉。

望。對此，周建人的解釋是因爲朱安既不識字，也沒有放足：「結婚以後，我大哥發現新娘子既不識字，也沒有放足，他以前寫來的信，統統都是白寫，新娘名叫朱安，是玉田叔祖母的內侄女，媒人又是謙嬸，她們婆媳倆和我母親都是極要好的，總認爲媒妁之言靠不住，自己人總是靠得住的，既然答應這樣一個極起碼的要求，也一定會去做的，而且也不難做到的，誰知會全盤落空呢？」[1]可是按照周冠五的回憶，朱安拒絕讀書、放足，這都事先告知過遠在日本的魯迅，他不可能對此沒有任何思想準備。

周作人則說「新人極爲矮小，頗有發育不全的樣子」。從照片來看，朱安的身材確實偏矮小，但魯迅不喜歡她，肯定還有更深刻的原因。這婚事是母親安排的，他只能默默承受。結婚後他很少向外人訴說自己的婚姻生活，僅對好友許壽裳說過這麼一句沉痛的話：

> 這是母親給我的一件禮物，我只能好好地供養它，愛情是我所不知道的。[2]

---

1 周建人口述、周曄編寫《魯迅故家的敗落》，第兩百一十八頁。

2 許壽裳〈亡友魯迅印象記〉，《魯迅回憶錄．專著》（上冊），第兩百六十一頁，北京出版社一九九九年版。據峨嵋出版社一九四七年十月版排印。

魯迅的這句表白很著名，曾被許多人引用，以證明他對朱安確實毫無感情，只有供養的義務。其實，這句話更深刻之處在於，它揭示了女性在婚姻中的地位，也揭示了朱安可憐的處境。「禮物」，《現代漢語詞典》釋爲「爲了表示尊敬或慶賀而贈送的物品，泛指贈送的物品。」朱安是一個人，怎麼能說她是一件贈送給人的物品呢？然而，事實又的確如此。按照法國人類學者列維．斯特勞斯的說法，在原始社會或者說是野蠻社會中，「婚姻是禮品交換最基本的一種形式，女人是最珍貴的禮物。」「組成婚姻的交換總關係不是在一個男人和一個女人間建立起來的，而是在兩群男人之間。女人僅僅是扮演了交換中的一件物品的角色，而不是作爲一個夥伴……」[1]在中國兩千多年來一夫多妻制的社會裡，女性向來只是一件附屬品，一件等待被接受的「禮物」，她的命運取決於能否被贈送到一個好人家，能否被接受者喜愛或善待。

因爲「母親」（其實是母親所代表的社會和家族）的要求，魯迅被迫成爲「禮物」的接受者。據孫伏園說，魯迅雖然當新郎，穿靴，穿袍，戴紅纓帽子，一切都照辦。但那時他心中已打好主意：「結婚前一切我聽你作主，結婚後一切我自己作主，那時你們可得聽

1 轉引自蓋爾．盧賓〈女人交易——性的「政治經濟學」初探〉，《社會性別研究選譯》第三十六、三十八頁，三聯書店一九九八年版。

我。」[1]很明顯，魯迅將朱安僅僅視爲一件禮物，作爲接受者，只要接受了禮物，那麼就隨便他怎麼安置這件禮物了。從這一點說，他還是個主動者。婚後沒幾天，魯迅就攜二弟周作人去了日本，離開了母親強加給他的女人。[2]據周作人回憶魯迅其時的考慮是這樣的：「經過兩年的學習，魯迅已經學完醫學校的前期的功課，因思想改變，從救濟病苦的醫術，改而爲從事改造思想的文藝運動了。所以，決心於醫校退學之後回家一轉，解決多麼延擱的結婚問題，再行捲土重來，作「新生」的文學運動。」[3]

可惜的是，作爲「禮物」的朱安本人是無法意識到這一點的。沒有人提到，朱安在這新婚的三、四天裡是怎麼熬過來的。不知她是一動不動呆坐在新房裡呢？還是一邊垂淚，一邊聽那些過來人現身說法，教她如何慢慢熬出頭？也許，就是在那一刻，她想到自己就像一隻蝸牛，只要慢慢爬，慢慢熬，總能等到周家少爺回心轉意的那一天。

---

1 孫伏園〈關於魯迅——於昆明文協紀念魯迅逝世三周年大會席上〉，《孫氏兄弟談魯迅》，第二十一頁。

2 據周作人《知堂回想錄》，此次赴日同行者共四人，另兩人為邵明之和張午樓。

3 周作人《知堂回想錄》，一百七十四頁。

獨守——婚後的處境

新婦

在紹興，有一個故事大概是家喻戶曉的，那就是陸游和唐琬的愛情悲劇。陸游二十歲時娶唐琬爲妻，婚後兩人琴瑟相和，如膠似漆。不幸的是唐琬爲陸母所不容，陸游被迫休妻。其後陸游再娶王氏，唐琬則改嫁趙士程。紹興二十五年（即西元一一五五年）的春天，三十一歲的陸游到禹跡寺旁的沈園踏青遊玩，與唐琬不期而遇。這次見面，使陸游無限傷感，在沈園題寫〈釵頭鳳〉詞一闋。唐琬讀後，衷腸寸斷，也在沈園題詞一首，不久鬱鬱而終。

此外，漢代朱買臣休妻的故事，也是發生在會稽。朱買臣是讀書人，早年時運不濟，打柴維持生計，妻子亦棄他而去。朱買臣後來做了會稽太守，衣錦還鄉，其妻羞愧難當，一個月後自縊而死。據說，周家老台門所在的覆盆橋，即當年朱買臣「馬前潑水」的地方，朱買臣一朝富貴，崔氏想重修舊好，朱買臣讓崔氏將潑在地上的水收集起來，要她明白覆水難收，已經不可能回頭了。

唐琬和崔氏的悲劇固然不同，然自宋以至明清，這兩個故事對於爲人婦者無疑都是一種警戒。唐琬與丈夫耳鬢廝磨，親暱過度，引起婆婆的不滿，最終導致夫妻離異的悲劇。崔氏嫌貧愛富，不能從一而終，不願「嫁雞隨雞，嫁狗隨狗」，最終自取其辱，羞憤而死。在宋以前，婦女尚能改嫁，而到了明清，改嫁的婦女往往被視爲不忠不貞之人，對婦女操守的要求也更加苛刻。這兩個故事對後世的婦女來說，也就更具有引導性：身爲人婦，首先要侍奉好長輩，討得他們歡心；對丈夫的愛要表現得適當、克制，這份愛應表現爲默默協助支持丈夫獲得功名，無論其貧賤富貴都不離不棄，從一而終，這才是眞正的「婦德」。

朱安婚後所努力體現的也正是這樣一種「婦德」。當魯迅回到日本，決定棄醫從文，希望用文藝來改造國民的精神，朱安則在家中承擔著她作爲兒媳的職責，照顧著年邁的長輩。紹興人把剛嫁過來的媳婦稱爲「新婦」，作爲「新婦」，她一刻也沒有體會到新婚的甜

紹興魯迅故居陳列的周家新台門内的廚房間。（作者攝於2008年11月）

蜜，剛嫁到周家就獨守空房，這種日子近乎殘忍。但不管怎樣，她終於邁進了周家的大門，成了周家的人，只要她侍奉好長輩，恪守婦道，盡自己的本分，那麼她終究還是個稱職的妻子。

對這一時期周家新台門內的情況，周作人和周建人都有較詳細的回憶，從他們的回憶中可知，經過了前幾年的大震盪，這一時期家中相對平靜，只是家中房屋的格局有了較大的改變。根據周作人的回憶，在一九〇六年重修前，「興房」派下（即魯迅家）的房子是在東昌坊口新台門的西北角一帶，是宅內的第四、五進。第四進計有前後五大間，盡西頭的一間出典給了吳姓；隔壁即是祖父居住的地方，中間隔了一個堂屋，東邊的兩間原為祖母和母親的住房。路北的院子的對面即是第五進了。本來也有「立房」的一部分在內，後來「立房」的第十二世子京（一八四四—一八九五）身死無後，擬以魯迅的小叔伯升承繼，所以併到興房了。原來偏東的兩件竄歸「仁房」，西頭的兩間歸興房。院子裡對半分開，砌上了一個曲尺形的牆。

一九〇六年，魯迅結婚前，家中對房屋進行了大幅改造。第五進子京住的這一部分經過改造後，東邊是一間南向的堂屋，後面朝北的一間作為母親的住所，西邊朝南的是祖母的住房，後邊一間是通往第六進的廚房的通路，以及樓梯的所在。樓上也都修復了，共有兩間，則作為魯迅的住房，也就是朱安婚後居住的地方。

這裡原來是屬於立房子京公公的，因爲兩扇門是藍色的，故稱爲「藍門」，今天我們去紹興魯迅故居還能看到這藍色的門。這子京不是別人，就是魯迅小說〈白光〉裡陳士成的原型，他多年應試科舉不中，在藍門裡教書，後來發了瘋，舉動異常，最終落水而亡。子京的死離奇而陰慘，他死後好幾年，這一帶無人居住，在孩子們眼裡一度是陰森恐怖的地方。特別是樓上完全荒廢著，隔牆又是梁姓的竹園，有種種鳥獸棲息在樓上的廢屋裡，周作人曾這樣描述藍門的淒涼景象：「藍門緊閉，主人不知何去，夜色昏黃，樓窗空處不曉得是鳥是蝙蝠飛進飛出，或者有貓頭鷹似的狐狸似的嘴臉在窗沿上出現，這空氣就夠怪異的。」[1]

這裡也是朱安婚後居住的地方。當操持完一天的家務後，她要邁著小腳，一步一步走上逼仄的樓梯，回到樓上空蕩的房間。白天她是娘娘[2]身邊的一個伴兒，是「母親的媳婦」，到了晚上，她是這裡樓上房間的主人，樓上兩大間，就她孤零零一個人，不知她是否也會感到一絲陰森恐怖？

這一時期，家中的確是有些冷清、寂寞的。此時魯迅和周作人以及小叔周伯升都在外

1 周作人〈魯迅的故家〉，《魯迅回憶錄·專著》（中冊），第九百一十四頁。

2 紹興話，稱呼婆婆為「娘娘」。

面，祖父周福清已於一九〇四年夏去世。因此，家中僅剩下祖母蔣氏、母親魯瑞，剛嫁過來的朱安，以及在小學教書的三弟周建人，此外還有打雜的王鶴照等。可以說，家中主要是幾個獨居的女人。

朱安嫁過來時，祖母蔣氏已經六十多歲。蔣氏是周福清的繼室夫人，元配孫氏生有一子一女，是魯迅的親祖母，但很早就去世了。作為女人，蔣氏的一生是不幸的。她嫁過來後，因爲周福清納妾等原因，兩人關係素不和睦，等於常年獨居。作爲後母，她只生了一個女兒康官，是她唯一的精神寄託，可是康官又於一八九二年因難產而死，這對她的打擊很大，後半生變得更加消沉。就像魯迅在〈孤獨者〉中描寫的，這位祖母的臉上常年少見笑容，終日坐在窗下慢慢地做針線，或者拜佛念經。其實她天性詼諧風趣，魯迅兒時常聽祖母講故事，白蛇娘娘和法海，貓是老虎的師傅等等，他長大後也一直記得。蔣氏於一九一〇年去世，魯迅親自爲她入殮。小說〈孤獨者〉中有一幕是主人公魏連殳在祖母的葬禮上，當著族人的面突然失聲痛哭：「我那時不知怎地，將她的一生縮在眼前了，親手造成孤獨，又放在嘴裡去咀嚼的人的一生。而且覺得這樣的人還很多哩。這些人們，就使我要痛哭……」魯迅在他後來的文章裡幾乎不提自己的祖父，卻常常會提起他的這位祖母，大約也是因爲同情祖母的遭遇。

另外，這個家中還有一個人不能不提，那就是祖父的妾潘大鳳。說起來潘姨太太也是朱安的長輩，但她在周家的地位是很尷尬的。據周作人回憶：「她比祖父大概要年小三十歲以上，光緒甲辰（一九〇四）祖父以六十八歲去世，她那時才只有三十六七歲，照道理說本來是可以放她出去了，但是這沒有做到，到後來有點不安於室，祖母這才讓她走了。」[1]「周福清一生除了明媒正娶元配孫月仙（一八三三—一八六四）、繼配蔣菊花（一八四二—一九一〇）外，先後納妾三房：薛氏（一八五七—一八八一）、章秀菊（一八六一—一八八七）和潘大鳳（一八六九—？）。周福清的小兒子周伯升係章姨太太所生，她過世後，周福清又娶了這潘姨太太，潘姨太太是北京人，伯升自五、六歲時就歸她領著。一八九三年三月周福清攜潘姨太太和伯升回到紹興，不久科場案發，周福清被羈押在杭州八年，這期間主要是她和周伯升陪伴在身邊。周福清釋放後回到紹興，也帶她一起回來，自此家中時不時掀起風波，闔家雞犬不寧，令魯迅的祖母和母親十分苦惱。

潘大鳳在周福清去世後，沒了著落，她提出想脫離周家台門，雙方遂立下字據，一張是祖母蔣氏手諭，一張是周芹侯代筆的潘氏筆據，內容如下：

主母蔣　諭潘氏，頃因汝嫌吾家清苦，情願投靠親戚，並非虛言；嗣後遠離家鄉，聽汝

1 周作人《知堂回想錄》，第六百五十頁。

自便，決不根究，汝可放心，即以此諭作憑可也。

宣統元年十二月初八日，主母蔣諭

立筆據妾潘氏，頃因情願外出自度，無論境況如何，終身不入周家之門，決無異言。此據。

宣統元年十二月初八日，立筆據妾潘氏

代筆周芹侯押

這是周家台門裡可悲的一幕。據說她是跟了一個本地小流氓走的，可是後來那人的眼瞎了，所以，她的下落也就不得而知了。周作人早年在杭州花牌樓陪伴過祖父一段時間，他曾做詩紀念花牌樓的女人們，其中有幾句就是詠這潘大鳳的：「主婦生北平，髫年侍祖父。嫁得窮京官，庶幾尚得所。應是命不猶，適值暴風雨。中年終下堂，漂泊不知處。」[1]

潘姨太太離開周家，是朱安嫁到周家的第三年。次年，祖母蔣氏去世，家中只剩下朱安和「娘娘」魯瑞相伴。若像魏連殳那樣，把這幾個女人的一生「縮在眼前」，則她們的

1 周作人《知堂回想錄》，第六百五十頁。

人生都是值得痛哭的，她們婚後的生活都有種種的不如意，或因丈夫去世而寡居，或遭丈夫冷落而形同寡居，就這樣走著淒涼的人生路。可話又說回來，舊時的女人，誰不是這樣走過來的？能夠毫無怨言地守在家中，不也是女人的本分？當然，同為台門裡的女人，命運也是不同的。如果多子多孫，能夠熬到做老太太的那一天，那是福氣。如果不幸早早喪夫，或是被丈夫冷落，而又沒有生下一兒半女，那就只能怪自己命運不濟了。在台門裡長大的朱安，大概就是抱著這種心態熬過婚後最初三年的吧？她是否也曾在漫漫長夜裡為自己的命運長吁短嘆呢？在偌大的空屋裡，她的嘆息也只有自己聽得見。

「兩人各歸各，不像夫妻」

一九〇九年八月，在母親的催促下，魯迅結束了長達七年之久的留日生涯，回到故鄉。一別三年，魯迅終於歸來，這無疑給了朱安一絲希望，然而，魯迅的態度很快就讓她心涼了。

魯迅回紹興一個月後，就去杭州擔任了浙江兩級師範學堂的教員，一九一〇年六月，他辭職回到紹興，就任紹興府中學堂教師，並兼任監學。辛亥革命後，他接受紹興都督王金發的委任，擔任山會初級師範學堂監督（校長），直至一九一二年二月離開紹興。也就是說，只有一年半的時間他們夫婦同處一個屋簷下。

這一時期魯迅沒有留下日記，我們所瞭解的都是他的社會活動，對於他的家庭生活知之甚少。一般的說法是，由於魯迅忙於學校的事情，所以他常住在學校裡，就是回家也總是很晚。據說他晚上總是獨自睡一屋。他於一九一〇年十一月十五日寫給許壽裳的信中寫道：「僕荒落殆盡，手不觸書，惟搜採植物，不殊囊日，又翻類書，薈集古逸書數種，此非求學，以代醇酒婦人者也。」他白天教書會友，晚上用抄寫古籍來打發漫漫長夜，來代替他心目中的美酒和女人，這些應該都是事實。不過，即使再怎麼回避，畢竟還是要常常碰面，還要維持著夫妻的名分，這反而更令雙方痛苦。何況，周家和朱家的長輩們一定也會唇焦舌敝，勸說他們夫婦和好，希望他們多接觸，漸漸親密起來，而決不會坐視不管。

然而，這些努力顯然都白費了。據魯老太太多年後回憶，她發現「他們既不吵嘴，也不打架，平時不多說話，但沒有感情，兩人各歸各，不像夫妻。」她不明白，爲什麼他們總是好不起來，於是問兒子：「她有什麼不好？」魯迅只是搖搖頭，說：「和她談不來。」魯老太太問他怎麼談不來，他的回答是：和她談話沒味道，有時還要自作聰明。他舉了個例子說：有一次，我告訴她，日本有一種東西很好吃，她說是的，是的，她也吃過的。其實這種東西不但紹興沒有，就是全中國也沒有，她怎麼能吃到？這樣，談不下去

了。談話不是對手，沒趣味，不如不談……[1]

天天低頭不見抬頭見，魯迅也曾試圖跟朱安有所交流，可是朱安一開口，就讓他感到話不投機半句多，從此再也不願意跟她說話。他希望的是「談話的對手」，可是在他面前，朱安的自卑感太深了，她除了對丈夫唯唯諾諾，連連附和，又說得出什麼呢？其實，這也怪不得朱安，魯迅剛從日本回來，談的都是外面的事，都是朱安所不熟悉的，如果談些熟悉的事，也許不至於如此吧。

魯迅對母親所說的理由，或許也只是一種敷衍之辭。如果他對朱安的感情不是那麼淡漠的話，也不至於為了說錯一句話就反感。原指望魯迅回來後夫妻關係能改善，可是實際的情況是「兩人各歸各，不像夫妻」，這種日子無異於精神的苦刑，對彼此都是一種折磨。魯老太太眼看「他們兩人好像越來越疏遠，精神上都很痛苦」，可她也無能為力了。

這一時期魯迅屢次在信中向許壽裳訴說心中的苦悶，一再地表示對故鄉人事的不滿，希望老友能在外給他謀一個職位，在一九一〇年八月十五日的信中他寫道：「他處可有容足者不？僕不願居越中也，留以年杪（年底）為度。」一九一一年三月七日的信中寫道：

1 俞芳〈封建婚姻的犧牲者——魯迅先生和朱夫人〉，《我記憶中的魯迅先生》，第一百四十三至一百四十四頁。

「越中棘地不可居，倘得北行，意當較善乎？」又七月三十一日信中再一次請求老友爲其覓一職位：「僕頗欲在他處得一地位，雖遠無害，有機會時，尙希代圖之。」他在故鄉感覺到的只有憋悶，煩惱，他是下了決心要拋開故鄉的一切，決意去過一個人的生活——只要能離開，「雖遠無害」。

一九一二年初，魯迅終於如願以償，離開了令他失望的故鄉和家庭。二月，他離開紹興到南京臨時政府教育部擔任部員，五月初與許壽裳一同北上，就任北京教育部部員。從此，朱安又開始了長達七年的獨居生活。

魯迅到北京後，住在位於宣武門南半截胡同的紹興縣館，今天我們看到紹興會館儼然已經成了一個湫隘的大雜院，裡面搭建了很多小平房，住了幾十戶人家。當年的紹興縣館規模很大，原名山邑會館，係由紹興府轄的山陰、會稽兩縣在京做官的人出錢建立的，凡有同鄉舉人到京應試，或是同鄉官員到京候補都借住在這裡。魯迅先是住在會館西部的藤花館，後來移到東部的補樹書屋，這是個很安靜的院子，〈吶喊·自序〉中曾寫道：「相傳是往昔在院子裡的槐樹上縊死過一個女人的，現在槐樹已經高不可攀了，而這屋還沒有人住……」他在這裡過著近乎於獨身的寂寞生活，一直到一九一九年。

一個人在北京，魯迅與二弟周作人共同語言最多，通信也最勤，與三弟周建人、信子、芳子的通信也十分頻繁，日記中常有記載。不僅如此，他與東京的羽太家裡通信也很勤，羽太信子的母親羽太近、弟弟重久、妹妹福子都和他通過信。日記中多次有他匯款給羽太家的記錄，如一九一二年十一月二十一日：「午後赴打磨廠保商銀行易日幣。赴東交民巷日本郵局寄羽太家信並日銀五十元……」一九一四年十二月九日：「晨至交民巷日郵局寄羽太家信，附與福子箋一枚，銀二十五圓，內十五元為年末之用也。」

魯迅日記裡給羽太家匯款的記載不少，使人覺得他與羽太家，特別是與羽太信子關係不一般，但這很可能是因紹興匯兌不便，周作人託大哥替他往岳家匯款。周作人作為羽太家的女婿，在紹興期間的日記裡，從沒有匯款給日本的記錄，這一點似也可證明。至於這錢究竟是誰出，當時三兄弟沒有分家，也就無所謂了。

相比於這濃濃的兄弟情，魯迅對朱安及其娘家人就顯得格外冷淡。他一個人在北京的這幾年裡，幾乎不與丁家弄朱家通信。倒是朱家人曾給他寫過信，可是他也沒回信。一次是一九一三年四月四日他收到朱安弟弟朱可銘的信：「四日，曇。上午得朱可銘信，南京發。」雖然日記中有朱可銘來信的記載，卻沒有魯迅回信的記載。一般來說，他收到信都會馬上回覆並記在日記裡，對朱可銘的信他卻置之不理。另一次是一九一四年十一月他收到朱安的信：「二十六日……下午得婦來書，二十二日從丁家弄朱宅發，頗謬。」這是日記裡唯一一次記載收到朱安的信，朱安不識字，大概是託娘家人代筆的。朱安此信寫了什麼？有人做過一些猜測，下文中還會做一些分析，這裡先擱下不提。「得婦來書」，魯迅非但不感到高興，反而說她「頗謬」，可見其對這位舊式太太的反感。

魯迅除一九一九年返鄉接家人去北京之外，僅在一九一三年、一九一六年兩次回紹興探親。但在回鄉期間的日記裡，他隻字不提朱安。一九一三年六月二十四日至七月二十七日，他在紹興住了一個多月，可是看他的日記，彷彿根本不存在這樣一位太太。不過，字裡行間仔細體會，也能看出一些跡象。如七月二日的日記裡：「午前陳子英來。夜不能睡，坐至曉。」魯迅為什麼一夜不睡，坐到天亮？是不是在母親或族人的竭力勸說下，他被迫晚上來到朱安的房中，卻寧可獨自坐到天亮？又七月十一日那天記載：「下午朱可銘來。」這位小舅子上門，對魯迅而言也不是愉快的事吧？

至於一九一六年十二月魯迅回到紹興，主要是為母親祝壽。這年舊曆十一月十九日為魯老太太六十歲大壽，一連三天家中親朋滿座，連著兩天請來戲班唱戲，祭祖、祀神，賀客盈門，場面十分熱鬧。魯迅這次回家不到一個月，這期間他去了朱安娘家一次：「二十八日曇。……下午往朱宅。晚雨雪。夜陳子英來。」日記中沒有說明是否與朱安同去，他這次出於禮節拜訪了岳家，在朱家逗留的時間也不長。

從魯迅冷冷的態度中，我們能感受到朱安婚後的處境是很可悲的，後面的日子也越來越沒有了指望。據孫伏園說，有一次魯迅回紹興探親，朱安備席款待親友。席間朱安當著親友指責魯迅種種不是。魯迅聽之任之，一言不發，因此，平安無事。事後魯迅對孫伏園說：「她是有意挑釁，我如答辯，就會中了她的計而鬧得一場糊塗；置之不理，她也就無計可施了。」[1]孫伏園沒有說具體的年份，大概不是一九一三年就是一九一六年。如果眞的像孫伏園所說，那麼一向忍讓順從的朱安也終於爆發了，而這並不能挽回什麼，反而使兩人的關係更僵罷了。

自一九一二年至一九一九年，在這七年間，朱安以似棄婦非棄婦的不確定身分留守在周家新台門裡，沒有人知道，遭受這麼多年的冷落，她的心理是什麼狀態，她有什麼想法。

很多研究者指出，魯迅在北京紹興會館那些年埋頭抄古碑的生活，就像是個獨身者或苦行僧，精神上很頹唐。其實，朱安這種等於守活寡的日子一定也很難過，只是今天我們已聽不到她內心的聲音，也不知道她以何種方式排遣心底的苦悶。從有些親友的回憶可知，朱安在北京時，在閒下來的時間裡常常默默地一個人抽著水煙袋。沒有記載說她是什麼時候開始抽水煙的，很可能是婚後因爲寂寞苦悶而養成了這種習慣。清代婦女吸煙相當普遍，金學詩《無所用心齋瑣語》中就描述過蘇州一帶官紳之家女子吸煙之狀。《秋平新語》記載靜海呂氏之妻作戲詠長煙袋詩，詩云：「這個長煙袋，妝台放不開；伸時窗紙

---

1 〈朱安與魯迅的一次衝突〉，《魯迅研究月刊》一九九四年第十一期。

破，鉤進月光來。」寫得夠幽默的。張愛玲《金鎖記》裡曹七巧的女兒長白是吸鴉片的，儘管時間已經是二十世紀了。

從前紹興台門裡的男女大多手拿一杆長煙袋，這種風氣很普遍。魯迅的堂叔周冠五曾指出：「周氏三台門裡的男人女人百分之九十都是吸旱煙的，並且一律都是長約三尺以外的長煙袋，只男子用的是花竹粗杆，婦女用的是烏木細杆，男子都上有煙嘴，女子一概不用煙嘴，只這一點不同。」[1]魯迅的祖母蔣老太太就是吸旱煙的。魯迅的父親周伯宜因為病痛，受到衍太太夫婦的勸誘，後來也沉迷於鴉片。說起來，雖然魯迅學生時代並不抽煙，但我們知道他後來抽煙是很兇的，幾乎是一支接一支。朱家台門的人也不例外。周冠五在《三台門的遺聞佚事》中提到：「有一年在祝福後，各房族大部都入睡鄉，只廿五太太和她母家的一位陳景堂舅老爺及玉田公岳家的一位朱霞汀舅老爺都還吞雲吐霧地吸大煙，未曾安睡，忽聽得有躡來躡去的腳步微聲，知有賊掩入。」這位朱霞汀舅公就是我們在前面提到過的丁家弄朱家台門的一位長輩。

從後來人們的回憶來看，朱安吸的是水煙。其實水煙和旱煙雖有所區別，但萬變不離其宗，只是方式上的小小改變而已。不管是出於習慣也罷，出於無聊也罷，總之這水煙袋

---

1 周冠五《三台門的遺聞佚事》，《魯迅家庭家族和當年紹興民俗》，第二十一頁。

後來一直沒有離過她的手。

周作人日記裡的「大嫂」

魯迅留下的日記，始於一九一二年五月到北京後，但在日記中他始終極力回避，很少提及自己的這位太太，給人的感覺是諱莫如深。倒是周作人回國後這幾年的日記裡，記下了大嫂的一些事情。

一九一一年初，覆盆橋致中和三房周氏族人決議賣掉祭祀的「公田」，魯迅參與討論並畫押。辛亥革命前魯迅家裡主要靠祖遺的田產收租來維持生計，如今售盡土地，儘管手頭有了些閒錢，但想想將來，「足以寒心」。而此時周作人還打算繼續在日本學法文，為勸說其回國，魯迅於這年五月赴日本催周作人夫婦回國。十一月，周作人結束了在日本六年的留學生活，攜已經懷有身孕的羽太信子回到故鄉。

根據東京警方的檔案資料，周作人與羽太信子於一九〇九年三月十八日在日本登記結婚，稍後在日本舉行了婚禮。羽太信子一八八八年生，原籍在東京，母親羽太近，士人出身。父親石之助是一個染房工匠，他入贅於羽太家。羽太信子兄妹共五人，二妹千代和五妹福子均夭逝。由於家境貧困，羽太信子沒有讀過多少書，很小時候就被送到東京一個低級酒館去當酌婦。[1]對周作人的婚事，魯瑞默默地接受了，並沒有太多干預。她曾對人說：「看到他們（指魯迅與朱安）這樣，我也很苦惱，所以二先生、三先生的婚事，我就不管了。」

周作人夫婦回到紹興後，家中的改變是很明顯的。不僅是人員的變化，生活方式上也發生了變化。羽太信子於一九一二年五月生下長子豐丸。她在紹興語言不通，人地生疏，爲了照料姐姐，三弟重久和四妹芳子也來到紹興。芳子自此一直留在姐姐身邊。重久返回日本後，於一九一四年七月二十九日來到紹興，至一九一五年七月十六日才回國。周作人對日本的生活方式十分迷戀，娶了日本太太，又招來信子的娘家人，家中也越來越日本化。

不久，周建人與芳子朝夕相處，漸漸有了感情。周建人本來是有未婚妻的，對方是小舅父的四女兒招官，不料招官於一九一二年十月病故，年僅十八歲。此事周作人日記裡有記載：「一日……午安橋頭使來云，招官於昨下午八時去世，爲之愕然。午後母親及喬峰趁舟同去。」「五日……下午喬峰往安橋，爲理首七事。」「廿八日，晴。上午同喬峰往大街。晚雨。飯後喬峰往安橋頭送招官葬。」日記中的喬峰即周建人，對他與芳子的婚

1 據張菊香、張鐵榮《周作人年譜》，第八十頁，天津人民出版社二〇〇〇年版。

事，魯瑞沒有干涉：「對於這樁婚事，親戚本家中，有說好的，也有不贊成的。因爲這在紹興是新鮮事，免不了人家有議論。我想只要孩子們自己喜歡，我就安心了。」[1]一九一四年二月二十八日，周建人和羽太芳子舉行了婚禮。

對家中的變化，作爲大嫂的朱安似乎有些難以接受。有人曾就魯迅夫婦的關係詢問朱安遠房堂叔朱鹿琴，當時朱鹿琴是這麼回答的：

> 「魯迅夫婦的情感怎麼會冷淡？」我在某一天又問朱家姑丈。
>
> 「這事是這樣造成的，周啟明娶了東洋老婆回家，不久，周喬峰也有了日本愛人。魯迅的二對弟弟和弟媳時常在家裡作日本式的談天，使魯迅夫人看不慣這種常事。因此，魯迅夫婦的意見越來越多了。」他告訴我。[2]

從這番談話中我們能感受到朱家人的不滿，也能體會到朱安面對「日本」這種異質文化所感到的惶惑乃至抗拒。她在嫁到周家前，肯定沒有預料到這樣的局面。小叔與芳子結

---

1 俞芳〈我所知道的芳子〉，《魯迅研究動態》一九八七年第七期。

2 轉引自稽山（裘士雄）〈魯迅和朱安婚姻問題史料補敘〉。

婚，這意味著兩位弟婦都是日本人，而且還是姐妹。看他們兩家人熱絡地「作日本式的談天」，作爲大嫂，她不能不感到自己被孤立了。或許她爲此和魯迅有過不愉快，但她與魯迅感情不和，這絕不是根本原因。

一九一二年至一九一七年，周作人大多數時候都在紹興，他的日記裡記下了這一時期周家台門裡的變化，也記下了大嫂的一些行蹤，看得出他對大嫂還是關心的。這是一九一二年十二月二十五日那天的日記：

廿五日……下午母親，大嫂，同信子姊妹、豐丸五人，應綢緞弄女教士耐之招，赴浸禮女校觀クリスマス（聖誕節）。三時去，四時半歸。晚又發寒熱。

這天是西方的聖誕節，朱安跟著婆婆、二弟一家去浸禮女校觀聖誕節。浸禮會爲基督教的一個教派，教堂建在紹興大坊口。民國時期還附設有學校、閱報所、福康醫院等，當時主持者爲第二任牧師陳芝珊。

福康醫院於一九一〇年由美籍醫師高福林創辦，位於紹興城南街，離東昌坊口周家台門很近。醫院設小教堂，每星期日晚間，舉行唱詩及簡短的佈道說教。周作人這一時期日記中常提到「往高先生處求藥」等，他自己和信子等生了病，都去找這位高福林先生診治，可能也因此與浸禮會教徒結緣。

一向落落寡合的朱安，這次接受二弟一家的邀請，能和大家一起出行，而且是去參加新鮮時髦的聖誕節觀禮，實在難得。可惜在周作人日記裡，這樣的事就出現過這麼一回。

另外，一九一五年三月日記有她去酈宅拜訪的記載：「二日，晴。……大嫂赴酈宅。」「七日陰，小雨。……豐丸往酈宅，隨同大嫂歸。」魯迅的二姨母魯蓮嫁給了廣寧橋酈家，也曾是紹興著名的大族，但此時酈家也已敗落。一九一五年正月，族中將原來的台門出售，魯迅二姨母一家遷居到了寶幢巷。朱安前去酈宅，當是去探望遷到新居的二姨母一家。朱安雖得不到魯迅的承認，但作爲周家的成員，她和周家的親戚也有往來。

不過，日記裡最多的還是有關大嫂回丁家弄娘家的記載。一九一四年的日記：

> 二月五日，陰。寄羽太函。上午雨，大嫂歸去……
>
> 六月二十日，雨。上午收中校俸六十八元。下午得北京十五日函，大嫂歸來……
>
> 十一月十五日，S，晴。……由大街歸已午，大嫂歸去。

又一九一五年日記：

正月十一日，陰。上午信子同二兒往酈宅，大嫂回去。

四月十四日。……雨，大嫂歸去。

四月三十日，陰。……下午雨霽。得北京二十六日函，大嫂歸來。

八月一日，晴。……大嫂歸去。

十月廿五日，雨。寄北京函。上午芳子進醫院。下午，得羽太十六日函。大嫂歸來……

十一月廿一日……下午，改四甲課本未了，信子同諸兒往醫院看芳子，大嫂因拜壽歸去。

廿五日……大嫂歸來。

直到周作人一九一七年離開紹興，日記裡提到大嫂，都是關於她「歸去」或「歸來」的記載。朱安自一九一四年起頻頻回娘家，不能不讓人感到這是一種無可奈何的逃避。從日記上看，她

朱安，約攝於1917年。

有時在娘家一待就是十幾天，甚至更長。如一九一五年四月十四日她回娘家，直到四月三十日方才歸來，在娘家足足住了半個月。八月一日記載「大嫂歸去。」到十月二十五日才見「大嫂歸來。」如果不是中間漏記，那麼這一次朱安在娘家竟住了兩個多月。一九一六年、一九一七年亦如是。她回娘家的次數如此頻繁，除了有一回是爲了去賀壽，見一九一五年十一月日記：「廿一日……信子同諸兒往醫院看芳子，大嫂因拜壽歸去。」「廿五日……大嫂歸來。」而大多數時候，她回去似乎並沒有特殊的原因。

丁家弄離東昌坊口魯迅家很近，當年走過秋官第、大雲橋、獅子街，就到朱家了。和一八九九年時相比，這一時期周作人日記裡很少提到朱家人，朱安的弟弟朱可銘只來過周家一回，周作人和周建人也只去朱家拜訪過兩回。可見因爲魯迅對朱安的態度，兩家人的關係也變得疏遠。此時朱家又是怎樣的情形呢？據朱吉人晚年回憶他父親的情況：

在封建社會裡，即使到了民國時期，男人稍有點錢或撈到一官半職，有了老婆還要去討小，我的父親也這樣。他有明媒正娶的元配王氏，鄰舍叫她「南京太太」，後來，父親又去娶納「河南太太」，很可能是他在河南做師爺時結婚的。父親嫌「南京太太」沒有給他生兒子，「不孝有三，無後為大」，父親責怪她，她也無話可說。父親娶「河南太太」，「南京太太」不敢吭聲，家裡其他事情也這樣，她很少有發言權。久而久之，在鄰里鄉親看來，「南京太太」不管事。其實，她心裡肯定有想法，但又有啥發言權呢？她甚至在怨恨自己的肚子不爭氣。

我們四兄弟，我是老大，老二朱積功，老三朱積厚，老四朱積金，都是「河南太太」生的，好像都生在江蘇六合。「河南太太」性格開朗，為朱家生了幾個兒子，就話得響。[1]

朱安的弟弟朱可銘在南京跟著王姓師爺學幕，娶了老師的女兒，但王氏不能生育。後來他又娶了一位太太，是河南人，人稱「河南太太」，河南太太生有四子一女，長子即朱吉人。據楊志華〈朱吉人與朱安及魯迅一文〉：「朱吉人生活在三代同堂的大家庭，其父可銘有妻室二房，但唯有他母能生養，因而他從小就深受家人喜歡，博得姑母鍾愛，姑母時常逗他玩耍，這可能是因他係朱家長孫的緣故。朱安嫁到周家後，還經常請魯迅家傭人阿福接他去玩。」這段話容易使人產生誤解，讓人以爲朱安出嫁前朱吉人已經出生了，實際上，朱安於一九〇六年就出嫁了，而朱吉人生於一九一二年。

從朱吉人的回憶來看，朱可銘與河南太太常年在外地，偶爾回紹興。朱家平時除了母親俞氏，剩下的就是王氏。朱安婚後不幸，沒有子嗣，這一點也與王氏同病相憐。朱吉人

1〈朱吉人談姑母朱安等情況〉。

這時兩三歲，活潑可愛，給她單調的日子帶來不少樂趣，這或許也是她留戀娘家的一個原因吧。

周作人日記裡也留下了朱安帶著豐丸的身影：「豐丸往酈宅，隨同大嫂歸。」「周媽發熱。豐同大嫂宿。熱已解退。」「上午豐丸往朱宅拜壽，下午歸。」繼長子豐丸後，信子又先後生下靜子、若子兩個女兒，可能有時忙不過來，讓大嫂幫忙帶一下豐丸。朱安結婚多年，卻沒有孩子，內心是很寂寞的，可以想像，在她寂寞的生涯裡，是很希望有個孩子的。然而，隨著時間的推移，這個希望越來越渺茫了。

「得婦來書」

在本章的最後略談一下魯迅在一九一四年十一月二十六日所收到朱安的信。朱安不識字，這封信自然是請家人代寫的，魯迅看後斥爲「頗謬」，顯然對信中的內容很不以爲然。信裡寫了些什麼？這很令人好奇，可惜原信不存，無從知曉。有學者說朱安的這封信是勸魯迅納妾，但不知所據，似乎猜測的成分居多。周作人日記裡有兩則關於大嫂的記載，雖未必一定與此信有關，但時間恰好在此信發出之前，因此讓人產生一些聯想。

（一九一四年十月）三十日，陰。上午出校至大路一行，仍以轎歸。下午在園中取艾，大嫂房中出一白花蛇，可丈許，捕而縱之鬼園中。晚閱《二童子傳》了。

（一九一四年十一月）十八日，微晴。上午出校，在大路攤上，為大嫂購艸（原字塗去，改為艸，疑為「花」字）字錢一副，嘉泰等泉五枚，秘戲泉一枚，面文：「花月宜人」，背上：「得成比目不羨神仙」，共洋四角。

十月三十日下午，朱安住的房間裡鑽出一條大白花蛇，被人捉住後扔到了「鬼園」。這「鬼園」周作人也曾提到，位於百草園的北面，「那裡種的全是桑樹，枝葉都露出在泥牆上面。傳說在那地方埋葬著好些死於太平軍的屍首，所以稱爲鬼園，大家都覺得有點害怕。」[1]

十一月十八日，周作人爲大嫂購買艸字錢幣一副，原文有塗改，看不清，不過從「秘戲泉一枚」可知，這決不是普通的古錢幣，被塗掉的那個字很可能是「花」字。「花錢」是一種不具備貨幣功能的非流通性錢幣，雅稱「花泉」，又稱「厭勝錢」或「壓勝錢」，

1 周作人〈魯迅的故家·百草園〉，《魯迅回憶錄·專著》（中冊），第九百零三頁。

最早出現於漢代，是在幣面上鑄有各種圖案和文字的錢幣，主要用於鎮庫、開爐、祝壽、賞賜、祈福、佩戴等。「花錢」跟中國的民俗民風緊密相連，「秘戲錢」即花錢之一種，主要表現男女性愛生活，自唐至宋、元、明、清，歷代都有冶製。這種錢一般正面書「風花雪月」「花月宜人」「明皇御影」或歷代錢文等字樣，背面鑄著男女性交的各種姿勢。研究者大多認爲，秘戲錢「可能是舊時長者授於新婚子媳作爲傳授房事以求子孫綿延之用。」周作人買的這枚秘戲錢，面文正是「花月宜人」，背面則是「得成比目不羨神仙」的男女嬉戲圖。

周作人爲什麼會爲大嫂買這種花錢呢？周作人的好友、民俗學家江紹原曾指出，一方面，民間不少地方有用春宮避邪破法的習俗，如包頭一帶很多人家把春宮圖裱成橫幅，懸掛在廳堂，在營口地區灶神圖係一男一女污穢之形，貼在廚房，名曰避火圖，等等。另一方面，自古以來人們用種種特製的錢來避邪，甚至普通的錢幣也可以有厭勝之用。秘戲錢正是二者的結合：「又兩種阿堵物既然各自能避邪，聰明的人便把它們『合一爐而冶之』，造出一種雙料阿堵。」[1]也就是說，這種秘戲錢也被人們用來作爲避邪之物。

朱安爲什麼會需要這種錢呢？這多半與之前她的房中發現一條大蛇有關。在民間，

1 江紹原《民俗與迷信》，第五十七頁，北京出版社二〇〇三年出版。

蛇往往被視爲淫物。江紹原〈淫哉蛇也〉短文中收錄了一些關於蛇的民間傳說，如《聽雨軒筆記》中記載兩廣有一種蚺蛇「性最淫，婦女山行者，皆佩觀言藤一條，否則比爲其所纏，以尾入陰死……」又有清水先生指出，他們當地傳說世俗所常見的「男蛇」，「常常要追人，且能淫婦人。婦人獨行山徑中，遇得它，每被纏住，以尾穿褲入陰而死。即不死，自被淫後，每多黃黃腫腫的，一點血紅的顏色都沒有了。」此外，蛇精和染過蛇氣的手帕，也能夠迷惑婦人；若人見到蛇性交，俗以爲不吉，也要想辦法驅邪避禍……在魯迅的《從百草園到三味書屋》中，有長媽媽講的一個關於美女蛇的故事，這條蛇「能喚人名，倘一答應，夜間便要來吃這人的肉的。」這說明，在紹興也流傳著蛇精能蠱惑人的說法。想來朱安也聽說過類似的故事。

這一時期朱安並非獨自住著樓上兩間房。據周作人〈魯迅的故家〉：「樓上兩間爲魯迅元配朱氏住處，後來在海軍任職的叔父伯升的夫人從上海回來後，乃將西首一間讓給她住。這是一九〇五至一九一九年的情形。」小叔周伯升僅比魯迅小一歲，他的婚事也是由魯瑞包辦的，結果也很不幸。對方是紹興城松林傅家的姑娘，他們於一九一二年十一月結婚，周伯升在海軍軍艦上任職，婚後傅氏隨他同往，生有一女，但不久夭折，一九一三年十月傅氏回到紹興。此時魯迅家裡人口增加了不少，故只能把二樓西面一間讓給了傅氏居住。朱安與傅氏二人均形同寡居，樓上平時很冷清，房間裡有蛇出沒，也屬正常。但朱安卻可能聯想到關於蛇的種種傳說，相信有蛇出入自己的臥房是晦氣的，或昭示了什麼，心中頗感不安。故特地託二叔買來避邪之物，以消除晦氣。

對於大嫂的請求，周作人雖然知道這只是一種迷信，但爲了安慰她，還是爲她買來了一副「花錢」。魯迅收到朱安的信是在十一月二十六日，從時間上看，就在這之後不久。魯迅日記裡記載朱安從紹興的來信，僅此一回。她爲何偏偏這時託人寫信？肯定是有特別的原因，或受到某種刺激。從買花錢避邪一事來看，「白花蛇事件」對她心理上有不小的影響，她的信裡很有可能提到了這件不尋常的事，並加上她一番迷信的解釋，以爲這是一種徵兆，不能不告知遠在北京的「大先生」云云。而魯迅讀完此信，只覺得言語荒謬到了極點，完全是愚婦之見，連回信都懶得。當然，這也只是推測，原信已不存，朱安到底對她的大先生說了些什麼？對後人來說這始終是一個謎。

惜別——舉家遷居北京

一九一九年，朱安的生活面臨著一個大的轉變。周家台門賣掉了，住在台門裡的每一個人都不得不考慮自己今後的出路。

東昌坊口的周家新台門賣給了當時紹興有名的大戶朱閬仙。魯迅在〈故鄉〉中曾提到：「我們多年聚族而居的老屋，已經公同賣給別姓了」，這「別姓」就是指的朱閬仙。在《從百草園到三味書屋》中他又一次提到：「我家的後面有一個很大的園，相傳叫作百草園。現在是早已並屋子一起賣給朱文公的子孫了。」這「朱文公的子孫」也是對朱閬仙的戲稱。朱閬仙生於一八七三年，其父朱仁滋在滬行醫三十年，賺錢甚多，後「以母老歸裡，移居城南」，成為周家新台門也就是魯迅家的鄰居。朱閬仙繼承父業，曾擔任紹郡育嬰堂董事、紹興同善局董事等職務。他在紹興購置了許多田產，一九一八年他又把附近王姓、傅澄記米店、王生記箔鋪和整個周家新台門的房產買進。周作人一九一五年三月十八日的日記中就有賣房的記載：「十八日，晴。……裡三房售後園之半與朱宅，價千元。」之後，整個台門也賣給了這朱閬仙，交房的時間就在一九一九年的年底。

又一個台門敗落了。原先住在台門裡的本家從此各自走散，有的去上海謀生路，有的另外找地方住下。魯迅則在北京買下了八道灣的宅子，準備回來把家人接去同住。

這年冬天，魯迅最後一次回到故鄉。在他的小說〈故鄉〉中，說明了他這次回鄉的意圖：

我這次是專為別他而來的。我們多年聚族而居的老屋，已經公同賣給別姓了，交屋的期限，只在本年，所以必須趕在正月初一以前，永別了熟識的老屋，而且遠離了熟識的故鄉，搬家到我在謀食的異地去。

魯迅十二月四日回到故鄉，逗留了二十天時間。這短短的二十天，他向親友告別，處理家中事務，把該賣的賣掉，該寄存的寄存，該送的也送掉，其餘的東西，則乾脆統統燒掉了。從陳年流水賬、婚喪喜事禮品簿、家庭和親友之間來往的書信、三兄弟的習字紙和課本，到祖父從江西帶回的萬民傘，父親進秀才時的詩文《入學試草》……所有這一切，都一古腦兒放進鐵盆，霎時在火苗中化爲灰燼。祖父的日記有桌子般高的兩大疊，周建人親眼看見祖父臨終前一天還在記日記，有些捨不得，但魯迅還是把它燒了。這兩大疊日記本，就足足燒了兩天。還有曾祖母、祖母的兩幅誥命，也被摘下來扔進鐵盆，付之一炬……

據周建人回憶，魯迅執意要燒掉祖父的日記，因爲他認爲裡面記的都是姨太太的事情，沒什麼意思。對於祖父的娶妾，魯迅是極爲反感的，據周作人回憶，魯迅住在北京紹興縣館補樹書屋時，聽差是老長班的兒子，這老長班對魯迅祖父的事情也知道不少，「魯迅初來會館的時候，老長班對他講了好些周老太爺的故事，家裡有幾位姨太太，怎麼的打架等等。這在長班看來，原是老爺們家裡的常事，如李越縵也有同樣情形，王止軒日記裡寫得很熱鬧，所以隨便講講，但是魯迅聽了很不好受，以後便不再找他來談……」祖父給家人帶來太大的痛苦，雖然別人只是閒談周老太爺的一些趣聞逸事，卻不能不觸動魯迅內心的創痛，「聽了很不好受」。

在熊熊的火光中，那些陳年舊物化成了紙灰，昔日的一切也漸漸遠去了……對魯迅來說，這麼做不無與舊時代訣別的意味，藉此與過去徹底做個了斷：「老屋離我愈遠了；故鄉的山水也漸漸遠離了我，但我卻並不感到怎樣的留戀。」雖然離別故鄉不免傷感，但從此也可以邁向新的生活了，特別是對於下一代，不必再重蹈台門裡的悲劇，做無謂的犧牲了：「他們應該有新的生活，爲我們所未經生活過的。」

老屋賣掉了，對有些人是新生活的開始，而對有些人則是恐懼和茫然。小叔周伯升已於一九一八年去世，他留在台門裡的傅氏太太，沒有子女，賣去宅子後，分了錢走散了

（他的另一位徐氏太太帶著一個孩子，並且還有一個遺腹子，不知所蹤）。對朱安來說，她的心情也很複雜：從此要離開故鄉去一個完全陌生的地方，這無異於和娘家人生離死別；可是，她又不能不跟著一起去，不能放棄她在周家的地位——儘管是極其可悲的地位。

這一年朱安四十歲，要想生下一兒半女，恐怕已經無望。即便追隨丈夫一起去異地生活，未來也很可擔憂。這一點朱家人不是不知道，可是，嫁出去的女兒是潑出去的水，也只能隨她去了。在她留下的照片中，有一張與娘家人的合影。這張合影，曾經請朱吉人辨認過：

（裘士雄出示一幀朱安等五人在紹興丁家弄母家的合影，請朱吉人辨認）你們倒還保存這張照片，中間的小人就是我呀。從左邊排過去，第一個人是我的生母；第二個人是父親，頭上戴著秋帽；第三個人是我，只有六七歲的

朱安和娘家人，自左至右：朱可銘太太、朱安之弟朱可銘、朱可銘長子朱吉人、朱安之母俞氏、朱安。攝於1918或1919年。

樣子；第四個人是祖母俞氏，已經六十多歲了；第五個人就是姑母朱安，穿著斜襟衣裳。她們三個女的都裹小腳，從這張照片中就可看得清清楚楚。[1]

朱家房客陳文煥看到這照片，立即認出了它的背景：「這張照片應該是在朱家照廳前拍的，好在房子還在，我們一道去看看就清楚了。照片裡左右有一對小石獅子，還放在我的房間裡。因爲這間房子是朱家的灶間，低矮潮濕，又是泥地，我用這石獅子來墊擱被櫃了。」[2]。這兩隻石獅子如今就保存在紹興魯迅紀念館裡。

這張合影應該是朱安離開紹興前特意拍攝的，從左至右依次爲：朱可銘的河南太太、朱可銘、朱吉人、朱安的母親俞氏、朱安。當時朱吉人六、七歲，推算起來大約是在一九一八或一九一九年。從照片中人物的衣著看，時間是在深秋或冬季，大概在魯迅回鄉前，朱安就已經提前和娘家人合了影，作爲臨別的紀念。因爲十二月十九日魯迅日記中記載「上午得朱可銘信。」二十二日記載「寄朱可銘信。」魯迅返鄉時，接到朱可銘的信並回信，說明他這時在外地，可能爲了姐姐的事情才特意寫信給魯迅。

1 〈朱吉人談姑母朱安等情況〉。
2 〈陳文煥談朱安母家等情況〉。

周家台門要賣掉早就在醞釀中了，隨著交房期限的迫近，雖然對娘家依依不捨，朱安也只能做臨行前的準備了。留下這張合影，也是爲了在日後思念的時候可以拿出來看看。在她去世後的遺物中，還有一張母親俞氏的單人照，這張橢圓形輪廓的照片與朱安的那張單人照看來是同一時期拍的。從此，想念的時候，只能看看照片，來塡補離別的歲月。自一九一九年冬母女分別後，她們再也沒有見過一次面。

魯迅西裝短髮照，攝於東京神田，可能是1909年魯迅回國時，將照片贈給了岳母。1987年由朱吉人將這幅照片贈給了上海魯迅紀念館。

俞氏還一直保存著一張魯迅東京時期的西裝短髮照，這張照片攝於日本，上面有「東京神田」與「江木照相館」字樣，很可能是一九〇九年魯迅自日本回國時，將照片贈送給岳母的。俞氏作古後，照片傳給子媳保管，直至一九六七年「文革」期間，朱吉人的母親怕被抄家以防照片丟失，才將此照從紹興帶往上海，交由朱吉人保存。俞氏不識字，唯有珍藏著女兒女婿的照片，看到照片，如見其人，心裡多少得到一些安慰。

這一次全家遷居，魯迅肯定也考慮過這位太太的去留問題。當然，他也明白，在紹興這地方，要讓一個女人離開夫家，幾乎是不可能的。按照不成文的規矩，如果婦女離開了夫家，或者丈夫死了改嫁，那麼即便有兒子，也「不得母之」，不允許載入家譜中，死後也就得不到歸宿。她們不僅不容於家族，也不容於社會，被人們看不起，很難找到活路，結局往往比守節還要悲慘。

一九一八年，他在《新青年》上發表了〈我之節烈觀〉一文，可以看出他對婦女問題的關注。他深知那些節烈的女人是很苦的：「精神上的慘苦，也姑且弗論。單是生活一層，已是大宗的痛苦。」而那些不節烈的婦女，也一樣很苦：「社會公意，不節烈的女人，既然是下品；她在這社會裡，是容不住的。」在此文中，他自始至終譴責的是那些抱著多妻主義的男子，對女性唯有同情和哀悼，認爲「她們是可憐人；不幸上了歷史和數目的無意識的圈套，做了無主名的犧牲。可以開一個追悼大會。」

觸發魯迅寫作〈我之節烈觀〉的，從文章中看，乃是復古派的康有爲和「那一班靈學派」。然而，眞正觸動他的，恐怕還是故鄉婦女們的境遇。一九一六年孫中山去紹興，曾感慨「紹興有三多」：石牌坊多，墳墓多，糞缸多。有很大一部分牌坊是官府專門爲了表彰節婦、烈女而設立的。紹興的貞節牌坊特別多，聯想到節婦們淒苦慘烈的一生，令人不由得心情沉痛。在《紹興縣誌採訪稿》中，收錄了民國時期紹興一些家族向官府呈報節婦烈女的文書，從中我們看到，即便是在辛亥革命後，在紹興，依舊有那麼多婦女甘心情願地承受著「於人生毫無意義的苦痛」，依舊有人樂此不疲地申報節婦烈女的事蹟，以得到表彰。而官方，也依舊在提倡婦女這種無意義的犧牲。這是申報文書上所附的條款，在此抄錄如下：

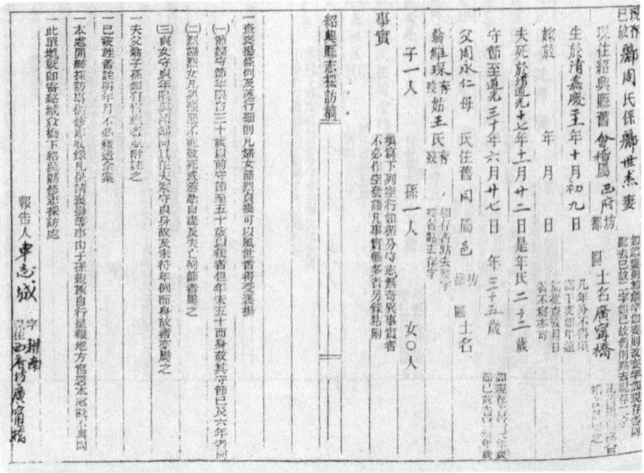
現存已故酈周氏係酈世杰妻
現住紹興縣舊會稽屬西府坊都　圖　土名廣寧橋
生於清嘉慶壬年十月初九日
嫁於　年　月　日
夫死於道光十七年十二月廿二日是年氏二十二歲
守節至道光三十年六月廿七日　年三十五歲
父周永仁母　氏住舊同屬　邑　坊　鄉　圖　土名
翁維琛故　姑王氏故
子一人　孫一人　女〇人
事實
紹興縣志採訪稿
一查褒揚條例及施行細則凡婦女節烈貞操可以風世者得受褒揚
(一)節婦守節年限自三十歲以前守節至五十歲以後者但年未五十而身故其守節已及六年者同
(二)烈婦烈女凡遇強暴不從致死或羞憤自盡及夫亡殉節者屬之
(三)貞女守貞年限與節婦同其在夫家守貞身故及未符年例而身故者亦屬之
一夫父翁子孫如有名者並附註之
一已被旌者註明年月不必請送公案
一本處開辦採訪專為修志收錄凡請褒揚等事由子孫親族自行呈報地方官署
一此單填就即寄紹城府橋下紹興縣修志採訪處
報告人車志城　字耕南

這是民國時期紹興旌表節婦貞女的申報表格，報告人為車耕南，即魯迅二姨母之婿。表格左側為節婦貞女的申報標準。

查褒揚條例及施行細則，凡婦女節烈貞操可以風世者得受褒揚：

（一）節婦守節，年限自三十歲以前，守節至五十歲以後者。但年未五十而身故，其守節已及六年者同；

（二）烈婦烈女凡遇強暴不從致死或羞憤自盡及夫亡殉節者屬之；

（三）貞女守貞年限與節婦同，其在夫家

守貞身故及未符年例而身故者亦屬之。

……

這就是官府明確規定的節婦烈女的標準。在修於民國時期（一九三七年）的《紹興縣誌資料》中，闢有專門的「列女傳」，其中收錄了諸多節婦烈女的事蹟，這裡列舉二則：

常雨膏妻楊氏，年二十夫亡，殮之日被發碎首。母憐其少無子，強之嫁，氏求死益切，或酷暑衣棉絮暴烈日中，或隆冬著單衣握冰。竟以憂憤卒。

朱氏言仁思妻，二十二而寡，族無可繼。因為翁續娶繼姑。翁年近六旬，雙目俱瞽，生一子倫思。未幾，繼姑亦瞽，氏撫養積二十餘年，糟糠不繼，而高堂供養不少缺。為夫弟娶婦，生子言浩，繼為夫後。守節五十三年，乾隆五十三年旌。

如上二則中楊氏和朱氏的事蹟，充分說明舊時婦女受封建禮教毒害之深。楊氏年紀輕輕喪夫，又沒有後代，母親勸她改嫁，本來也是憐惜自己的女兒，卻更堅定了楊氏求死的心，她夏天穿厚厚的棉衣站在烈日下暴曬，冬天穿單薄的衣裳，手裡握著冰塊，最終如願以償追隨夫君而去。更有甚者，那位朱氏，自己丈夫死了，竟想出一個辦法，替年近六旬、雙目失明的公公續娶女人，生下兒子。她二十餘年不辭辛勞，供養兩位高堂，親手把小叔子撫養成人。小叔子娶妻生子後，讓他的兒子過繼給自己的丈夫，於是朱氏及其丈夫也有了後嗣。雖然，受到旌表的婦女的事蹟有的平淡有的曲折，有一點卻是完全一致的，那就是立誓「從一而終」，生爲夫家人，死爲夫家鬼。這是迫於無奈，也是一種歷史的慣性。

在周家台門這些年，雖然看不到任何希望，但朱安顯然抱定了一個信念——從一而終，決不離開周家。即便沒有任何感情，但魯迅是她名正言順的丈夫，也是她生活的唯一歸宿。她必須追隨他，做他的影子。

在魯迅的小說〈故鄉〉中，在他的日記中，均沒有明確提到同行的人中還有他的太太，王鶴照等人的回憶中也都回避了，其實，這一趟旅程自然也是包括朱安在內的。十二月二十三日午後，魯迅「畫售屋押」。二十四號下午，他雇了兩艘船，「奉母偕三弟及眷屬攜行李發紹興」。在他的日記裡，往往用「眷屬」將朱安一筆帶過。儘管他不願承認這位母親娶來的媳婦，但還是不得不帶著她一起上路。

在深冬的寒風中，船漸漸離岸，朱安揮別了前來送行的娘家人，目送故鄉的風物一點一點遠去……這一次的旅程異常艱辛，而決非像〈故鄉〉中所描寫的：「我躺著，聽船底潺潺的水聲，知道我在走我的路。」現實中的旅途一點也不詩意，據魯迅日記，他們一行人二十四日傍晚從紹興坐船出發，二十五日晨抵達西興，再渡錢塘江，住宿在錢江旅館。二十六日晨乘杭滬列車，到南站因路軌損壞，只好住在一家上海樓旅館，還被敲了竹槓，至半夜坐上了從上海發往南京的快車。二十七日早晨抵達南京，中午渡揚子江，又遇大風雪，下午從浦口坐上了北上的列車。二十八日晚上抵達天津，住宿在大安旅館。二十九日晨從天津出發，中午抵達北京前門車站。這次北上的人員，我們知道的至少有魯老太太、朱安、三弟周建人和芳子，以及他們的孩子周鞠子、周豐二，一個僅兩三歲，一個還在繈褓中。此外，還有王鶴照一起前往。想像一下魯迅要帶著一家老幼和一大堆行李，其中還有小腳的女人，這情景是何等的狼狽。

這一趟旅行的經驗，對於足不出戶的朱安來說，也是前所未有的。和魯迅一樣，她從此再也沒有回到故鄉。其實，魯迅後來並不是沒有機會返鄉，只是對故鄉的人事已無所留戀罷了。但對一雙小腳、行動不便的朱安來說，也許她跟隨魯迅北上的那一刻，就已經做好了再也回不來的準備……

落地的蝸牛

「我好比是一隻蝸牛，從牆底一點一點往上爬，爬得雖慢，總有一天會爬到牆頂的。可是現在我沒有辦法了，我沒有力氣爬了……」

——朱安

死寂——名存實亡的家

搬出八道灣

作爲魯迅的「眷屬」，朱安來到北京，開始了她在北京八道灣的生活。今天，八道灣十一號在人們的印象中是周作人的「苦雨齋」，當年卻是魯迅滿懷熱情，一手構築起的新家。爲了找到適合全家老少居住的房屋，魯迅自一九一九年二月開始四處奔走，看了不下十幾處房子，最後才選中了這所三進的大宅院。八道灣的房間，大大小小有二十幾間，還有寬敞的院子。魯迅的老友許壽裳曾有這樣的描述：

他原來在一九一九年把紹興東昌坊口的老屋和同住的本家公同售去以後，就在北平購得公用庫八道灣大宅一所，特地回南去迎接母太夫人及全眷來住入，這宅子不但房間多，而且空地極大。魯迅對我說：「我取其空地寬大，宜於兒童的遊玩。」我答：「誠然，簡直可以開運動會。」魯迅那時並無子息，而其兩弟作人和建人都有子女，他鍾愛侄兒們，

視同自己的所出，處處實行他的兒童本位的教育……[1]

魯迅最初的打算是希望一大家子人統統住在一起，兄弟永不分家。魯迅和周作人都是當時新文壇上的風雲人物，兄弟二人感情甚篤，在人們的心目中，這是個值得欽羨的大家庭。可惜好景不長，一九二三年七月十四日魯迅日記裡出現了這樣一條記載：

……是夜始改在自室吃飯，自具一肴，此可記也。

八道灣11號。朱安自1919年12月至1923年8月1日居住在此。（作者攝於2009年4月）

1 許壽裳〈亡友魯迅印象記〉，《魯迅回憶錄·專著》（上冊），第七十一頁。

許羨蘇[1]一九二〇年從紹興來到北京投考學校，曾在八道灣住了一段時間，據她回憶：當時八道灣上上下下的人都稱呼魯迅三兄弟為大先生、二先生、三先生，而女方則稱大太太、二太太、三太太，魯迅的母親自然就稱爲老太太。這時候老太太已經不再當家，當時八道灣的家長是魯迅先生（房屋也是用他的名義買的），內當家是二太太（即羽太信子）。魯迅原來是在第二進和老太太、大太太同桌吃飯的，一九二〇年夏許羨蘇住了進去後，吃飯時周建人便讓她跟老太太和大太太同桌，魯迅改在後進和二先生、三先生及他們的家人同桌吃飯去了。也就是說，近乎三年的時間，魯迅是和周作人、羽太信子等一起吃飯的。可從這夜起魯迅又回到中院，和母親及朱安一桌吃飯。原本是兄弟怡怡，現在竟然鬧到不能在一個桌子吃飯的地步。過了幾天，周作人交給魯迅一封絕交信，信裡寫道：

魯迅先生：我昨日才知道，——但過去的事不必說了。我不是基督徒，卻幸而尚能擔受得起，也不想責難，——大家都是可憐的人間。我以前的薔薇的夢原來都是虛幻，現在所見的或者才是真的人生。我想訂正我的思想，重新入新的生活。以後請不要再到後邊院

---

1 許羨蘇（一九〇一—一九八六），字淑卿，浙江紹興人，許欽文之四妹，周建人在紹興女子師範學校任教時的學生。一九二四年北京女子高等師範學校數理學系畢業。一九二六年夏魯迅南下後，她長住京寓，幫助魯迅母親理家，至一九三〇年春到河北大名第五女子師範任教時為止。

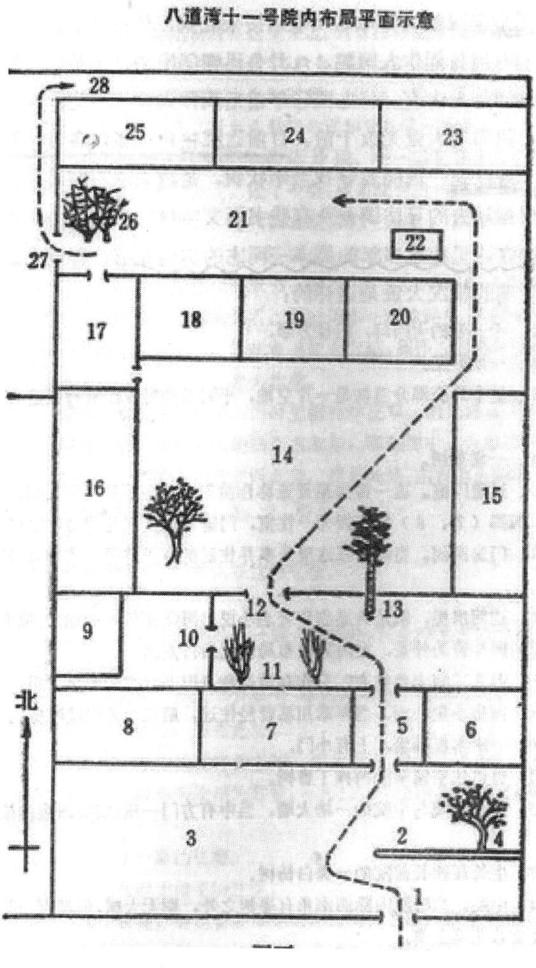

八道灣11號院內佈局平面示意圖。圖內部分編號說明：7魯迅創作著名小說〈阿Q正傳〉的住屋；16西屋三間，魯迅初時在這裡住過。魯迅遷走之後，周作人即將此室用作書房，取其名為「苦雨齋」；18魯迅母親的住室；19正房堂屋，平時家人在這裡吃飯；20朱安住室；24羽太芳子一家的住室；25周作人與羽太信子的住室。（據孫瑛〈魯迅故跡尋訪記事〉）

子來，沒有別的話，請你安心，自重。

七月十八日，作人

周作人的信寫得很決絕，但是具體什麼原因又含糊其辭，內中似有難言的隱情。魯迅接到信後，曾請周作人過來說說清楚，然而周作人卻拒絕了。在此情況下，魯迅決定搬出八道灣。魯迅的這一舉動恐怕也是周作人始料未及的。兩兄弟的分手竟是如此決絕，沒有留下一點可以迴旋的餘地。

對於「失和」的原因，魯老太太也感到奇怪：「這樣要好的兄弟卻忽然不和，弄得不能在一幢房子裡住下去，這眞出乎我意料之外。我想來想去，也想不出個道理來。我只記得：你們大先生對二太太當家是有意見的，因爲她排場太大，用錢沒有計劃，常常弄得家裡入不敷出，要向別人去借貸，是不好的。」[1]從種種跡象看，周氏兄弟分手與羽太信子確乎有著直接的關係。但也要看到，在一個大家庭裡要保持各方面的平衡是一件非常困難的事。在外人眼裡，八道灣是以周氏兄弟爲核心的一個新式大家庭。但是，在家庭內部，情況其實複雜得多。八道灣毋寧說是個新舊參半的大家庭，住在裡面的魯老太太和朱安是典

1 俞芳〈太師母談魯迅兄弟〉，《我記憶中的魯迅先生》，第一百零一至一百零二頁。

型的紹興舊式婦女，信子和芳子姐妹也只是普通的家庭婦女。恐怕三兄弟當初表示要「永不分家」時，誰都沒有預料到要維持一個大家庭是如此費神費力，其複雜的局面足以使人身心俱疲，以至於最終失控，三代同堂的大家庭才維持了三年多就宣告失敗了。

朱安作爲八道灣內一個微不足道的角色，沒有人注意到她對於兄弟決裂這件事抱著什麼樣的態度，但是，當魯迅決定搬出八道灣時，她也做出了一個決定：離開八道灣，和魯迅一起搬出去住。對此，當年和朱安一起住在磚塔胡同的俞芳曾有這樣的回憶：

在磚塔胡同同住了一個時期，我們和大師母漸漸熟悉起來了。有一次，不知怎麼一來，她和我談起大先生，她把自己的心扉略略打開，向我說了幾句心裡話。她告訴我，大先生要搬離八道灣前，曾向她說：自己決定搬到磚塔胡同暫住，並問大師母的打算，留在八道灣，還是回紹興朱家？又說如果回紹興他將按月寄錢供

朱安中年半身像。移居北京時，她已經40多歲了。

應她的生活。大師母接著對我說：我想了一想回答他，八道灣我不能住，因為你搬出去，娘娘（太師母）遲早也要跟你去的，我獨個人跟著叔嬸侄兒侄女過，算什麼呢？再說嬸嬸是日本人，話都聽不懂，日子不好過呵。紹興朱家我也不想去。你搬到磚塔胡同，橫豎總要人替你燒飯、縫補、洗衣、掃地的，這些事我可以做，我想和你一起搬出去……就這樣，大先生帶我來了。[1]

這大概是魯迅與朱安之間最長的一次對話，也是決定了朱安後半生的一次重大的抉擇。很多研究者認爲，這是魯迅希望休掉朱安的一種委婉的表達，讓她選擇留在八道灣或回紹興，眞實的希望是要她回紹興娘家去。這樣的分析是不錯的，但是，除此之外，魯迅是否還有其他的考慮呢？

魯迅徵詢朱安的意見時應當預料到，她是不可能同意回紹興的。不光是主觀上，朱安不會輕易離開夫家，就是在客觀上她也回不去了。此時的朱家台門已經敗落，朱安家的房子已經賣給了陳家。以下是朱家房客陳文煥的回憶：

1 俞芳〈封建婚姻的犧牲者——魯迅先生和朱夫人〉，《我記憶中的魯迅先生》，第一百三十九至一百四十頁。

我們陳家是民國十一年（一九二二年）買進魯迅元配朱安娘家房子的，房產證號是中都一五六一號。這個地方土名叫「竹園裡」，王鶴招也有數咯。朱可銘他們後來搬到離此地不遠的葉家弄去住。朱家敗落了，把自家的房子賣掉，另外租賃別人家的房子居住。葉家弄在辛弄和老鷹弄（今耀應弄）之間，朱可銘住的門牌號碼已記不得了。[1]

朱安到北京後，朱可銘曾來北京探望過姐姐，通過魯迅，與在北京的朱安保持著書信聯繫。有關紹興丁家弄的情況，魯迅和朱安都不會不清楚。一九二二年朱家困窘到只能租房子住，可以說，朱安已經沒有娘家可回了。

八道灣是三兄弟共同的住宅，朱安既然不肯回紹興，那麼讓她留在八道灣陪伴老太太也不失爲一種辦法。在紹興的時候，她們和周作人、周建人及其眷屬住在一起多年，應該說繼續生活在一起也不成問題。魯迅看來也有此意，但他最終同意了朱安跟他一起搬出去的請求，是出於怎樣的考慮呢？如果理解爲出於人道和同情，或是單純出於一種義務感，則把朱安留在八道灣，負擔她生活費也是一樣的，又何必帶她一起出來？單憑朱安的懇

1 〈陳文煥談朱安母家等情況〉。

求，魯迅就會改變自己的心意帶她走嗎？

孫伏園與魯迅同鄉，他在北京期間因為擔任編輯的關係，與魯迅私交甚篤。魯迅去世後，曾在一些座談會上以朋友的身分講起魯迅與朱安的事情，關於魯迅搬出八道灣一事，他有這樣的回憶：

結婚使他不滿，但因他為人忠厚，所以他始終不忍把他名義上的太太逐出周氏之門，因為她畢竟是用他的名義娶來的。他們兄弟三個，本來都住在八道灣的，我在北平時，常到那兒坐坐。那房子本來是魯迅先生出錢買的，兄弟三人夥住。後來因為兄弟間的意見不甚合，魯迅決定搬出來，便說：「凡歸我負責的人，全隨我走。」這意見即指帶著名義上的太太一塊出來，自然還接出老太太來。[1]

根據孫伏園所說，魯迅有過這樣的表態：「凡歸我負責的人，全隨我走。」就是說他打定主意要帶走與他有關的一切，從此不再走進八道灣一步，不想再與八道灣有任何瓜

1 孫伏園〈關於魯迅——於昆明文協紀念魯迅逝世三周年大會席上〉，《孫氏兄弟談魯迅》，第二十二頁。

葛。在兄弟感情破裂時，朱安表示隨他一起走，至少也是對他的無聲的支持，與他站在同一立場上。對於那些猜測魯迅對羽太信子不敬的人來說，是不是也算一個回答呢？

就在魯迅改在自己房間吃飯後半個月，即一九二三年八月二日，魯迅日記記載：

> 二日，雨，午後霽。下午攜婦遷居磚塔胡同六十一號。

魯迅僅有兩次在日記中直接提到朱安（前一次是一九一四年十一月二十六日的日記），均稱她爲「婦」，這決不是偶然的。「婦」的本意是「已婚的女子」，又指「妻」「兒媳」等，也泛指女性。在傳統的語境中，「婦」具有服從的意思，《說文解字》中對「婦」的

北京磚塔胡同故居。1923年8月2日至1924年5月24日魯迅和朱安租住在此。61號如今成了84號，不過上面已經寫了大大的「拆」字。這四合院和八道灣比，要小很多，但現在也住了起碼四五戶人家。魯迅當時住的北房已經翻造過了，屋子很小很暗。（作者攝於2009年4月）

解釋是：「服也。從女持帚灑掃也。」《爾雅．釋親》：「子之妻爲婦。又女子已嫁曰婦。婦之言服也，服事於夫也。」「婦」雖然也有妻的意思，但比「妻」所指更寬泛，往往指一般的婦女，例如「節婦」「婦孺」「婦道人家」等。魯迅在書信或文章中提到朱安，曾用過「賤內」「內子」「太太」「大太太」等稱謂，這是他對第三者不得不提到朱安時，不得不使用的一種自我解嘲的口吻。儘管他不得不在世人面前承認這樁婚姻，但從心底裡他始終排斥著這個事實。在日記裡，當眞正面對自己的時候，他只是含糊地用一個「婦」字來稱呼朱安，而從來沒有像稱呼許廣平或別的女性那樣，直呼其名。從這樣的稱謂中不難窺見他對朱安的態度。

北京磚塔胡同故居。（攝於2017年4月）

磚塔胡同位於今北京西四路口以南，離新街口的八道灣不遠。它因胡同口的萬松老人塔而得名。這座塔修建於元代，據說萬松老人是金末元初著名的佛學大師，在他圓寂後，後人爲他修造了這座塔。磚塔胡同被認爲是北京城裡最爲古老的胡同之一，在元明清三代，這裡曾是「勾欄」集中之所。

磚塔胡同六十一號的房子，原是俞芬父親俞英崖的朋友的房產，由俞芬三姐妹等合住，當時俞芬同院那家正好搬走，空出三間北屋。俞芬也是紹興人，其時在北京女子高等師範附中讀書，與許羡蘇既是同鄉又是好友。因爲這一層關係，魯迅暫時借住在這裡。據許羡蘇回憶：「魯迅在磚塔胡同六十一號租住的三間北房，面積要比八道灣的三間小得多，又小又矮，他自己一間，朱安一間，中屋洗臉吃飯之外就不能多放東西，老太太也沒有可住的房間了，她常白天來，晚上回到八道灣，或者偶然在大太太房裡擠一兩天，因而魯迅先生又急於找房子。」這只是一個暫時過渡的住所，從八月十六號起，魯迅又馬不停蹄地去各處看房子，共看了鳳梨倉、宣武門附近、都城隍廟街、半壁街、針尖胡同等不下十幾處房屋，於十月三十日確定買下阜成門內三條胡同的一處舊屋六間。在〈傷逝〉裡，就有涓生和子君尋覓住所的描述，顯然也是魯迅自己親身經歷過的：

尋住所實在不是容易的事，大半是被託詞拒絕，小半是我們以為不相宜。起先我們選擇得很苛酷，——也非苛酷，因為看去大抵不像是我們的安身之所；後來便只要他們能相容了。看了二十多處，這才得到可以暫且敷衍的住所……

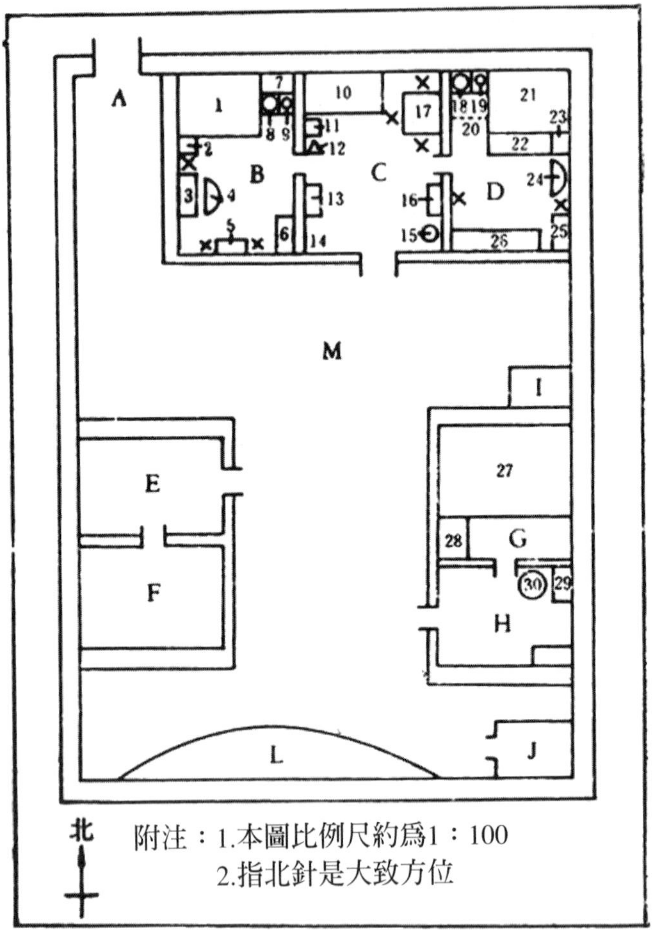

魯迅先生住北京磚塔胡同61號時院内全貌及室内陳設平面示意圖。圖内部分編號說明：A大門；B大師母（朱夫人）的臥室；C魯迅先生的會客室、臥室、夜裡工作兼全家吃飯的屋子；D太師母（魯太夫人）的臥室；E、F俞芳姐妹三人的住屋；G魯迅先生家的保姆王媽和俞家保姆齊媽的臥室；H兩家合用的廚房；I雞窩；J廁所；K牆身；L小土堆；M天井。（據俞芳〈北京磚塔胡同六十一號〉）

自一九一九年起，魯迅搬了三次家，朱安也跟著一次次地遷居。搬家是一件既瑣碎又麻煩的事，尋覓到合適的住所後，還要辦契約手續，找工匠，買材料，買家什等等，這一大堆事情都落在他一個人頭上。周作人在八道灣住下後，就再也沒有搬遷過，甚至在抗戰時期，他也不願挪窩，寧可「苦住」。而魯迅則不同，一旦環境不合心意，他就會毫不猶豫地另覓新居，決不眷戀舊地。在這方面，兄弟兩人迥然不同。

西三條原為一所老舊的獨門小院，有陳年老屋六間，經過一番改修後，建成北屋三間，南屋三間，東西廂房各兩間，組成了一座整齊小巧的四合院。魯迅的表兄阮和孫[1]曾住在西三條魯迅家隔壁，後來還租住了魯迅家的部分房屋，據他回憶：「魯迅對母親很孝順，北京西三條胡同的房子就是為母親能安度晚年並在百年之後有個歸宿而購的。那裡西面的二間很狹，做廚房。東西二間較寬，可以住住人。魯迅把後面園子裡的三間拆到前

---

1 阮和孫（一八八〇—一九五九），名文同，字和孫，魯迅的大姨母魯琪之子，魯迅在日記裡又寫作「和森」「和蓀」。阮和孫長期在山西等地做幕友，辛亥革命後，他曾到北京活動謀求做縣知事。在阮氏四兄弟中，要數阮和孫與魯迅的關係最為密切，特別是他的家搬到北京阜成門內西三條與魯迅家為鄰後，往來更多。

面，成了東南西北房。這樣園子也大，母親百年之後就可在這裡祭奠舉喪了。」[1]

一九二四年五月二十五日晨，魯迅攜母親、朱安遷居到西三條胡同二十一號的住宅，開始了他們在新家的生活。

夫婦之間

兄弟失和，魯迅帶著朱安一起搬出去過，這使她重新看到了希望，以爲他終於回心轉意了。孫伏園講到這樣一件事：

到了新房子，這位太太忽然以為魯迅先生要同她要好了。一天魯迅先生對我說：「你

1 張能耿著《魯迅親友尋訪錄》。第五百九十八頁。

北京西三條故居，朱安自1924年5月搬進來，一直住到一九四七年6月去世，共23年。（作者攝於2009年4月）

說奇怪不奇怪？今天早上醒來，一睜眼，一個女人站在我的門口，問我大少爺七月拜那一天在什麼時候拜？」（七月拜是紹興一個節日，有的人家在七月十四拜，有的人家在七月十五日，但魯迅先生從來不曾參加過。）無疑地，這位太太誤解他所以帶她出來是由於魯迅先生已經覺悟了從前對她的不好，現在要改變態度了。從這一點我們也可知道這位太太實在不夠機靈的。[1]

魯迅似乎常向孫伏園私下裡抱怨他的這位舊式太太。七月十五是盂蘭盆會，亦即中元節，按紹興風俗，有祭祖先（俗稱「做七月半」）、掃孤墳（沒有後代的墳）、寺院營齋供、民間作盂蘭盆會等，皆與鬼事有關，為一年之中的祭祀盛典。此時已是一九二〇年間的北京，朱安卻還是滿腦子「七月拜」、「大少爺」，那口吻，那神情，不能不讓魯迅感到心寒。魯迅沒有說他是怎麼回答朱安的，恐怕除了報以沉默，也沒什麼可說的。

朱安對魯迅在生活上的照顧是無可挑剔的。魯迅遷入磚塔胡同不久，就病倒了，她對「大先生」的照顧可以說是無微不至。魯迅當時不能吃飯，只能吃粥，據俞芳回憶：「大

1 孫伏園〈關於魯迅——於昆明文協紀念魯迅逝世三周年大會席上〉，《孫氏兄弟談魯迅》，第二十三頁。

師母每次燒粥前，先把米弄碎，燒成容易消化的粥糊，並託大姐到稻香村等有名的食品商店去買糟雞、熟火腿、肉鬆等大先生平時喜歡吃的菜，給大先生下粥，使之開胃。她自己卻不吃這些好菜。」

在磚塔胡同，魯迅的書桌是放在朱安的屋子裡的，魯迅白天的案頭工作，一般就在這桌上進行，因爲這裡光線好，安靜，朱安白天常在廚房裡張羅飯菜等事，輕易不去打擾他的工作。有時同院的俞家姐妹有些吵鬧，朱安也提醒他們不要吵大先生，有時甚至是懇求她們：大先生回來時，你們不要吵他，讓他安安靜靜寫文章……這一刻的朱安，終於有了一點女主人的樣子。

作爲女主人，朱安做菜的手藝相當不錯。據許羨蘇回憶：「他們家的紹興飯菜做得很不差，有醬過心的螃蟹蛋，泡得適時的麻哈，但也有很多乾菜。」不過，魯迅在外生活多年，對於紹興菜也有些不滿的地方，特別是乾菜太多，覺得單調。但或許也有某種感情因素在內。據阮和孫的女兒回憶說，在北京的時候，朱安只能從飯菜的剩餘來判斷魯迅喜歡吃什麼，假使這道菜吃剩得不多或吃光了，她揣摩魯迅一定很喜愛，下一次做菜時，就多做一些。

每逢家裡有客人來訪，朱安也是盡心盡力地招待。初搬到磚塔胡同時，有一天魯迅的學生常維鈞[1]來，那時天很熱，扇著扇子還出汗，而朱安除泡了兩杯熱茶外，還送去兩碗熱氣騰騰的藕粉當點心。客人接了點心，很尷尬，熱上加熱，怎麼吃呢？魯迅對常維鈞搖搖頭，苦笑著說：既然拿來了，就吃吧，無非是再出一身汗而已。這件小事，給常維鈞留下很深的印象，後來也常向別人說起。查魯迅日記，一九二三年八月八日有「下午常維鈞來並贈《歌謠》週刊一本」的記載，大概就是這一次。他們剛搬進來不到一星期，正是大熱天。作爲女主人，朱安端茶遞水，十分賣力，然而做事不夠得體，反而有時落得吃力不討好。據俞芳說，這樣的例子還有不少。

朱安總抱著一絲幻想，以爲只要好好地服侍好丈夫，孝敬婆婆，終有一天對方能幡然悔悟，發現從前是錯待了她。對朱安在生活上給予自己的照料，魯迅也是清楚的，可是，他可以同情她，供養她，卻無法對她產生那種「愛情」。

此時的魯迅，已然成爲公眾人物，他的住所不斷有學生、朋友前來拜訪，也就難免觸及到他私生活的領域。在八道灣時，由於家中人口眾多，朱安的存在或許並不那麼引人矚目，但是，自從與周作人決裂，搬到磚塔胡同那個狹小的四合院，以及後來定居西三條

1 常惠（一八九四—一九八五），字維鈞，北京人，在北京大學法文系學習時選修過魯迅的中國小說史課程。一九二四年畢業後任北京大學出版部幹事，主編《歌謠週刊》，並請魯迅為該刊設計封面。魯迅一九二六年南下後，常託他代為收購一些古籍。

後，他和舊式太太之間的關係，就一下子被凸顯出來，引來了朋友們好奇的窺探的目光。這一時期有不少人回憶到魯迅那冷冰冰的家庭生活。

俞芳是俞英崖的二女兒，當時年僅十二歲，還是個小學生，魯迅夫婦搬到磚塔胡同後，她看到大先生和大師母雖在同一屋簷下，卻過著各歸各的生活：「白天大先生上班或在家做自己的工作，大師母則在廚房料理飯菜，有時在自己屋裡做針線或休息，或吸水煙，晚上則各到各的屋裡睡覺。我所看到的他們之間的關係，如此而已。」而在西三條，魯迅就住在那間被稱爲「老虎尾巴」的屋子裡，既是書房，又是臥房。又據許羨蘇回憶，魯迅在八道灣時也是獨居一室。總之，即便把朱安接到北京後，魯迅仍獨自一人居住。

據俞芳回憶，魯迅很少主動跟朱安說話，在磚塔胡同九個多月的時間裡，她甚至連他們之間當面如何稱呼都不知道，大概是沒有稱呼的，背後則隨著孩子們的稱呼，如朱安稱魯迅爲大先生；魯迅稱她爲大師母或大太太，有時稱太太。另據俞芳的觀察，她發現爲了省得開口，大先生甚至想出來這樣一個辦法：把一只柳條箱的底和蓋放在兩處，箱底放在自己的床下，裡面放著換下來的要洗滌的衣褲；箱蓋放在朱安的屋門右手邊，即桌式櫃的左邊，蓋子翻過來，口朝上，裡面放著他替換的乾淨衣褲；箱底、箱蓋上面各蓋著一塊白布，外人是不易知道其中的奧秘的。這樣，彼此間連說話也不必了。

荊有麟[1]住的地方離西三條很近，自魯迅搬到西三條後，他是這個家裡的常客，魯迅日記從一九二四年十二月起頻頻提到他。當時他雖然只有二十多歲，卻對魯迅的家庭觀察得可謂細緻入微，連家裡用幾個老媽子，老媽子的工錢都打聽得清清楚楚。他這樣描述魯迅家裡的氣氛：

一九一九年，先生三十九歲時，因在北平買了西直門公用庫八道灣的房屋，始將家眷接京。但在北平所表現的，卻完全是分居，夫妻各住一間房，因家庭人口多（當時先生之二弟三弟皆住在一塊），先生算比較活躍些。殆後，周建人赴滬，先生又與周作人分居。那家庭，可就太怕人了。

家庭是三個主人，一個老太太，魯迅夫妻二人。兩個女傭人，一個王媽，一個胡媽。除老太太年紀更大外，其餘都是三四十歲的人（曾記他家王媽年紀稍輕，但已在三十歲以外），因為沒有青年同小孩，家庭便顯出寂靜來。老太太保守著舊式家規，每天只看書，

1 荊有麟（一九〇三—一九五一），又名織芳、有林，山西猗氏人。一九二四年在北京世界語專門學校讀書，與魯迅開始往來。曾參加《莽原》週刊的出版工作。一九二七年後在國民黨中央黨部及軍隊任職，辦過報，也做過教員。一九三六年時為國民黨中央考選委員會委員。後加入國民黨中統、軍統特務組織，一九五一年被鎮壓。

魯迅太太依照著舊式家規，除每早每晚向老太太請安外，還得下廚房，因為兩個女傭人，王媽是專門服侍老太太的。胡媽除買菜，煮飯，打掃之外，關於燒菜的事兒，總是魯迅太太自己動手。……

魯迅先生當時，除任教育部僉事外，還擔任北京大學、高等師範等校講師。倘若上課鐘點是在上午，那麼，下午總要到教育部轉一轉。如果上課時間是在下午，那麼，上半天也許到教育部轉一轉，因此，他的家庭，更加寂靜。而魯迅常年四季，除例話外，又不大與太太談天。據他家老媽講：「大先生與太太每天只有三句話，早晨太太喊先生起來，先生答應一聲『哼』，太太喊先生吃飯，先生又是『哼』，晚上先生睡覺遲，太太睡覺早，太太總要問：門關不關？這時節，先生才有一句簡單話：『關』，或者『不關』，要不，是太太向先生要家用錢，先生才會講著較多的話。如『要多少』？或者再順便問一下，什麼東西添買不添買？但這種較長的話，一月之中，不過一兩次。」[1]

幾乎所有去過磚塔胡同或西三條的人，都能感覺到這個家籠罩在一種異樣的氛圍下，壓抑得令人窒息。荊有麟還舉了一件他親眼見到的事，以說明他們夫婦關係不佳：

1 荊有麟〈魯迅回憶斷片〉，《魯迅回憶錄．專著》（上冊），第一百六十七至一百六十八頁。

一九二五年夏天，朱安忽然生病了，住在日本人山本開的醫院裡。有一天上午，荊有麟夫婦去山本醫院看她，到了不一會，魯迅也來了。一進門，就問：「檢驗過了沒有？」朱安說：「檢驗過了。」魯迅就往外走，嘴裡還說著：「我問問醫生去。」過一刻，魯迅回來了。一進門就對荊有麟夫婦說：「走罷，到我家裡吃中飯去。」他們走出病房時聽見朱安在問：「醫生怎麼說？」魯迅只簡單地回答：「沒有什麼，多養幾天就好了。」說完，就匆匆走出了病房。

朱安生病的事，魯迅一九二五年九月二十九日給許欽文[1]的信裡也曾提及：「……內子進病院約有五、六天出（現）已出來，本是去檢查的，因爲胃病；現在頗有胃癌嫌疑，而是慢性的，實在無法（因爲此病現在無藥可醫），只能隨時對付而已。」看來，這次朱安的病不輕，甚至有胃癌的嫌疑，荊有麟去探望的時候，檢查結果已經出來了，幸而沒有大礙。但正如荊有麟的觀察，魯迅只是對朱安盡了義務，卻不願在病房多逗留一刻陪伴她，也不願多說一句安慰溫存的話。

在親友們的回憶中，都提到魯迅幾乎不跟朱安說話，他們之間的交流只限於日常的幾

1 許欽文（一八九七—一九八四），名繩堯，筆名欽文，浙江紹興人，作家。一九二〇年間在北京大學旁聽魯迅講課，一九二三年初經孫伏園介紹與魯迅結識。他的短篇小說集《故鄉》由魯迅編選，收入《烏合叢書》。

句問答。這大概就是他們婚姻的常態。當他們兩個單獨相處的時候，整個屋子裡既無語言的震盪，也無情感的流淌，空氣是冰凍而凝固的，這個家如同一個冰窟，令身處其中的人不寒而慄。

Wife——性

魯迅生前很少向外人訴說他的婚姻生活，顯然，他並不希望自己不幸的婚姻成爲他人的談資，因此三緘其口。魯迅對朱安爲什麼這麼冷淡，甚至到了厭惡說話的地步？兩人之間一新一舊，差距實在太大，這自然是主要原因，但是否還有其他原因呢？他對太太冷淡到令外人難以理解的地步，婚後也一直過著苦行僧般不合情理的生活，這不能不引起人們對他們夫婦關係的好奇。

郁達夫是創造社的元老，以《沉淪》等自我暴露式的小說蜚聲文壇，因爲魯迅冬天不穿棉褲，他自然就聯想到性心理的壓抑：

同一個來訪我的學生，談起了魯迅。他說：「魯迅雖在冬天，也不穿棉褲，是抑制性欲的意思。他和他的舊式的夫人是不要好的。」因此，我就想起了那天去訪問他時，來開門的那一位清秀的中年婦人。她人亦矮小，纏足梳頭，完全是一個典型的紹興太太。1

魯迅從日本回來後，一直保持著冬天穿單褲的習慣。這究竟是否爲了禁欲，姑且不論，他和朱安之間缺乏正常的夫妻生活，這一點是肯定的。這裡也涉及到一個頗爲敏感的問題，那就是魯迅與朱安生活了這麼多年，他們之間究竟有沒有夫妻之實？有人斷然否認，認爲魯迅對朱安沒有感情，而沒有愛情的性是不道德的，不潔的，因此他們之間不可能有性生活，他們從來都只是形式上的夫婦。

荊有麟在〈魯迅回憶斷片〉中指出，「終魯迅一生，他的太太沒有生產過」，主要是因爲他們夫婦關係極其疏遠和冷淡。但在這篇回憶文字中，他又提到了魯迅本人的自述：

因為魯迅先生對於家庭——其實是對整個舊社會——的悲苦。在先生思想上，增加了不少的悽惶的成分，先生對於自己的太太，認定只是一種負擔義務，毫無戀愛成分在裡邊。無論是在先生談話裡，文章裡，都很難看到或聽到：先生提到他太太的事情。我記

1 郁達夫〈回憶魯迅〉，《回憶魯迅——郁達夫談魯迅全編》，第十五頁，上海文化出版社二〇〇六年版。原連載於一九三九年三月至八月上海《宇宙風》乙刊。

得：在北平時代，先生談話而講到：Wife，多年中，也僅僅一兩次。而文章中，除了「連累賤內都改了國籍」對旁人辯的話外，再沒有關於他太太的事情。

魯迅曾對荊有麟說：「Wife，多年中，也僅僅一兩次。」這裡的wife，顯然是有特定的含義，指的是性生活，而不僅僅是妻子的意思。否則，「多年中，也僅僅一兩次」就很難說得通了。魯迅與朱安的關係，向來被認爲是徒具形式的，彼此從無肉體的接觸。但如果荊有麟所言是事實，那也並不能改變他們婚姻不幸的事實。作爲夫婦，性是正當的，而作爲西方文化意義上的有著實質性關係的wife，多年來也僅僅一兩回，這恰恰證明了一個萬分可悲的事實——作爲夫婦他們從靈魂到身體都是隔閡的，無法融合，無法結爲一體。

關於朱安爲何婚後沒有生育，張鐵錚與晚年的周作人有過交往，他曾打聽過這個問題：

我接著問「琴瑟不調」的原因。周先生說，可以說是新舊思想上的衝突，魯迅那時（指婚期）正在日本留學。我又問，朱夫人何以多年不生育。周先生說，朱夫人有侏儒症，發育不全。「侏儒」二字字音我聽不準，周先生用我的鋼筆，把這兩個字寫在紙上。1

這是張鐵錚轉述周作人的話，其眞實性如何已無法考證。但《知堂回想錄》中的確說過「新人極爲矮小，頗有發育不全的樣子。」我們知道，在二十世紀初，許多人雖不滿於父母包辦的婚姻，與元配妻子沒有感情，但也都生了孩子，至少在形式上是一個完整的家庭。魯迅與朱安結婚多年而沒有孩子，究竟是因爲道德上的極端潔癖，還是有不得已的苦衷，有著外人所無法參透的隱秘的苦痛？這就不得而知了。

一九二五年女師大風潮中，他針對獨身的女師大校長楊蔭榆，寫了一篇〈寡婦主義〉，其中有一段話：

至於因為不得已而過著獨身生活者，則無論男女，精神上常不免發生變化，有著執拗猜疑陰險的性質者居多。歐洲中世的教士，日本維新前的御殿女中（女內侍），中國歷代的宦官，那冷酷險狠，都超出常人許多倍。別的獨身者也一樣，生活既不合自然，心狀也

1 張鐵錚〈知堂晚年軼事一束．魯迅元配朱安女士〉，收入陳子善編《閒話周作人》，第兩百八十頁，浙江文藝出版社一九九六年版。

就大變，覺得世事都無味，人物都可憎，看見有些天真歡樂的人，便生恨惡。尤其是因為壓抑性欲之故，所以於別人的性底事件就敏感，多疑；欣羨，因而妒嫉。其實這也是勢所必至的事：為社會所逼迫，表面上固不能不裝作純潔，但內心卻終於逃不掉本能之力的牽掣，不自主地蠢動著缺憾之感的。

魯迅對獨身者的變態心理看得這麼透，人們不由聯想到他自身，因爲他的生活也等同於獨身。他罵楊蔭榆是「寡婦主義」，而他的敵手則罵他是「準鰥夫」。顧頡剛在一九七三年補寫的日記裡仍意猶未盡地指摘魯迅：「彼與徐氏[1]結婚，出於父母之命，遠在清末，尙無反抗之覺悟，僅爲無感情之同居而已。然性欲者，人類與一切生物所同，感情者，人類之所以異於其他生物。既兩不相協，名爲同居而實無衾枕之好，其痛苦何如？聞孫伏園言，魯迅晨起未理床，徐氏爲之疊被，彼乃取而投諸地，其感情惡化如此，故絕未生育。魯迅作文詆楊蔭榆，謂其獨身生活使之陷於猜疑、暴躁之心理狀態，故以殘酷手段施諸學生，雖非寡婦而有寡婦之實，故名之曰「準寡婦」。以此語觀魯迅，則雖非鰥夫而

1 徐氏應為「朱氏」，下同。

有鰥夫之實，名之曰『準鰥夫』可也。」[1]

魯迅的這種不自然的家庭生活，不僅朋友們看不下去了，就連他的對手也不憚以惡意去揣測他的私生活。而從另一方面來看，朱安不也可名之爲「準寡婦」嗎？

婆媳之間

來到人地生疏的北京，朱安唯一可以依賴的人就是「娘娘」了。在這個家裡，魯迅唯一聽從的就是魯老太太。俞芳親眼看到：「大先生住在磚塔胡同時，遇到太師母來，他們三人同桌吃飯，太師母說說笑笑，一餐飯吃得熱熱鬧鬧。太師母回八道灣去時，大先生和大師母兩人同桌吃飯，飯桌上談話就很少。大師母如果開口，無非是問問菜的鹹淡口味是否合適，大先生或點頭，或答應一聲，這類『是非法』的談話，一句就『過門』，沒有下文。然後他們兩人靜靜地各自吃飯。」也只有魯老太太在場的時候，這個家裡才會有點生氣，打破這沉默的僵局。

魯迅與母親感情非同一般，這一點常爲人津津樂道。據周氏族人的敘述，在紹興教書

1 轉引自郭晶〈顧頡剛晚年對與魯迅矛盾的聲辯〉，《溫故》第十四期。

時，魯迅回到家，總是先到母親的房門口，親切地喊聲「孃娘！」然後跨進母親的房裡，談談時事新聞，直到老太太說「休息去吧，老大！」這樣魯迅才回到自己的房間休息。在北京，魯迅也是一樣，常陪母親聊聊天。許羨蘇、俞芳、常惠等均用溫馨的筆調描述了這種令人羨慕的母子關係。魯迅十三歲時家道中落，母親獨自一人苦苦支撐，撫養三個兒子長大成人。身爲長子，魯迅最體諒母親所受的苦，在任何時候，他心裡最放不下的就是母親了。可以這麼說，在婚後的許多年裡，魯迅感情寄託的對象不是名義上的妻子朱安，而是他的母親。對母親的感情，直接影響並左右了他的生活。即便母親爲他包辦的婚姻很不幸，他也從沒有對母親有任何埋怨。

在人們的印象中，魯迅就是這樣一個極其體恤母親的孝子。但是，在荊有麟的筆下，母子關係也呈現出不爲人知的苦澀的另一面：

……另外，魯迅與老太太談天，比較話長些，但也多半是關於老太太看書問題。一談到家庭事務，母子倆意見就相左。魯迅便往往不開口了。因為據魯迅先生自己講：

「在改良家庭方面，我是失敗者。常常費了九牛二虎之力，稍微改變一點，一遇有什麼意外或者不如意的事，她們馬上抱怨了。抱怨之後，覺得還是她們老法子好。一下子又恢復原狀了。」

因此，魯迅先生不願意傷老年母親的心，對於家事，便不想過問了。本來就是舊式的先生的太太，又一直守著老規矩，事事秉承老太太的意旨。魯迅對於家庭，格外悲苦了。」[1]

從這段記述看，母與子的關係並不像人們所看到的那麼理想化。一旦涉及到實際生活，「母子倆意見就相左」，這時候婆媳倆往往結成同盟，站在他的對立面，而「他」不得不遷就「她們」的意見，只得承認「在改良家庭方面，我是失敗者。」據阮和孫回憶，「魯迅在家裡，別的人說啥東西都不肯做的，但只要老太太一說話，他就沒有二話。因此，朱女士就往往通過老太太再給魯迅去說話的。」這說明，在家庭事務上，魯老太太和朱安往往立場更接近，魯迅不願違背母親的意思，只能委曲求全。

從某種意義上說，在這個家裡，朱安與婆婆在日常生活中或許反而更有默契。魯迅和朱安住在磚塔胡同期間，魯老太太當時還沒有搬出八道灣，但她三天兩頭來磚塔胡同，魯迅日記常常有「上午母親往新街口八道灣宅去」的記載，據俞芳說，魯老太太有時就住在了磚塔胡同，由於房間不夠，她只好和朱安擠在一個房間睡。從這一點看，這婆媳二人的關係更像是一對母女。由此我們不禁猜想，魯老太太這樣一個上了年紀的人，這麼辛苦奔

1 荊有麟〈魯迅回憶斷片〉，《魯迅回憶錄·專著》（上冊），第一百六十八頁。

波，與其說是離不開魯迅，不如說她在生活上更離不開朱安。自一九〇六年魯迅和朱安結婚後，她一直都跟長媳一起生活，只是磚塔胡同的這九個月短暫地分開了。這次分離，使老太太在生活上感到不習慣，很難適應。雖然朱安不是魯迅理想的妻子，但她顯然是魯老太太的好媳婦。說她是母親的媳婦，並非虛言。

朱安與婆婆相處融洽，這是親友們有目共睹的。就連朱家的人也承認：「朱安與魯老太太的婆媳關係倒還好，魯老太太吃的東西都要朱安做的。姑母服侍魯老太太一輩子，是她最貼心的了。」[1]魯老太太喜歡吃朱安做的菜，這在許欽文的回憶中也得到印證：「西三條二十一號的正屋，東面的一間是最好的，請他的母親住。還有西面的一間，是差不多的，給朱夫人做房間，自己將就在小小的老虎尾巴裡。我在魯迅先生家裡第一次吃了飯以後，就感覺到朱夫人是很細心的，她煎炒的蔬菜，切得很均匀，老太太要和她生活在一起才覺得舒適，看來不僅由於習慣的相同，她做的飯菜味美可口，總也是個原因。實在，為著安慰母親，這和朱夫人也是分不開的。」[2]許欽文也是紹興人，他認為飯菜味美可口，說明朱安做的紹興菜的確是很地道的。

1 〈朱吉人談姑母朱安等情況〉。

2 許欽文《〈魯迅日記〉中的我》，第五十六頁，浙江人民出版社一九七九年版。

在多年的相處中，魯老太太習慣了和兒媳一起生活，她把朱安看做自己身邊貼心的人，很希望兒子兒媳有一天能好起來。可以說，魯老太太是維繫著這樣一個家庭的紐帶，據孫伏園說：有一次老太太要他去勸勸魯迅，因爲魯迅身上穿的西服褲是單的，無論冬夏都沒有換過。老太太實在看不過去了，嗔他名義上的太太說：「無怪乎他不喜歡你，到冬天了，也不給他縫條新棉褲。」於是朱安奉老太太的命令做了一條新棉褲，等魯迅上衙門的時候（魯老太太的原話），偷偷地放在他的床上，希望他不留神能換上，萬不料竟被他扔出來了。老太太沒辦法，認爲孫伏園的話也許魯迅會比較信任，託他去勸勸，結果魯迅給了他這樣的回答：「一個獨身的生活，決不能常往安逸方面著想的……」

這條被扔出來的棉褲，恐怕不僅使朱安心灰意冷，更使魯老太太感到難堪，因爲這媳婦是她娶來的。

又據孫伏園回憶，魯迅曾對他說到這樣一件事：全家遷北京後，一次逢魯老太太壽誕，請些賓客來家宴。開席之前朱夫人忽然穿戴整齊走出來，向親友下了一跪，說道：「我來周家已許多年，大先生（指魯迅）不很理我，但我也不會離開周家，我活是周家的人，死是周家的鬼，後半生我就是侍奉我的婆母（指魯迅母親），說完話，叩了頭，退回房去。魯迅說，中國的舊式婦女也很厲害，從此所有的同情，都被她爭取了去，大家都批評我不好。」張鐵錚曾將孫伏園這番話相詢知堂老人。周作人回答說：這是實有的事，朱夫人在家中是得到大家的同情的。[1]

孫伏園曾兩次講到朱安在家宴上向魯迅發難的事，一次是紹興，一次是北京。看來在忍無可忍的情況下，她也會抗爭一下。張鐵錚說這件事周作人也親歷，則應當是發生在八道灣時期，朱安到北京沒多久。可以想見，在寒意的包圍下，朱安活得越來越瑟縮，也越來越明白了自己的處境。她知道已經沒有希望使丈夫回心轉意，只能懷著一腔怨氣，當著眾人宣佈「我活是周家的人，死是周家的鬼，後半生我就是侍奉我的婆母」。這口吻，堪比那些節婦烈女，有幾多無奈。當時赴宴的應該是魯迅身邊的同事和老友，朱安用這樣一個激烈的舉動，爭取到了大家的同情，也算是將了魯迅一軍。她宣佈一輩子侍奉娘娘，恐怕這也是她所能退守的底線了。

1 據張鐵錚《魯迅元配朱安女士》中所記載，這是孫伏園一九四九年後在一次小型座談會上轉述魯迅的話。

深淵——落地的蝸牛

新女性

日本作家中村龍夫曾這樣描述北京時期的朱安：「魯迅兼任北京大學、北京師範大學、北京女子高等師範的講師，西三條的新住所女學生來訪的很多。朱安觀察著來訪的新時代姑娘們的活潑舉止，和她們相比自己眞是個鄉下佬，一個老太婆。」[1]中村龍夫的記載，也許是從朋友那裡聽到一些傳聞，但他對朱安心理的揣摩大致是可信的。

魯迅早期的小說中很少寫到「新女性」，因爲在他此前的生活中，幾乎很少與這樣一類女性打交道。魯迅筆下的女性，給人印象最深刻的是〈祝福〉中的祥林嫂、〈故鄉〉中的豆腐西施楊二嫂、〈離婚〉中的愛姑、〈明天〉中的單四嫂子等等，她們都是以故鄉的婦女爲原型。《吶喊》、《徬徨》中也有幾篇描寫了北京知識份子家庭裡的「太太們」，如〈端午節〉中方玄綽的太太，〈肥皀〉中的四銘太太，〈幸福的家庭〉中的主婦等。

1 （日）中村龍夫〈封建婚姻的犧牲者——朱安〉，《紹興魯迅研究專刊》第十一期。

這些「太太們」幾乎都不大有知識，面色是灰黃的，所關心的無非是柴米油鹽，丈夫的薪水，偶爾還會撒撒潑。他描寫起這些太太們，信手拈來，十分生動，如訓斥孩子的主婦的神態：「腰骨筆直，然而兩手插腰，怒氣衝衝的似乎預備開始練體操。」又如方玄綽拿不到薪水被方太太鄙夷：

> ……但比起先前來，方玄綽究竟是萬分的拮据，所以使用的小廝和交易的店家不消說，便是方太太對於他也漸漸的缺了敬意，只要看伊近來不很附和，而且常常提出獨創的意見，有些唐突的舉動，也就可以了然了。到了陰曆五月初四的午前，他一回來，伊便將一疊賬單塞在他的鼻子跟前，這也是往常所沒有的。
>
> 「一總總得一百八十塊錢才夠開消……發了麼？」伊並不對著他看的說。

在方太太身上，無疑有著八道灣裡太太們的影子，從羽太信子到芳子、朱安，她們都是依靠著男人的薪水過日子的主婦。許羨蘇曾指出，〈幸福的家庭〉裡所描寫的床底下堆著劈柴、牆角堆著大白菜的那種局促的生活，正是魯迅與朱安在磚塔胡同生活的寫照。〈傷逝〉中的子君是作爲新女性的形象而出現的，但正如不少研究者所指出的那樣，在子君的身上，也分明有著朱安的影子。最初的子君是無畏的，大膽的，有著新女性的姿態，但和涓生同居後，她關心的範圍局限於每日的三餐、小油雞和一隻叫阿隨的狗，與同院官太太之間的明爭暗鬥，她的神情不再活潑，一張灰黃的臉，神色淒然，「只知道搥著一個人的衣角」。

荊有麟曾寫道：「魯迅先生筆下，無論是論文，是雜感，或者散文與小說，很少寫到戀愛同溫暖的家庭。在《野草》上雖有〈我的失戀〉，在《徬徨》上雖有〈幸福的家庭〉，但那『戀』與『家』，是充滿了怎樣失望與狼狽的氣氛，便不難想像魯迅先生的婚姻同家庭生活了。」

從一九〇六年結婚起，到一九二六年，整整二十年，魯迅的家庭生活是和朱安這樣一個舊式女性聯繫在一起的。魯迅對舊女性太熟悉，太瞭解了，因爲她就眞正切切地在他眼前，形影不離，時時刻刻讓他體會到「濃黑的悲涼」。正如有研究者所指出的那樣，朱安「作爲一個舊式女性，在不斷追求著新社會的丈夫的心中，她像一片無法醫治的病灶一樣牢牢地駐紮下來。」[1]雖然他稱她爲「婦」，當她不存在，可是他提筆的時候，盤旋在他腦海的正是那個整日愁眉苦臉操持家務的主婦，「兩隻陰淒淒的眼睛恰恰釘住他的臉」，將他逼到牆角，無路可逃。

1 （日）岸陽子〈超越愛與憎——魯迅逝世後的朱安和許廣平〉，《魯迅世界》二〇〇一年第四期。

然而，情況也在發生變化。二十世紀二〇年代的北京，是新文化的發源地，這裡聚集著大批的知識份子，其中也包括從各地來到北京求學的女學生。這一時期比起「五四」新文化運動初期，社會上對於「自由戀愛」、男女社交有了更大的包容度。此時的魯迅有機會接觸到更多的女性。查魯迅日記，從八道灣到西三條，特別是他擔任北京女子高等師範學校的講師後，常有一些女學生登門拜訪，她們都是與朱安迥然不同的新女性。

最早出現在魯迅家裡的女性有我們前面提到過的許羨蘇、俞芬、俞芳、俞藻三姐妹等。此外還有一位王順親[1]，一九二五年元旦的魯迅日記裡記載他們一起去吃飯、看電影：

一日，晴。午伏園邀午餐於華英飯店，有俞小姐姊妹、許小姐及欽文，共七人。下午往中有天看電影，至晚歸。

不久魯迅家裡又回請孫伏園等：

1 王順親（一八九九—一九四七），本名王純卿，浙江紹興人，魯迅日記中寫作「王順親」。一九二五年為北京女子師範大學學生，畢業後先後在武昌女中、浙江金華八婺中學等校執教。抗戰爆發後，全家逃難到紹興會稽山腹地湯浦，在舜陽中學任教。抗戰勝利後，在紹興縣立初級中學任教。

二十五日，晴。星期休息。治午餐邀陶璿卿、許欽文、孫伏園，午前皆至，欽文贈《晨報增刊》一本。母親邀俞小姐姐妹三人及許小姐、王小姐午餐，正午皆至也。

以上這幾位小姐，除了王順親有點陌生，其餘幾位都是魯迅家裡的常客。王順親本名王純卿，也是浙江紹興人，考入北京女子師範大學後不久，與許羨蘇、俞芬等結識。這幾位小姐，因爲同鄉之誼，所以與魯迅一家來往密切。特別是魯老太太初到北京時，聽不懂北京話，也吃不慣北方菜，處處都不習慣，因此非常喜歡她們來串門。據許羨蘇自述，她們還常給老太太和大太太代買物品：「以後我和俞芬無形中成了老太太和大太太的特約採購員，每到星期日去八道灣的時候，把上一星期她們二位囑買的東西送去，臨走時她們又把要買的東西告訴我們。……這使我和俞芬

許羨蘇與俞氏姐妹都是紹興人，她們都是魯迅家的常客。左起：俞藻、俞芳、魯迅的母親魯瑞、許羨蘇。

成了每週必去的訪客，盡量的講紹興話，吃家鄉菜，臨走還用口袋裝走吃不完的點心。」

俞芳也有類似的回憶：「這之前，常聽我大姐和她在紹興讀書時的老同學許羨蘇姐姐談到太師母，知道太師母從紹興搬到北京，話聽不懂，生活不習慣，每遇到紹興人，聽到鄉音，她就非常高興。特別是許羨蘇姐姐和大姐，在紹興讀書時是三先生（周建人）的學生，所以太師母待她們格外親熱，平時常託他們代買些東西，戲稱他們是她老人家的『活腳船』。」

魯瑞愛看古典小說，也常常囑託王純卿代購。魯迅開設中國小說史課程，有的講稿曾請王純卿謄抄。據說後來魯迅與許廣平的結合，王純卿穿針引線，起了不小的作用。[1]

魯老太太是個喜歡熱鬧的人，因此很歡迎這些紹興籍女學生來做客。不過，自一九二四年前後，魯迅接觸的女性範圍不再限於紹興籍。這一時期在他日記中常出現的女性訪客中，不乏朋友的戀人或太太，如吳曙天[2]，當時是章衣萍的戀人，也是一位才女。一九二四年秋，他們由孫伏園介紹與魯迅相識，經常訪問魯迅。此外，如荊有麟和金仲雲

---

1 參見裘士雄〈魯迅作品中的人物介紹〉，《魯迅研究月刊》二〇〇八年第七期。

2 吳曙天（一九〇三—一九四二），原名吳冕藻，山西翼城縣人，章衣萍之妻。一九二四至一九二六年，他們經常去西三條魯迅家裡。吳曙天是《語絲》週刊十六位發起人之一。

夫婦也常雙雙上門拜訪。而更多的是女師大的活躍分子，如陸晶清[1]、呂雲章[2]、林卓鳳[3]等。自然，還有一位許廣平，從一九二五年三月第一次與魯迅通信起，她不僅成了這家中的常客，後來有一段時間還住在了這裡。

一九二四年九月至一九二五年，魯迅日記裡還多次提到一位胡萍霞。一九二四年九月十四的日記提到一位胡人哲：「十四日，曇。星期休息。上午楊蔭榆、胡人哲來。」楊蔭榆時任女師大校長，這天是來送聘書的[4]，胡人哲當時爲該校舍監，又名萍霞，湖北孝感

---

1 陸晶清（一九〇七—一九九三），原名秀珍，雲南昆明人，作家。一九二二年考入北京女子高等師範學校，與許廣平同學。一九二五年兼任《京報》副刊《婦女週刊》編輯。因女師大風潮常與魯迅來往。一九二六年秋畢業，年底離京，先後在南昌國民黨江西省黨部婦女部和武漢國民黨中央黨部婦女部任職。一九二七年七月寧漢合流後赴滬。

2 呂雲章（一八九一—一九七四），字倬人，別名沄沁，山東蓬萊人，北京女子師範大學國文系學生，許廣平的同學。在女師大風潮中與魯迅聯繫較多，後任國民黨浙江省黨部委員、中央黨部婦女部幹事等職。

3 林卓鳳（一九〇六—？），廣東澄海人，一九二五年時為北京女子師範大學國文系學生，後轉入北京師範大學，一九二八年畢業後曾任中學教員。

4 見俞芳《跟楊蔭榆之流的鬥爭》，《魯迅生平史料彙編》第三輯，第兩百三十九頁，天津人民出版社一九八三版。

人，一九二〇年北京女子高等師範學校保姆講習科畢業。從日記看，胡萍霞有一段時間常給魯迅寫信，還寄文稿向魯迅求教。關於這位胡人哲，徐伏鋼〈張友松：藏在魯迅日記裡的翻譯大家〉一文裡順帶也提到了她：

……我原來以為，張友松早年的南洋之行是因了郁達夫的介紹。直到後來我舉家移民新加坡後，在新落成的新加坡國家圖書館九樓中文圖書部查閱資料時才發現，其實張友松是在一九二一年夏天中學畢業後，受了當時在蘇門答臘教書的一位叫做林熙盛的中學同學邀請，同大姐一道來南洋的，比郁達夫早了整整二十年。

他們這趟下南洋，隨行帶了張挹蘭的大學同學、一位叫胡人哲的女教員，原本是要介紹給林熙盛做太太的。不想到達蘇門答臘後，林嫌胡人哲人「太醜」，而胡也嫌林熙盛「不懂文學」，結果兩人戀愛沒有成功。

後來胡人哲在當地嫁給同一所學校的一位「自命為文學家」的青年同事，此人姓李。誰知結婚不到三個月，新郎官「李文學」就死了。胡人哲為此在精神上受到很大刺激，以後回中國寫了一些傷感的詩文發表，引起魯迅同情和撫慰。張友松回憶說，以後她病重時，魯迅還曾兩次親自上門探望。

1925年的魯迅。

胡人哲與張友松的姐姐張挹蘭是同學，一九二七年張挹蘭與李大釗等被殺害後，胡人哲在《中央副刊》上發表了〈念挹蘭〉（詩）、〈所不能忘懷的慘死者——挹蘭〉及〈李大釗同志之被捕〉等紀念性文章，她還在《中央副刊》第十五號（一九二七年四月五日）發表〈企望我們的領導者——魯迅先生〉，署名「萍霞」，可見她也是魯迅的崇拜者之一。

一九二四年十二月二十日的魯迅日記中有這樣的記載：「下午訪胡萍霞，其病似少瘥。」可見魯迅確實去探望過病中的這位才女。

以上我們對魯迅一九二三年至一九二六年間接觸較多的女性做了一個粗略的掃描。她們大多是二十歲出頭的在北京求學的知識女性，是時代的佼佼者。她們剪短髮、穿黑布裙，態度落落大方，渾身上下散發著清新的氣息。相比之下，當時的朱安，已經四十多歲，從外表到著裝都顯得暮氣沉沉、過時落伍：

大師母個子不高，身材瘦小；臉型狹長，臉色微黃，前額、顴骨均略突出，看上去似帶幾分病容。眼睛大小適中，但不大有神，而且有些下陷，梳髮髻。腳纏得很小，步履緩慢不穩。她當時雖只有四十多歲（比大先生大兩歲），可是穿著打扮比較老式，除夏天穿白夏布大襟短衣，下繫黑色綢裙外，其他季節的衣服都是色澤較深較暗的，樸素整潔。從外形看，是舊式婦女的典型模樣。平日少言寡語，少有笑容。[1]

來到北京後的朱安，就是以這種「老式」的形象出現在訪客的面前。女學生們打量著魯迅的這位舊式太太，懷著一絲好奇和些許的同情，那眼光彷彿是打量一件老古董。許廣平在給魯迅的信裡直言不諱地稱其爲「遺產」：「舊社會留給你苦痛的遺產，你一面反對這遺產，一面又不敢捨棄這遺產，恐怕一旦擺脫，在舊社會裡就難以存身，於是只好甘心做一世農奴，死守這遺產。」[2]其他進出這個家的女學生們，對於魯迅的這位舊式太太，照理應該有一些印象，但從陸晶清、吳曙天等的回憶錄裡，我們看不到她們的任何觀感。許

1 俞芳〈封建婚姻的犧牲者——魯迅先生和朱夫人〉，《我記憶中的魯迅先生》，第一百三十五頁。

2 一九二六年十一月二十二日許廣平致魯迅的信，《魯迅全集》第十一卷，第兩百二十四頁。

廣平的話，基本代表了她們這批新女性的觀點。也許，對反抗舊家庭跑到大城市來的女學生們來說，朱安這樣的小腳女人實在是太煞風景了！許羨蘇與這個家庭有著非同一般的關係，但她後來的回憶錄只是客觀敘述魯迅一家的生活，幾乎不流露自己對於「朱氏」的看法或評價。因此，除了俞芳那篇展示朱安內心的充滿同情的文字，我們竟找不到其他同性者來見證朱安當年的生存狀態。

生活在北京的朱安是寂寞的，因爲不被丈夫所愛，她不可能像別的太太那樣擁有自己的交際圈子，她的生活空間極其狹窄和封閉，生活極其單調。對她來說，所謂外面的世界就是那些來來往往的客人們。即便是足不出戶，從來訪的客人身上，朱安也本能地察覺到魯迅的生活正因她們而發生著變化。

在中村龍夫的文章裡有一段描述朱安對於許羨蘇的感受：

在女學生中最為頻繁來訪的是許羨蘇。羨蘇是俞芬的同學。到西三條來的時候，從買點東西開始，把朱安泡好的茶送到魯迅房間裡，有時也幫做細小的家務。

有時候晚上很遲了還在魯迅房間裡。魯迅就派常來拉車的車夫送她到校舍裡去。

在魯迅的日記裡，每行開頭有H字的是有關許羨蘇的事情，因為許的音標記號是Hshu的緣故。在師生之間好像有了秘密關係，朱安用女人的感覺也是可察覺的。

有時候，魯迅帶著羨蘇回來的情況也有。

「師母！我把這買來啦！」

說後，她把一包東西交給了朱安。這是朱安從來沒有看到的西洋點心，朱安把沏好的茶拿到丈夫房間去的時候，兩人就急忙把話停下來了，羨蘇斜著眼看窗外。朱安在這個女學生身上有看到女人的感覺。[1]

中村龍夫說「H」代表許羨蘇，這是不確的，而且他的描述更像是在創作。但也可以想像，當女學生踏進家門時，朱安的心情必定是很複雜的。作爲一個沒有知識，沒有謀生能力的家庭婦女，她的自卑是雙重的。在男性面前，她已經習慣了低頭。在新女性面前，她又一次發現了自己的缺陷，陷入更深的自卑。在她們面前，她本能地封閉起自己的內心。就像是蝸牛的觸角，遇到異物，立即把身體縮回到黑暗的殼裡，從此活得越來越瑟縮。

身爲舊女性，朱安對於新女性抱有一種本能的排斥和敵意，這是可以理解的。也許，對於所有來訪的女學生，她都會因爲自卑而對她們抱著一種戒備。當她目送家中那些穿著

---

1 （日）中村龍夫〈封建婚姻的犧牲者——朱安〉。

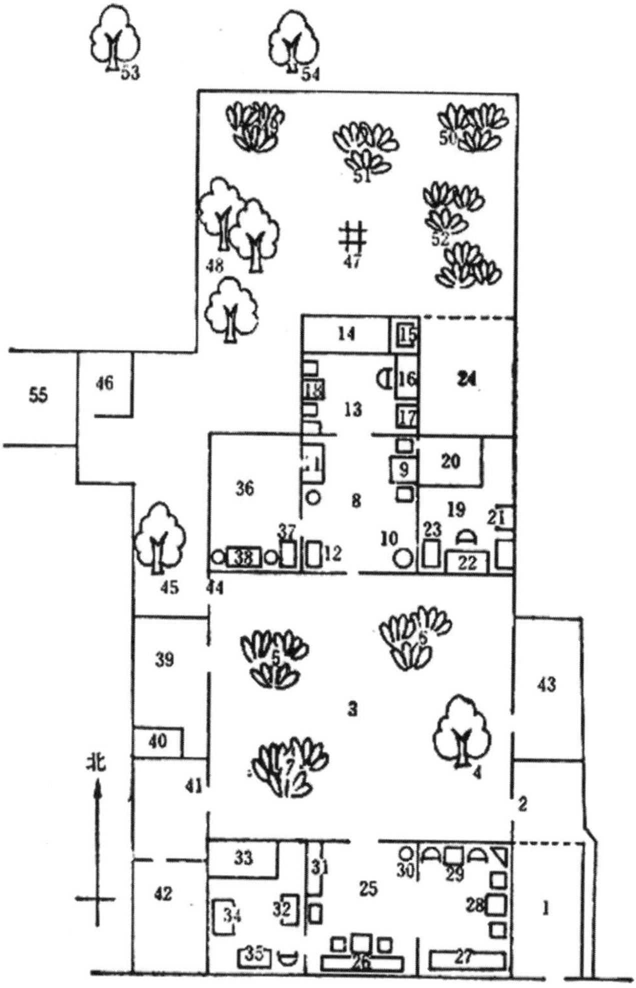

西三條魯迅故居房屋佈局及室內陳設狀況平面示意圖。圖內部分編號說明：8北房三間，中為堂屋，是魯迅一家日常起居所用之地；13魯迅自己的臥室與工作室，即「老虎尾巴」；19魯迅母親的住室；25南屋三間，靠東兩間一室用作客廳，靠西一間是準備留客住宿用的；36朱安住室；39廚房；42雜物堆放室；43女工住室；44通往後園的小角門。（據孫瑛〈魯迅故跡尋訪記事〉）

竹布短衫玄色短裙的女學生，當她端茶遞水時，見大先生正在讀著不知是什麼人的來信，她的心情大約是很沮喪的。以她的能力，她無法瞭解大先生心裡在想些什麼，只是在一旁擔心地窺伺著，「失掉了她往常的麻木似的鎭靜，雖然竭力掩飾，總還時時露出猶疑的神色來……」

落地的蝸牛

不知是從哪一天起，她發現大先生的神情發生了某種變化。中秋節的時候，大先生和女學生們一起喝酒，在朦朧的醉意中拍打一個個女學生的頭；又某晚，大先生替借住在家中的許廣平剪頭髮……她第一次發現，一向冷峻的大先生竟然也有柔情的一面。而這，都是因爲一個新女性的出現。

察覺到這一點，朱安的內心肯定有種說不出的落寞。而魯迅這方面，內心也經歷著前所未有的掙扎。魯迅對於女性的看法一度是萬分悲觀的。一九二三年十二月他在女高師文藝會上發表題爲〈娜拉走後怎樣〉的演講，指出娜拉離開家庭後的兩條路——「不是墮落，就是回來」，「還有一條，餓死了」。

據俞芳回憶，曾有不少人勸說過魯迅放棄朱安：「當時大先生的朋友、學生們都是經過『五四』運動洗禮的，大多思想進步，特別是孫伏園、章川島、常維鈞等人，思想都很解放。他們都曾勸過大先生，有的直言不諱地說：既然沒有感情，就送她回娘家，負擔她的生活費，這是很客氣也很合理的辦法，何必為此苦惱著自己，和她一起做封建婚姻的犧牲品呢？」

確實，在對待婚姻的問題上，魯迅跟同時代知識份子如胡適、陳獨秀、徐志摩等相比，都要更為徬徨，更為矛盾。在巴金的小說《家》中，覺新身為高家的長子長孫，不得不犧牲掉個人的自主選擇，按照家族長輩的意思走進婚姻生活。「接受了新思想，卻生活在舊式的空氣中」——這正是魯迅那一代人命運的寫照。然而，就拿魯迅和胡適來說，他們的做法也不盡相同。作為「五四」時代名噪一時的新人物，魯迅與胡適的婚姻都是全憑媒妁之言，父母之命，是地地道道的舊式婚姻。但胡適與江冬秀的婚姻，在「五四」時期，曾經獲得社會上各種人物的贊許，特別得到許多舊人物的恭維，被認為是舊式婚姻中罕見的幸福的例子。對此，胡適在寫給好友胡近仁的信中曾有如下表白：「吾之就此婚事，全為吾母起見，故從不曾挑剔為難。（若不為此，吾決不就此婚，此意但可為足下道，不足為外人言也。）今既婚矣，吾力求遷就，以博吾母歡心。」[1]胡適出於對母親的

1 胡適《胡適書信集》（上），第一百五十六頁，北京大學出版社一九九六年版。

孝心，對江冬秀的同情，奉母命成婚。這一點與魯迅並無不同。但他於婚後又「力求遷就」，極力表現閨房之愛，強以恩愛的外表，來掩飾無愛的內心，這魯迅是絕對做不到的。

魯迅的矛盾在於，他決定陪著無辜的女性做一世的犧牲，可同時他又不願意遷就朱安的那些缺點，不願違心地表示「虛僞的溫存」。當然，可能也因爲這是「母親娶來的媳婦」，礙於母親的情面，考慮到母親的感情，他也很難有所決斷。二十年的時光，他就這樣帶著壓抑痛苦的心情步入中年，心理承受著巨大的煎熬，也把自己逼到了一個死角。但也許，就是在這樣的困境下，反而能獲得轉機。在一九二五年寫作的〈傷逝〉中，他反反覆覆地念叨著「新的路的開闢，新的生活的再造，爲的是免得一同滅亡。」正如小說的主人公涓生，他的內心在苦苦地掙扎：

> 我同時豫期著大的變故的到來，然而只有沉默。
> 我突然想到她的死，然而立刻自責了，懺悔了。
> 新的生路還很多，我必須跨進去，因為我還活著。

一九二五年的魯迅，內心交戰著。「他」曾想到「她的死」，不想被「她」捶著衣角，一同滅亡。雖然他馬上萌生了一種罪惡感，自責而且懺悔。但畢竟，他曾希望過「她的死」，在心底裡宣告了「她的死」。

我們知道，最終促使魯迅「向著新的生路跨進第一步去」的人，是許廣平。經歷了女師大學潮、三．一八慘案後，魯迅對女性的評價明顯發生了變化。在發表於一九二六年四月的〈紀念劉和珍君〉中，他寫道：「我目睹中國女子的辦事，是始於去年，雖然是少數，但看那幹練堅決，百折不回的氣概，曾經屢次爲之感嘆。至於這一回在彈雨中互相救助，雖殞身不恤的事實，則更足爲中國女子的勇毅，雖遭陰謀秘計，壓抑至數千年，而終於沒有消亡的明證了。倘要尋求死傷者對於將來的意義，意義就在此罷。」這意義，不止是證明了中國女子的勇毅，而且也讓魯迅重新認識了女性的美好。

一九二六年八月二十六日，魯迅在日記中記下了他離開北京，走向新生活的那個時刻：

二十六日，晴。……子佩來，欽文來，同為押行李至車站。三時至車站，淑卿、季芾、有麟、仲雲、高歌、沸聲、培良、璿卿、雲章、晶清、評梅來送，秋芳亦來，四時二十五分發北京，廣平同行。

他是和許廣平一同出發的。北京車站上送行的人群中，沒有母親和朱安。她們站在西三條的門口，目送他遠去的身影，直到消失在胡同盡頭。這一幕就像魯迅十八歲的時候離開故鄉，不忍回頭看年邁的母親流淚的樣子。也許他也有一點怕看見站在母親身旁的那個矮小的身影，她那落寞的神情……

魯迅離開後的西三條裡更寂靜了，幸而有許羨蘇一起幫忙管理家務事，還有俞家三姐妹也常常過來，陪老太太說說話。許羨蘇深得老太太的喜歡，她在西三條，完全就像是這個家庭中的一員。有人認爲，如果魯老太太還能選擇一次媳婦，她一定會選擇許羨蘇。但是，魯老太太一定也明白，這種事只能由本人自己做決定。

魯迅一九二七年一月十一日致許廣平的信裡提到「令弟」，即許羨蘇：「我託令弟買了幾株柳，種在後園，拔去了幾株玉蜀黍，母親很可惜，有些不高興，而宴太即大放謠諑，說我在縱容著學生虐待她。力求清寧，偏多滓穢，

青年時代的許廣平，攝於1926年左右。

我早先說，嗚呼老家，能否復返，是一問題，實非神經過敏之談也。」

「宴太」即羽太信子，意指他當年是被日本女人趕出家的。魯迅與許廣平在上海同居一事，也是由這位二太太告知了朱安。一九二九年五月魯迅隻身一人回到北京看望母親，才知道關於他和許廣平同居的事，在京城已經傳得紛紛揚揚：「關於咱們的故事，聞南北統一以後，此地忽然盛傳，研究者也很多，但大抵知不確切。上午令弟告訴我一件事。她說，大約一個月前，某太太（指朱安）對母親說，她做了一個夢，夢見我帶了一個孩子回家，自己因此很氣忿。而母親大不以氣忿之舉爲然，因告訴她外間眞有種種傳說看她怎樣。她說，已經知道。問何從知道，她說，是二太太告訴她的。我想老太太所聞之來源大約也是二太太。而南北統一後，忽然盛傳者，當與陸晶清之入京有關。我以小白象（指許廣平已經懷孕）之事告知令弟，她並不以爲奇，說，這是也在意中的。」[1]

朱安從羽太信子那裡聽說這消息後，並不是直接說出來，而是對婆婆稱自己做了一個夢。她氣忿的心情不難理解，但她向來都是聽婆婆的，這一次也不例外。

魯老太太聽說許廣平懷孕的事，自然是喜出望外。魯迅給許廣平的信裡寫道：「……

1 一九二九年五月十七日魯迅致許廣平信，《魯迅全集》第十二卷，第一百六十五頁。

前日到家，母親即問我害馬[1]爲什麼不一同回來，我正在付車錢，匆忙中即答以有些不舒服，昨天才告訴她火車震動，不宜於孩子的事，她很高興，說，我想也應該有了，因爲這屋子裡早應該有小孩子走來走去了。這種『應該』的理由，雖然和我們的意見很不同，但總之她非常高興。」[2]

在北京，可以設想，朱安身邊幾乎沒有能吐露心事的人，也沒有人能爲她紓解內心的煩悶。有一回魯迅自上海寄來照片，告知與許廣平同居的消息，雖然早就預料到了，但朱安還是很難過。當俞芳問她「那你以後怎麼辦呢」，她一下子被觸動了心事，顯得相當激動：

「過去大先生和我不好，我想好好地服侍他，一切順著他，將來總會好的。」她又給我打了一個比方說：「我好比是一隻蝸牛，從牆底一點一點往上爬，爬得雖慢，總有一天會爬到牆頂的。可是現在我沒有辦法了，我沒有力氣爬了。我待他再好，也是無用。」她

1 「害馬」是魯迅對許廣平的暱稱，在女師大風潮中，許廣平等六名學生被校方開除，公告「即令出校，以免害群」，故有此一說。

2 《兩地書·一一七》，《魯迅全集》第十一卷，第兩百九十三頁。

說這些話時，神情十分沮喪。她接著說：「看來我這一輩子只好服侍娘娘（太師母）一個人了，萬一娘娘歸了西天，從大先生一向的為人看，我以後的生活他是會管的。

俞芳聽了很意外，她久久地看著大師母，但一時想不出一句合適的話來安慰她。她想不到一向沉默寡言的大師母會對她說這些話，感覺眼前好像眞有一隻蝸牛落地跌傷了，再也爬不起來了。她記得大師母曾偷偷跟她們學體操，曾經也在老太太的勸說下剪去了髮髻，不錯，她一直都在努力，努力向上爬，希望有一天能接近大先生，可是，最終還是落空了……

這是朱安唯一一次對外人訴說自己悲哀的心境。大概實在是無人訴說吧，她竟然向比自己年紀小三十多歲的鄰家女孩敞開了心扉。可是，她馬上又覺得自己失言了，連忙叮囑俞芳：「我也是隨便說說的，你不要把話講出去。」俞芳忙向她保證不會說出去，她一本正經地回答：「是的，是的，我相信你口緊，才和你說的。」[3]或許，她覺得自己流露了某種妒忌的情感，這是不妥當的。

據荊有麟回憶，有一回，朱安曾有過這樣的抱怨：

3 俞芳〈封建婚姻的犧牲者——魯迅先生和朱夫人〉，《我記憶中的魯迅先生》，第一百四十二頁。

據先生太太朱女士在北平時，對內人講：「老太太嫌我沒有兒子，大先生終年不同我講話，怎麼會生兒子呢？」先生的婚姻生活，可見一斑了。

荊有麟的太太名金仲雲，根據魯迅日記，她自一九二五年七月起曾多次和荊有麟一起到西三條拜訪。大概就是這一時期朱安向她吐露了心事。從這抱怨中，我們可以感覺到，因爲沒有生兒育女，朱安感覺到自己被婆婆嫌棄，她的內心承受著不小的壓力。

一九二九年九月二十七日海嬰出世了。據俞芳說：消息傳來，太師母十分高興。當大師母得到這個喜訊時，也十分高興。她爲什麼高興呢？原來她思想上已考慮過：當時她自己已是五十出頭的人了，過去常常暗自思忖，此生此世是不可能有孩子了。按紹興習俗，沒有孩子，也屬婦人的一個「過錯」。現在有了海嬰，他是大先生的兒子，自然也是她的兒子。整個社會，包括她自己無端加給她的「罪名」，現在得到赫然「赦免」，怎麼不高興呢？而且，生是周家的人，死是周家的鬼，她想到有了海嬰，死後有海嬰給她燒紙，送羹飯，送寒衣……閻羅大王不會認爲她是孤魂野鬼，罰她下地獄，讓她挨餓受凍的。於是她精神上得到了安慰，所以很高興。

因爲有了這樣的想法，或者也是出於無奈，朱安的態度發生了變化，魯迅一九三二年十一月回京探望生病的母親，這期間他給許廣平的信中提到：「某太太於我們頗示好感，聞當初二太太曾來鼓動，勸其想得開些，多用些錢，但爲老太太糾正。」「這「某太太」，就是指的朱安，她的「好意」裡面無疑有著把許廣平作爲第二夫人而表示接納的意思。對朱安頑固的舊式思維，魯迅採取的是不置可否的態度吧。

1 一九三二年十一月十五日魯迅致許廣平信，《魯迅全集》第十二卷，第三百四十頁。

家用賬——眞實的重擔

魯老太太和朱安婆媳倆在北京的生活狀況，從現在留存下的家用賬中可窺一斑。家用賬在時間上可分爲三段：

一、一九二三年八月二日至一九二六年二月十一日，由魯迅自己記賬；

二、一九二六年九月一日至一九三〇年二月十八日，由許羨蘇代爲記賬，一九三〇年三月二日《魯迅日記》記載：「收淑卿所寄家用賬簿一本。」

三、一九三〇年二月二十日至一九三五年十二月，由俞芳代記，至一九三五年七月以後則爲另一人筆跡，因這時俞芳已離開了北京。

第一階段的家用賬[1]，雖只有三十五頁，時間僅有兩年半，但時間跨度恰好是魯迅遷居磚塔胡同到他離開北京之前。魯迅與朱安雖沒有感情，但兩人畢竟是要天天一起吃飯，一

1 參見葉淑穗整理的〈家用賬〉及〈關於魯迅的〈家用賬〉〉，《魯迅研究資料》第二十二期，中國文聯出版公司一九八九年版。

起過日子。因此，這家庭流水賬是對這兩年半生活的忠實記錄，雖記錄的是經濟支出，卻透露出他們夫婦生活的一些細節，反映了他們生活的一個側面。

魯迅所記家用賬採用農曆日期，研究者指出，之所以用農曆，可能是因爲家庭生活和農曆關係較密切，一則爲了附和家人的習慣，再則，也由於農曆便於掌握傳統節日的安排。如〈家用賬〉中每逢春節、端午、中秋等節日的前夕均有對女工或車夫進行「節賞」的記載。「房租」的付款日期也在農曆月初等等。另外，魯迅的〈家用賬〉只記大項的用錢數，不記具體的零碎的用項；在錢數的記法上與現今的也不同，小數點後面有三位數，代表著「角、分、厘」，說明當時的幣制，那時還有銅元，還以「吊」計價，如癸亥年六月廿日記有「煤球百斤八吊」。

許羨蘇回憶她們夫婦這一時期的生活：「在磚塔胡同魯迅先生的生活更樸素，連女工的工資（每月二元，當時一般是一元或者一元五角，他家的比別家多些），房租八元，另外柴米油鹽菜、朱氏的零用，一切都算在內，每月支出平均不超過卅元。」[1] 魯迅家裡女工工資比別家多，據荊有麟說，這是因爲他們家裡有一個特殊規矩：「就是兩個老媽子，除拿工錢，吃白飯之外，是不許吃菜的。每天由魯迅太太發給老媽每人四百錢——即四個銅

1 許羨蘇〈回憶魯迅先生〉，《魯迅研究資料》第三輯，第兩百零三頁。

板，老媽自己另外買菜吃。這在普通家庭，是很少看見的。」[1]可見，魯迅也不是平白無故多給女工工錢。

這一時期魯迅在教育部任僉事，按規定月薪三百六十元，當時教育部經常欠薪，這是事實，即便如此，其支出也是遠遠低於收入。在癸亥年年末記有「本年陸月另十日共用錢二百四十九元七角另四分」「平均每月用錢三十九元四角三分」，甲子年末記有「平均每月用泉四八·〇六一元」，乙丑年年末記有「平均每月用泉六六·六四五」。他們每月用錢最多時也就六十多元。這說明，離開了八道灣大家庭後，魯迅與朱安及魯老太太這三口之家的生活相對簡單，他們秉承著勤儉持家的傳統，不任意鋪張，同時也安排得井井有條，過著安定舒適的生活。

第二階段的家用賬[2]，時間跨度為三年半，當時魯迅在廈門、廣州，一九二七年十月後定居上海，西三條寓所當時住著兩位女主人，婆婆魯瑞和媳婦朱安，還有就是許羨蘇。這段時間，魯迅的經濟情況是穩定的，廈門大學、中山大學基本按時發薪，不拖欠。在上

1 荊有麟〈魯迅回憶斷片〉，《魯迅回憶錄·專著》（上冊），第一百六十七頁。

2 參見吳長華整理的〈魯迅家用收支賬〉及〈平凡之中見精神——魯迅家用賬讀後記〉，《上海魯迅研究》第七期，百家出版社一九九六年版。

海，收入的稿費、版稅較多，而且從一九二七年十二月至一九三一年，經蔡元培提名，任大學院特約撰述員，每月有三百元撰述費。從賬本看，這一時期魯迅北京寓所的經濟收入來源是北新書局支付的稿費，及北大、北師大、教育部等支付的工資（欠薪），賬本所記每月收入約兩百元左右；到一九二九年九月後，可能是因爲海嬰出生，家中多了一口人，改由魯迅每兩個月向北京寓所寄三百元，平均每月一百五十元。北京寓所每月的支出約在一百二十至一百五十元之間，少數幾個月超出一百五十元，基本上每月有結餘。至許羨蘇交出賬本，共結餘了一千零六點五元。據俞芳的回憶，魯迅離京前還留下一筆錢給宋子佩，以備母親不時之需。

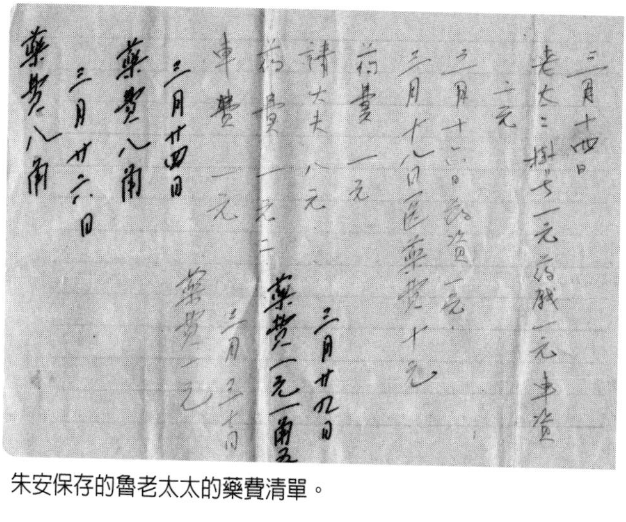

朱安保存的魯老太太的藥費清單。

從賬本看，魯迅給北京寓所的兩位女主人提供了較好的經濟條件，她們的生活是寬裕的，安定的。除每月固定家用一百一十元外，老太太每月有零用錢，開始是每月五元，後來逐步增加到十五元、二十元。還每月訂閱《世界日報》，並不定時訂閱《順天報》，前者是成舍我於一九二五年在北京創辦的，後者是日本人在北京創辦的中文報紙。可見，每天讀報也是老太太的一個習慣。從家用賬上所記的銀錢來往看，這個家來往的客人不多，一般是魯迅原來的朋友和學生，如送許壽裳的內兄沈仁山禮十餘元，送吳曙天婚禮禮金一元等，但隨著魯迅離開北京時間長了，這方面的來往在賬本中也就很少見了。兩位女主人來往較多的主要還是周、朱兩家的親戚，如周家親戚阮和孫、車耕南，朱安的兄弟朱可民（即朱可銘）等。

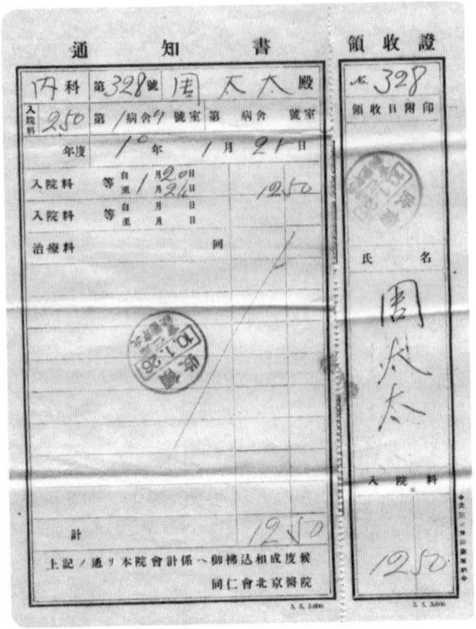

朱安保存的藥費單據。

家用賬上有關於朱安的個人支出，主要有這麼三項：其一是每月的零用錢，先是五元，後來增加到十元。其二是藥費開支，這期間朱安身體基本健康，沒有什麼大病，僅在一九二七年五月、十月有大太太在山本醫院看病的記錄，以及她購買保腎丸、仁丹、瀉藥的一些費用記載。其三是與朱可銘的來往，朱可銘這時經濟拮据，曾於一九二七年和一九二九年兩次向西三條借款，分別為四十元和五十元，賬本中也有他分兩次還款共計四十元的記錄。一九二八年十一月二十二日，收入要目中記載，收到朱可民給大太太的禮金十元，這在當時是一份大禮，賬本中沒有寫明是什麼禮，有研究者認爲這是朱安五十壽誕的賀禮。從賬本上所反映的朱安的生活來看，她的生活是平靜的，除與娘家人的往來，一般沒有特別的開銷。

第三階段的家用賬，時間跨度爲五年零十個月。俞芳曾說到這個家的開支情況：「大先生除供應大師母的全部生活費外，每月還給她零用錢十元。一九三二年十一月後，因爲大師母的身體常覺不適，要加強些營養，零用錢每月加到十五元（太師母的零用錢每月二十元，沒有加過）。此外京寓家用錢每月一百元，全由大師母當家開支。賬目一度（一九三〇年至一九三五年六月）由我登記，我每星期代她記一次賬。」

這一時期魯迅每月支付費用從一百五十元改爲一百元，可能因爲許羨蘇離開了西三條寓所，家中僅婆媳二人的緣故。從賬本看，最初是從郵局提取匯款，自一九三二年七月起基本上由北新書局支付魯迅版稅作爲北京寓所的家用。從每月的收入和支出看，這一百元基本夠用，但也不像過去那麼富裕，因爲此時魯老太太年紀也大了，醫藥費、女工費就是一筆不小的開銷。

魯迅一人負擔兩處家庭，其爲難之處也不少，偶爾也會發點牢騷。如一九三三年七月致母親的信裡寫道：「前一信也收到了。家中既可沒有問題，甚好，其實以現在生活之

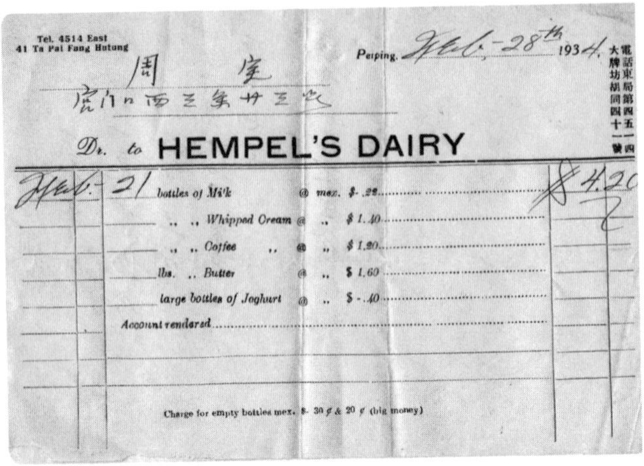
Tel. 4514 East
41 Ta Pai Fang Hutung
Peiping, Feb.-28th 1934.
電話東局第四五一四
大牌坊胡同四十一號
周宅
宮門口西三条廿三号
Dr. to HEMPEL'S DAIRY
Feb.-21 bottles of Milk @ mex. $-.22 ... $4.20
.. .. Whipped Cream @ .. $1.40
.. .. Coffee .. @ .. $1.20
lbs. .. Butter @ .. $1.60
large bottles of Joghurt @ .. $-.40
Account rendered
Charge for empty bottles mex. $-.30 ¢ & 20 ¢ (big money)

乳品店收據，1934年。

艱難，家中歷來之生活法，也還要算是中上，倘還不能相諒，大驚小怪，那眞是使人爲難了。現既特雇一人，專門伏侍[1]，就這樣試試再看罷。男一切如常，但因平日多講話，毫不客氣，所以懷恨者頗多，現在不大走出外面去，只在寓裡看看書，但也仍做文章，因爲這是吃飯所必需，無法停止也，然而因此又會遇到危險，眞是無法可想。」[2]在一九三四年八月十二日給母親的信中又提到：「老三是好的，但他公司裡的辦公時間太長，所以頗吃力。所得的薪水，好像每月也被八道灣逼去一大半，而上海物價，每月只是貴起來，因此生活也頗窘的。不過這些事他決不肯對別人說，只有他自己知道。男現只每星期六請他

1 服侍。
2 一九三三年七月十一日魯迅致母親信，《魯迅全集》第十二卷，第四百一十八頁。

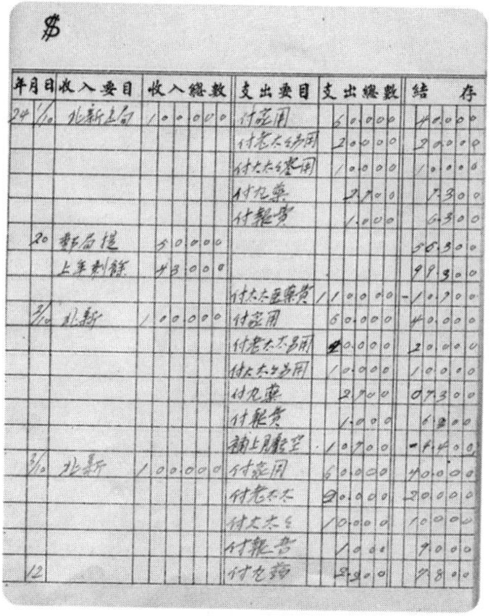

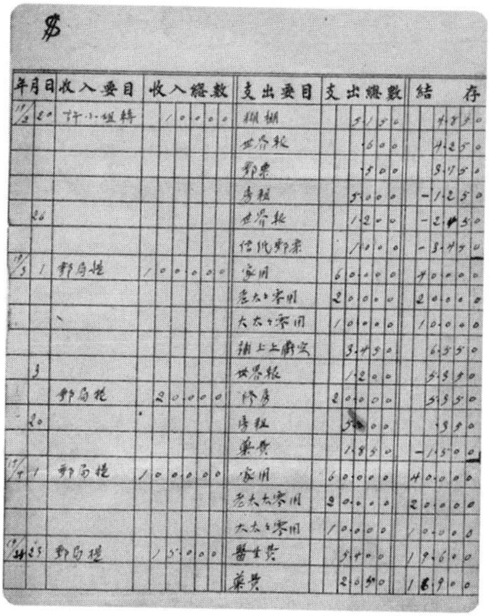

俞芳所記1930年家用賬。

吃飯並代付兩個孩子的學費，此外什麼都不幫，因爲橫豎他去獻給八道灣，何苦來呢？八道灣是永遠填不滿的。」[1]周建人經濟不寬裕，八道灣周作人的家累也很重，因此，有時本該三兄弟分攤的費用，魯迅一個人就負擔了，還勸母親不要去問八道灣要錢了，「省得淘氣」。作爲大家庭的長子，魯迅的家庭責任感是很重的。

可以說，最後十年，魯迅與朱安就是以這「家用賬」維持著彼此的關係。生活在北京

1 一九三四年八月十二日魯迅致母親信，《魯迅全集》第十三卷，第一百九十六頁。

的朱安，從魯迅每月按時提供生活費這一點，感覺到自己沒有被徹底捨棄，證明她對大先生的看法沒有錯——至少，大先生會維持她的生活。

本書最後附錄了魯迅親自記錄的家用賬（見附錄二），時間從農曆癸亥年六月廿日至乙丑年十二月廿九日（即西曆一九二三年八月二日至一九二六年二月十一日）。原件共三冊，三十五頁，原色竹紙，開本爲十三乘十六點五公分；是用自製的紙繩裝釘的，每冊封面上均寫有「家用賬」三字，並書明該冊年份。[1]

〈家用賬〉一開始就有這樣的記載：「民國十二年舊曆六月二十日遷居磚塔胡同六十一號」。自遷居到磚塔胡同後，魯迅開始親自記賬，直到他離開北京。在〈家用賬〉甲子六月初四日後，記有「以下失記」。這是西曆的一九二四年七月五日，此時魯迅正作赴西安講學的準備，於七月七日離京赴西安，直到八月十一日才返京。農曆八月初一（即西曆八月三十日）又開始記他的家用賬。

魯迅親自記錄的這本家用賬雖不像他的小說、雜文那樣生動，但是，透過柴米油鹽，透露出他們夫婦生活的豐富資訊，從這枯燥瑣碎的賬目中，或許更能體會無愛婚姻的痛苦和悲哀。

1 葉淑穗〈關於魯迅的家用賬〉，《魯迅研究資料》第二十二期，中國文聯出版公司一九八九年版。

家用賬統計（1926年9月至1935年12月）

<table>
<tr><th>年份</th><th>本年收到款（元）</th><th>本年支出款（元）</th><th>月均收入（元）</th><th>月均支出（元）</th><th>紀錄者</th><th>支出要目</th></tr>
<tr><td>1926年9至12月</td><td>887</td><td>724</td><td>222</td><td>181</td><td rowspan="4">許羨蘇結餘款：1066.510</td><td rowspan="11">A.1926年9月至1929年十月：每月固定家用110元及其他零用項。
B.自1929年12月開始：每月固定家用60元，老太太零用20元、大太太零用10元及其他零用項。</td></tr>
<tr><td>1927</td><td>2112</td><td>1639</td><td>176</td><td>137</td></tr>
<tr><td>1928</td><td>1884</td><td>1588</td><td>157</td><td>132</td></tr>
<tr><td>1929至1930年2月</td><td>1906</td><td>2182</td><td>159</td><td>182</td></tr>
<tr><td>1930年2至12月</td><td>1200</td><td>1182</td><td>109</td><td>107</td><td rowspan="7">俞芳（至1935年8月開始字跡不同，係另一人所記）</td></tr>
<tr><td>1931</td><td>1200</td><td>1200</td><td>100</td><td>100</td></tr>
<tr><td>1932</td><td>1430</td><td>1350</td><td>119</td><td>112</td></tr>
<tr><td>1933</td><td>1300</td><td>1300</td><td>108</td><td>108</td></tr>
<tr><td>1934</td><td>1200</td><td>1177</td><td>100</td><td>98</td></tr>
<tr><td>1935</td><td>1300</td><td>1330</td><td>108</td><td>110</td></tr>
<tr><td>合計</td><td>14419</td><td>13672</td><td></td><td></td></tr>
<tr><td colspan="7">備註：精確到元</td></tr>
</table>

書信——與上海的距離

日本學者增田涉[1]在他的回憶錄《魯迅的印象》中寫道：

聽說，魯迅最初的夫人，在北京和他的母親同住。因此，他每月都向北京寄送生活費。關於那位最初的夫人，他說過：「因為是母親娶來的，所以送給母親了。」我開玩笑說：「凱撒的東西還給凱撒。」他好像說「對呀」，點點頭笑了。[2]

增田涉一九三一年三月到上海，由內山完造介紹認識了魯迅。從三月至十二月，魯迅每天下午抽出三、四個小時向他講解《中國小說史略》及自己的其他作品。大概就是這一

1 增田涉（一九〇三—一九七七），日本漢學家。一九二九年在東京帝國大學文學部中國文學科畢業。一九三一年三月到上海，由內山完造介紹認識魯迅。歸國後，他將《中國小說史略》譯成日文出版，並寫作出版回憶錄《魯迅的印象》。

2 增田涉《魯迅的印象》，第五十六頁，湖南人民出版社一九八〇年版。

時期，他們有了這樣的對話。

魯迅在閒談中告訴增田涉，當他被北京段祺瑞政府通緝，在公使館區的醫院等地方忍著饑渴逃來逃去的時候，偶然也回到家裡，家裡人感到爲難，叫他不要回家。這讓增田涉產生一種想法，認爲「那恐怕就是他決心捨掉家，進而決心捨掉妻子的緣故吧。」「被通緝的人就是政治犯（？），相信『自己是正確的』魯迅，卻不容於自己的家人，在家裡也像被追捕那樣不能不離開，那時候家人對他的態度，不是對他的決心起著作用嗎？……總之，當時我只能那樣想。因而我解釋他捨棄最初的夫人，或者『捨棄也好』的心情是從此時產生的。」

姑不論增田涉的感覺是否準確，總之，藉著愛的力量，魯迅終於逃逸了，獲救了，他終於掙脫了舊式婚姻的羈絆，把母親的禮物還給了母親。從他和日本友人的談話中可以感覺到，他的語調是明快的，他的心情有說不出的輕鬆。一九三二年底他編成了《兩地書》，裡面收集了他和許廣平自一九二五年至一九二九年間的往來書信，並在序言裡寫道：「回想六、七年來，環繞我們的風波也可謂不少了，在不斷的掙扎中，相助的也有，下石的也有，笑罵誣衊的也有，但我們緊咬了牙關，卻也已經掙扎著生活了六七年。其間，含沙射影者都逐漸自己沒入更黑暗的處所去了，而好意的朋友也已有兩個不在人間，就是漱園和柔石。我們以這一本書爲自己紀念，並以感謝好意的朋友，並且留贈我們的孩子，給將來知道我們所經歷的眞相，其實大致是如此的。」

《兩地書》中的書信誠如他所言，「其中既沒有死呀活呀的熱情，也沒有花呀月呀的佳句」，但是，裡面的每一行文字都眞實地記錄著他和許廣平之間的愛情。總之，他在上海的十年，有妻子，有孩子，擁有了平凡而溫馨的家庭生活。在後期弟子們的回憶中，他的形象變得更爲飽滿，更爲生動：他不僅是戰士，作家，是他們敬仰的「先生」，同時也是一個細心體貼的丈夫，一個偶爾也會嬌寵孩子的父親，一個幽默慈祥的老頭兒……相比於朱安時期，許廣平時期的魯迅，在心態上更爲從容自由，從精神狀態到外觀形象都不可同日而語。

魯迅1933年5月1日攝於上海，他身上所穿毛衣為許廣平親手織就。

而在遙遠的北平，西三條寓所，朱安從此與婆婆相伴，默默地度著她的餘生。她一如既往地侍奉著婆婆，手腳依舊勤快，態度依舊恭敬，可是她的神情更加萎頓了。從俞芳的回憶可知，她對自己的處境是很清楚的，她知道這次自己是跌到了谷底，再也爬不起來了。她只能悵然地接受現實，至少，婆婆還是需要她照顧的，還維護著她這個周家的長媳。這一輩子也只有婆婆對她不離不棄，認她是周家的人，一直把她帶在身邊。另一方面，她也看到，婆婆晚年也忍受著同長子分居之苦，這其中很大一部分也是因爲自己吧？

對住在西三條的婆媳倆來說，一個月中最高興的是收到大先生的來信，知道他最近在忙些什麼，身體怎樣，孩子怎樣……自魯迅一九二六年離京後，十年間只有兩次北平之行，一次是一九二九年十一月，另一次是一九三二年十一月他接到母親病重的電報。兩次都是獨自一人北上，且都來去匆匆。魯迅和母親感情甚篤，可是十年間他們母子一共只有兩次短暫的團聚，平日的聯繫全靠書信來維持。這些通信的數量很可觀，平均下來，魯迅和母親之間的通信每月少則一封，多則兩三封。通過一封封書信，這一對母子交流著北京和上海的情況，也互訴著思念之情。

當然，魯老太太的信都是請人代筆的。魯迅臨行前，雖然旁邊就有老二周作人一家，但他還是對於京寓的生活做了周到的安排。宋琳[1]作爲魯迅的學生和老友，一直關照著魯迅

1 宋琳（一八八七—一九五二），原名盛琳，後改名琳，字子培或子佩、子佩，浙江紹興人，是魯迅在紹興府中學堂任教時的學生，又曾在紹興府中學堂做過同事。紹興光復後參加《越鐸日報》工作，後辦《民興日報》、《天覺報》。一九一三年到北京，由魯迅介紹入京師圖書館分館，有一段時間任北京第一監獄教誨師。一九四九年後宋琳仍然在北京圖書館工作，於一九五二年去世。

在北平的家屬，有時也會代寫書信。許羨蘇則有較長一段時期住在西三條代爲管理家中事務。許羨蘇，即魯迅日記中的「淑卿」，據日記所載，魯迅從一九二六年八月離京，到許羨蘇一九三〇年三月離京，這三年半時間，共給許羨蘇寫了一百五十五封信，許羨蘇給魯迅寫信也有百餘封。許羨蘇與魯迅的通信數量之多曾引起了一些人的猜測，感覺他們關係非同一般，其實當時魯迅與母親的通信都是由她代寫代轉的，多數是家信，有這麼多通信並不很奇怪。可惜的是，這批信件不知所蹤了。據她本人回憶，魯迅一九二九年底探親回滬後不久，適逢大名河北第五女師缺少教員，一位同學邀她同去，於是她離開了北京[1]。臨行前，她把魯迅的來信，捆成一包交給了朱氏，以備有事要查查。但這批書信沒有保存下來，一九四九年後她在整理故居的時候，在朱氏箱內，並沒找到。許羨蘇與魯迅之間的通信就這樣遺失了，她的離開，又是在魯迅一九二九年回到北京，向家人坦白了他與許廣平同居的事實之後。這使得許羨蘇與魯迅的關係多了一層神秘感，有人認爲，這批書信的下落很蹊蹺，甚至認爲「可能至今仍在世上……希望有朝一日它們終於會被公佈於世。」[2]許

1 許羨蘇去河北教書後，不久與同校教師俞沛華結婚。一九三一年去浙江蕭山、杭州教書。一九三二年初在上海小住，同年四月去成都。

2 南江秀一〈關於許羨蘇的幾點思索〉，《書城》一九九四年第十一期。

羨蘇走後，代寫書信的事，魯老太太找了俞芳來幫忙，一九三〇年三月十二日魯迅日記：「上午得俞芳信，代母親寫。」俞芳代筆替魯老太太寫信，直至一九三五年六月她離開北平，到杭州工作爲止。當然，有時俞家姐妹可能沒空，老太太也只好請其他人代筆了。

魯迅寫給母親的信，完全按照傳統格式，口氣十分恭敬，讓我們想到魯瑞出身書香門第，曾經也是一名大家閨秀。母親給魯迅的信現已不存，但據俞芳回憶，開頭稱呼是「豫才」，署名則是「母」。魯迅給母親的信，內容一般是報告自己的近況，周建人的近況，以及許廣平和海嬰母子的情況等。以下是一九三二年七月二日他寫給母親的信：

朱安和俞家二姐妹合影。

母親大人膝下敬稟者，頃接到六月二十六日來信，敬悉一切。海嬰現已全癒，且又胖起來，與生病以前相差無幾，但還在吃粥，明後天就要給他吃飯了。他很喜歡玩耍，日前給他買了一套孩子玩的木匠家生[1]，所以現在天天在敲釘，不過不久就要玩厭的。近來也常常領他到公園去，因為在家裡也實在鬧得令人心煩。附上照片一張，是我們寓所附近之處，房屋均已修好，已經看不出戰事的痕跡來，站在中間的是害馬抱著海嬰，但因為照得太小，所以看不清楚了。上海已逐漸暖熱，霍亂曾大流行，現已較少，大約從此可以消滅下去。男及害馬均安好，請勿念。老三已經回到上海，下半年去否未定，男則以為如別處有事可做，總以不去為是，因為現在的學校，幾乎沒有一個可以安穩教書吃飯也。專此布達，恭請

金安。

男樹 叩上 害馬及海嬰隨叩七月二日

他的每封信裡總不忘彙報海嬰的近況，因爲他知道母親很愛自己的孫子，很關心他的成長。當然，他也知道，「某太太」一定也會在一旁，默默地聽人家讀他的來信。除了書信外，魯迅有時也會寄去海嬰的照片，以慰藉老人家思念的心。而上海這邊也時常收到從北京寄來的土特產，如醬鴨、乾菜等，還有特意買給孫兒的衣服等。有時因爲路途遙遠，

1 家中器物的總稱。

一九三三年全家合影。

寄來的食物都霉掉了。

在上海的近十年間，魯迅從沒有給朱安寫過信。只有一回，他在信裡提到「太太來信」：「十六日函中，並附有太太來信，言可銘之第二子，在上海作事，力不能堪，且多病，擬招至京寓，一面覓事，問男意見如何。可銘之子，三人均在滬，其第三子由老三薦入印刷廠中，第二子亦曾力爲設法，但終無結果。男爲生活計，只能漂浮於外，毫無恆產，眞所謂做一日，算一日，對於自己，且不能知明日之辦法，京寓離開已久，更無從知道詳情及將來，所以此等事情，可請太太自行酌定，男並無意見，且亦無從有何主張也。以上乞轉告爲禱。」[1]

不知出於何種考慮，朱安於一九三四年五月十六日給魯迅寫信，提出欲將內侄招至京寓做養子。據朱吉人後來回憶，其實朱安想要招的養子是他，因爲那時朱積功已經去世。

1 一九三四年五月二十九日魯迅致母親信，《魯迅全集》第十三卷，第一百二十八頁。

朱安離開紹興時，朱吉人年僅七歲，姑侄感情很好，關係甚密，因此姑母希望他能去做伴。過著寂寞生活的朱安，產生這樣的想法也很自然。魯迅並沒有直接回信答覆她，只是讓母親轉達他的意見：「京寓離開已久，更無從知道詳情及將來，所以此等事情，可請太太自行酌定，男並無意見，且亦無從有何主張也。」其不贊成的態度顯而易見。

不過，無論是在北京，還是在上海期間，對於朱家人，一般而言，魯迅都是以禮相待，能幫則幫的。也許，這是唯一讓朱安感到安慰的地方。

朱安與周家三姐妹合影。周作人和羽太信子有女兒靜子和若子，周建人與羽太芳子育有一女鞠子。周若子於1929年11月病故，年僅15歲。此照當攝於1929年11月之前。

一九一四年，朱安的遠房兄弟朱舜丞來到北京，魯迅就熱心接待了他。對朱舜丞的情况，我們所知甚少，估計一九一四年他在北京求學或因事逗留，魯迅日記中有時也寫作朱舜臣。一九一四年二月七日，魯迅收到朱舜丞來函並餡兒餅一盤，此後朱舜丞曾多次拜訪魯迅，魯迅還請他吃過飯，四月十五日魯迅日記：「朱舜丞及其弟來，邀往便宜坊飯。」五月三十日，魯迅和同事吃飯，把朱舜丞也一起帶上了：「晚常毅箴招飲其寓，同席徐吉軒、齊壽山、許季上、戴蘆舲、祁柏岡、朱舜丞，九時歸邑館。」朱舜丞也和魯迅有過幾次通信，八月三十日的日記中記載：「晚得朱舜丞來函假去四元。不甚愉，似傷風，夜服金雞那小丸兩粒。」不知朱舜丞借去四元是否用作回鄉的路費？從這以後，他的日記中再也沒有提到朱舜丞的事。

一九一九年底魯迅全家遷居北京後，朱家由朱可銘出面寫信，而朱安給弟弟的回信則是由魯迅出面回覆的，故他的日記中常有「得朱可銘來信」及「寄朱可銘信」的記載。一九二〇年九月和一九二一年九月，朱可銘曾兩次到北京看望姐姐。從魯迅日記所記載的他的行蹤，有時去了「許州」，有時又在「東陽」，看來，他也跟他的父親一樣，爲了謀生而到處奔波。北京時期，魯迅日記裡有兩次匯款的記載：一次是一九二四年九月二日「寄朱可民信並泉五十。」還有一次是一九二五年十一月十三日「下午寄朱宅賀禮泉十元。」一九二五年十一月可能是朱安母親做壽，因此寄上禮金。

一九三〇年前後，朱家的境況進一步惡化。如前所述，一九三二年，朱安家的老宅已經賣掉了，只能在別處租房子住，可見此時朱可銘的境況已經很慘澹。朱可銘生有四子一女，長子朱吉人（又名朱積成、朱稷臣，一九一二—一九九五）；第二子朱積功

（一九一五—一九三三？）；第三子朱積厚，生卒年不詳；第四子朱積金（一九二三—一九九四）；女兒朱晚珍（一九三〇—）[1]。據朱吉人後來回憶，他們全家當時處境十分艱難，兄弟幾個不得不放棄學業到上海謀生。

一九二六年，朱吉人十五歲時，因家庭經濟困難停學，由母親託親友介紹準備到上海當學徒。當時，二弟在杭州浙江省立第五中學讀書，三弟在縣二小學讀書，四弟未入學，妹年幼，家庭老少八口生活困難，想求魯迅幫助，終因難以啓齒而未果。

朱吉後，即朱積厚，朱可銘的第三子。此照為朱安遺物。

一九三一年，朱可銘在紹病故。朱吉人學徒還沒滿師，二弟學費發生困難，於是通過姑母朱安，請周建人（當時在上海商務印書館工作）幫助解決二弟學費直至中學畢業。

一九三二年，祖母中風去世。同年滿師後，工資收入難以維持家計，只得央求華洋襪

1 據楊志華〈關於朱可銘及朱氏兄弟〉《魯迅研究動態》第七十九期（一九八八年十一月）。

廠老闆照顧二弟朱積功到上海，在廠內棲身謀職，並通過周建人設法，等候商務印書館招收練習生。不料，經考試落選，二弟抱病回紹，憂鬱病故。周建人後來介紹他的三弟朱積厚到民友印書社等處工作。[1]

朱可銘患病及病故後，朱家的家政就由長子朱吉人主持。朱家與周家的通信也就理所當然地由他繼續，《魯迅日記》一九三〇年九月至一九三一年六月間，魯迅與朱家的禮儀交往與經濟援助等記載有六次，都是朱吉人出面，遺憾的是，這些信件現均無保存。從魯迅日記中，可以看到他曾在朱家有困難時，多次匯款予以援助：

〔一九三〇年九月〕六日……託三弟由商務印書館匯紹興朱積成泉百。

〔一九三一年五月〕二十八日，晴。午後得朱稷臣信，言其父（可銘）於陰曆四月初十日去世。

二十九日　晴。上午由中國銀行匯朱稷臣泉一百。

〔一九三二年十二月〕二十九日……上午寄紹興泉八十。

〔一九三三年一月〕三十一日……下午寄紹興泉五十。

1 楊志華〈朱吉人與朱安及魯迅〉。

魯迅寄給朱家的錢款，大多是出於禮節性的，但也體現了一種親情。一九三一年五月，朱可銘才五十歲出頭，就因病去世了。在這前後，魯迅兩次寄到紹興一百元。一九三二年、一九三三年的匯款可能是因爲朱安母親病重及去世。對此，朱家也是很感激的，曾多次寄贈紹興的土特產，以示答謝。魯迅日記中多次記載：「朱稷臣贈魚乾一簍，筍乾及乾菜一簍，由三弟轉交。」「下午得紹興朱宅所寄贈糟雞、筍乾共一簍。」「朱可銘夫人寄贈醬鴨二隻，魚乾一尾。」

一九三六年他在病後寫下〈這也是生活……〉一文，開頭提到一個親戚的孩子：

我有一個親戚的孩子，高中畢了業，卻只好到襪廠裡去做學徒，心情已經很不快活的了，而工作又很繁重，幾乎一年到頭，並無休息。他是好高的，不肯偷懶，支持了一年多。有一天，忽然坐倒了，對他的哥哥道：「我一點力氣也沒有了。」

他從此就站不起來，送回家裡，躺著，不想飲食，不想動彈，不想言語，請了耶穌教堂的醫生來看，說是全體什麼病也沒有，然而全體都疲乏了。也沒有什麼法子治。自然，連接而來的是靜靜的死。

這個孩子就是老二朱積功，朱積功曾給魯迅寫過信，據熟悉朱家情況的陳文煥說，其實朱積功生的是肝炎。朱吉人回憶這早逝的弟弟，說他「會讀書，魯迅有學費匯寄給他，可惜年紀輕輕就得癆病死在紹興。」對這個年輕人的死，魯迅有一種惋惜。朱吉人還提到：「姑母對我們內侄很好，但有自卑感，她常囑咐我們盡量不要去找魯迅的麻煩。周建人在上海商務印書館當編輯，姑母和我有了要緊事，都是通過他同魯迅聯繫的。」因爲兩人關係不好，朱安希望娘家人不要總去打擾魯迅。而在魯迅這方面，雖然對她沒有感情，後來也不跟她生活在一起，但畢竟是一家人，朱家有什麼事情，他能出力的就盡量出力，並不袖手旁觀。

悲傷——魯迅去世

一九三六年十月十九日淩晨五時許，魯迅在上海溘然長逝，年僅五十六歲。臨終前，守護在他身邊的只有許廣平、周建人和一個日本看護婦。上海的各家報紙於當日紛紛報導了「中國文壇巨星隕落」的消息，北平西三條的家裡，也很快得知了這一噩耗。對此，周作人曾有如下回憶：

> 她雖是疼愛她的兒子，但也能夠堅忍，在什麼必要的時候。我還記得在魯迅去世的那時候，上海來電報通知我，等我去告訴她知道，我一時覺得沒有辦法，便往北平圖書館找宋子佩，先告訴了他，要他一同前去。去了覺得不好就說，就那麼經過了好些工夫，這才把要說的話說了出來，看情形沒有什麼，兩個人才放下了心。她卻說道：「我早有點料到了，你們兩個人同來，不像是尋常的事情，而且是那樣遲延儘管說些不要緊的話，愈加叫我猜著是為老大的事來的了」。[1]

1 周作人《知堂回想錄》，第五百九十六頁。

周作人接到電報後，曾躊躇再三，不知如何告訴老母親。那麼，周作人是哪一天接到電報的？魯瑞和朱安婆媳二人是什麼時候知道的？這原本不需要特別追究或考證，但有些研究者言之鑿鑿地說朱安二十二日才得知此事，還有人繪聲繪色地說是朱安先知道消息，擔心婆婆受不了過大的打擊，因此強忍悲痛，悄悄地藏匿家中的報紙云云，這恐怕有很大的想像的成分，與事實有些出入。

據十月二十日《世界日報》的報導：「記者首訪周作人於苦雨齋，經述來意後，周即戚然謂：誠然先兄逝世消息，余於今日八時許已接三弟建人電告矣。電中並囑老母年事已高，最好不使之聞悉，余接電後，因往商同鄉宋琳君（宋現任北平圖書館會計），以凶信終難隱瞞，遂託宋持電往告，老母聞此噩耗私衷之悲痛可知也。」雖然這是二十日的報紙，但一般而言，記者應當是在前一天採訪了當事人，這樣才來得及發稿。又據十月二十一日《北平晨報》：「魯迅的死，在當日由他的弟弟周建人（現任商務印書館編輯）給這裡打的電報……」這裡說的就更明確了。因此，實際情況是，周作人於十九日當天就接到了電報，並於當天找了與魯迅一家關係密切的宋子佩一同前往西三條，通報了大哥去世的消息。也就是說，婆媳二人在魯迅逝世的當天就得知了這一噩耗。根據許壽裳的回憶，他也是在十九號上午就接到了魯迅去世的電報。可見，魯迅去世的消息從上海傳到北平並不需要兩三天這麼久。

魯迅的葬禮在上海舉行，由蔡元培、宋慶齡、內山完造等組成了「魯迅先生治喪委員會」，他的遺體於去世當日下午被移送到萬國殯儀館，設立靈堂。自二十日至二十二日，各界人士前來瞻仰魯迅遺容，二十二日下午，成千上萬人組成的送葬隊伍目送他的靈柩被運送到萬國公墓，徐徐落葬。

北平方面，在西三條的家裡，自二十日起也設立了靈堂，接待前來弔唁的親朋好友。客人們看到，南屋客廳的牆上，掛著陶元慶畫的魯迅的肖像，肖像下方是一張書案，上面供著文房用具、香煙、點心等，都是魯迅生前喜愛的東西。朱安一身素服，點燃香火，在嫋嫋青煙中，祭奠丈夫的在天之靈……

魯迅的去世，對婆媳二人都是個沉重的打擊。當時在北平的魯迅的親友許壽裳、壽洙鄰、孫伏園、沈兼士、馬幼漁、曹靖華、朱自清等都曾以各種方式弔唁，

陶元慶畫的魯迅像，魯迅去世後，西三條的靈堂前供奉著這幅畫像。

或特意登門慰問兩位老人。據孫伏園回憶，二十一日他到北京，二十二日就去西三條。他看見魯迅先生的客廳裡原來掛著陶元慶先生所作的木炭畫像，似乎略移到了居中一點；在這畫像前供了一張書案，上有清茶煙捲文具等。他和三弟春苔在靈前行禮後，由周太太（即朱安）陪著到上房見周老太太（即魯迅母親），老太太自然不免悲戚，見到他，傷心地感嘆：「論壽，五十六歲也不算短了；只是我的壽太長了些；譬如我去年死了，今年不是甚麼也不知道了麼？」而朱安淒楚的神情，也深深地感動了客人們。[1]

壽洙鄰是三味書屋塾師壽鏡吾的次子，一九一四年來到北京，曾在平政院任記錄科主任兼文牘科辦事書記。魯迅去世後，他和妻子常去安慰她們。他看到，「朱夫人祭魯迅，必特具一肴，用白薯蘋切片，雞蛋和麵粉塗之加油炸熟，爲魯迅生平所嗜，因稱之爲魯迅餅云。」[2]雖然朱安不瞭解魯迅是個怎樣非凡的人，更無法瞭解魯迅的事業，但是，她用她自己的方式表達著心底的那一份情意。

宋琳的兒子宋舒也去西三條看望了太師母，看見她兩眼是紅紅的，但沒有眼淚，雖然

1 孫伏園《魯迅先生二三事》，第八頁，湖南人民出版社一九八〇年版。

2 壽洙鄰〈我也談談魯迅的故事〉，《魯迅回憶錄‧散篇》（上冊），第九頁，北京出版社一九九九年版。

北京西三條魯迅故居中的客廳兼藏書室，魯迅去世後，在這裡設立了靈堂。

心裡很難過，但還是微笑著。他們說到魯迅，她說：「大先生所以死得這樣早，都是因爲太勞苦，又好生氣，他罵人雖然罵得很厲害，但是都是人家去惹他的。他在未寫罵人的文章以前，自己已氣得死去活來，所以他實在是氣極了才罵人的。」[1]知子莫若母，魯老太太的愛子之情溢於言表。

由於魯迅的去世，平日少有客人的西三條二十一號寓所，突然訪客不斷，記者們也接踵而至。長年累月地生活在幾乎與外界隔絕的天地中的朱安，她悲戚的表情，給所有來弔唁的人留下了極深的印象，而她的名字和形象亦首次出現在了北平、南京等地的報紙上。

北平《世界日報》的記者較早得到魯迅去世的消息，於十九號當天就去八道灣採訪了周作人，之後又來到西三條，見到了朱安。次日，刊登了題爲〈周夫人述悲懷〉的報導：

1 宋舒〈魯迅的母親說「魯迅是氣極了才罵人的」〉，原載一九三六年十一月三日《民國學院院刊》第七期（北平）。

朱女士年已屆五十八歲，老態龍鍾，髮髻已結白繩，眼淚盈眶，哀痛之情流露無遺。記者略事寒暄後，朱女士即操紹興語談前兩周尚接其（即指魯迅）由滬來信，索取書籍，並謂近來身體漸趨痊復，熱度亦退，已停止注射，前四日又來信謂體氣益好，不料吾人正欣慰間，今晨突接噩耗，萬分怨痛，本人本擬即日南下奔喪，但因阿姑年逾八旬，殘年風燭，聆此消息，當更傷心，扶持之役，責無旁貸，事實上又難成行，真使人莫知所措也。記者以朱女士傷感過度，精神不佳，不敢過事長談，遂即興辭。

從這篇報導看，朱安也曾打算南下奔喪。從她的思想來說，丈夫去世，本應她這個「正室」親自出面料理喪事，可事實上又很難做到，因此她也一時覺得「莫知所措」，感到十分為難。據許廣平回憶，魯老太太雖說剛聽到噩耗的時候表現得很鎮靜，不怎麼哭，「但之後不會走路，寸步都需要扶持。」婆婆年高體弱，去上海自然是不現實的。

南京《新民報》的記者於十九日晚上來到西三條，見到了朱安，次日刊登了題為〈魯迅在平家屬訪問記〉的報導：

……記者由周作人先生那裡出來後，就跑到宮門口三條去訪問魯迅的母親周老太太和他的元配夫人，經扣門後，有三個女僕出應，並隔門問：「誰？」「找誰？」「什麼事？」記者當如問作答，她們在裡邊竊竊私語，仍然有些不大相信，本來在夜晚住在僻靜的深巷子裡，突然來個陌生的人扣門難免不使她們懷疑！

後來魯迅夫人出來，經記者再三的解釋來的意思，方行開門，由女僕執燈請記者到客廳裡坐，魯迅夫人這時候就進去稟告她的母親。客廳的陳設，很簡單，當中有方桌一，上還放著些餘剩的菜飯，裡面顯得有些零亂，靠牆的四周，放置著四個大書櫃，裡面以線裝居多，有部在外面寫著是：《金石萃編》，其餘都是帶套的線裝書，屬於那一類的不得而知。另外日文和西文也有，不過沒有線裝書多。據他的夫人說：「這些書都是大先生（即魯迅，在兄弟中他是大哥）的，他用著的時候，就來信要，由這裡給他寄去，不用的時候，他仍寄到這裡。」

在東面的牆壁上，懸著畫家陶元慶（陶思瑾的哥哥）給魯迅在北平的時候（一九二六）畫的一張炭畫像，長約二尺，寬有一尺，魯迅先生穿的西服，面貌仍然是那麼瘦瘦的，記者本來想找張魯迅先生的照片，而這張畫像又是轟動一時的已故去的畫家陶元慶的手筆，當時喜歡的了不得，但後來據他的夫人說，她預備在今天用那張畫像設靈位祭奠，因為魯迅先生得相片，只有那一張，所以記者只好打消原來的念頭。有二十分鐘的時候，魯迅夫人從北屋裡走出來，拿給記者兩張魯迅先生較近的照片。

魯迅夫人的身材很矮，她臉色很清癯，眼睛裡永是流露著極感傷的神態，上身著的是咖啡色帶白花的短夾襖，青褲，白鞋白襪紮腿，頭上挽著個小髻，也用白的頭繩束著，坐下以後，有女僕自內執一水煙袋相進，她一邊吸著，一邊就開始她的談話，她是浙江紹興人，和魯迅先生同縣。她來北平已十四年，起初在八道灣那裡住，後來才搬到這裡，她和魯迅已有四年沒有見面，不過在每個星期中，他總有信給她。關於魯迅先生的病狀，在一禮拜前曾接到他的來信，說有兩個大夫給他醫治，情形很好，胃口恢復了常態，身體也較前見胖，沒想到竟這麼快的就故去。說到這裡她的聲音變得很低，略帶些哽咽，悲愴得幾乎說不出話來。中間略微的停頓了一回，她又繼續著說，魯迅在教育部任僉事時，身體很好，從那以後，因為寫東西用心過度，就轉成一種心臟病，不想竟終於不可挽救。關於後事，她這裡還沒有什麼打算，完全由他三弟周建人在上海就近辦理，她不預備到上海去，因為她母親在這裡，今年已八十歲，處處都需人照顧，不能離開，同時去上海也沒有多大的用處。記者因為談話已有半點鐘的時間，乃起而辭別，她最後很客氣地說：「謝謝你！他死了你們還要給他傳名！」

西三條二十一號是個小四合院，北屋三間是婆媳倆起居的地方，靈堂則設在南屋的客房。魯老太太大約是過度傷心，各家記者上門，她都沒有露面。朱安和記者談了半小時，向記者講述了魯迅去世前的情況。對於是否去上海出面辦理喪事一事，她明確表示婆婆年事已高，需要自己在身旁照顧，因此她不預備到上海去……毋庸置疑，她向記者講述這些的時候，心頭定然縈繞著萬般複雜的心緒。在她請人代筆寫給周建人的信裡，寫道：「皓電遙賁，駭悉汝大兄於皓晨竟猝而長逝，一生辛苦如是作終，緬懷舊事痛不欲生，遂擬隻身南下一瞻遺容，然後相從地下而符唱隨之，訓乃名方責以大義。謂先夫雖歿，堂上健在，風燭之年賴人扶持，倘斤斤小節反致覆盆之譏。」這雖是請人代筆，但反映了她真實的心理。她知道自己應該識大體，顧大局，不能因爲自己「斤斤計較」而被旁人看魯迅的笑話。

《北平晨報》的記者「介夫」於二十日一大早跑到了西三條寓所，訪問魯迅遺屬。二十一日的《北平晨報》刊登了題爲〈中國名作家魯迅夫人訪問記〉的報導：

昨天的早晨，沒有風，秋陽照著這熙攘的街市，車馬仍像往日那樣的飛跑著，可是在這古城中，每個人的面孔都含著一種憂戚的面容在注視著報紙刊載著這種不幸的消息。當筆者走到了宮門口三條二十一號時，門前有許多的人在談論著這不幸的消息，因為過去他們不知道這偉大的作家的家就是住在這裡的啊。這院子倒並不怎麼大，三間北屋住著魯迅母親和他的元配夫人，三間南屋那就是魯迅昔日在平居住寫作的屋子，四周的書櫃裡，裝滿了線裝的書籍和些中日文的書。昨天這裡便自權作成了致祭的地方。在東邊的牆壁上，掛著一張長約二尺，寬有一尺的畫像，據說這是陶元慶於一九二六年魯迅在平時給畫的。面貌仍是那麼清瘦的，前面一個長桌上擺著祭品，屋裡充滿了肅穆的氣氛，使我沉默了有好久。魯迅的夫人面貌也是清癯得很，看年紀已有半百開外了，穿著白鞋白襪，並用白帶紮著腿，頭上挽著一個小髻，也用白繩束著。

當筆者首先致了一番慰唁之辭後，她便流露著極其傷感的神色，說道，「周先生逝世情形，已志各報。關於北平家族的方面，現在並沒有什麼意見，因為上海有許多的友好，為他辦理一切的，這裡他的母親已是八十歲了，總是需人服侍著，所以一時我也不能動身赴滬！」她是紹興人，和周先生同縣，民國二年[1]結的婚，來到北平已有十四年之久了，和魯迅有三年多沒有見面，在她談到這裡時，恰巧她的令弟知堂老人也在這裡，於是筆者為要知道一些有關魯迅先生別的事情，便向他去探詢一切。……

此外，在十一月一日的《實報半月刊》上，登載了魯迅母親與朱安的合影照及朱安守靈的單人照。以上這些報導，表達了民眾對魯迅家屬的關切，眞實地記錄了朱安的悲痛。

1 這裡報導有誤，應該是光緒三十二年（一九〇六）。

魯瑞與朱安。照片原載1936年11月1日《實報》半月刊第2卷第2期，並有說明「在平故居之魯迅老母魯氏」與「魯迅元配妻朱氏」。

記者們眼裡的朱安，是個在髮髻上紮著白頭繩的瘦小的老婦人，她一遍遍地用哽咽的語調向記者介紹魯迅去世前後的情況，對魯迅的死，流露出無限的傷感。雖然作爲舊式夫人，在過去流逝的歲月裡，她一天也沒有得到過丈夫的愛，他們之間有著無法塡補的鴻溝，但她始終留意著丈夫的情況，對他的每一封來信都記得清清楚楚。在外人面前，她也沒有吐露一絲一毫的怨言，更沒有任何的失態，體現了傳統女性「溫柔敦厚」的一面。

魯迅去世後，西三條這方面也曾希望許廣平能回到北京，一起生活。

魯迅去世這一年，許廣平三十八歲，而愛子海嬰年僅七歲。在他臨終前一個月寫的〈死〉這篇文章中，留下了一份不是遺囑的遺囑，其中有兩條，可以視爲他對於家人的叮囑，其一是「忘記我，管自己生活。」其二是

朱安守靈照。照片原載1936年11月1日《實報》半月刊第2卷第2期，並有說明「魯迅北平故居之書室現已改為靈堂矣」。

「孩子長大，倘無才能，可尋點小事情過活，萬不可去做空頭文學家或美術家。」可見，他也曾考慮過，萬一自己不在人世後，妻兒該怎麼生活。當然，他心中的妻子，是許廣平。在魯迅去世後，朱安給周建人寫去了一封信，主要內容就是希望許廣平去北京：[1]

> 三弟台覽：
>
> ……堂上垂耄，橫遭此禍，悲慟異常，抒解大難，況嫂素拙言辭，益感無措，幸車姑太太及和森表伯相繼蒞平，多方勸解，始能勉抑悲哀。然念五初七之期，又復痛哭不置，嫂進退維谷，乃思許妹及海嬰為

1　一九三六年十月朱安致周建人信，北京魯迅博物館藏。

堂上素所鍾愛，倘肯蒞平朝夕隨侍，庶可上慰慈懷，亦即下安逝者。再四思維乃挽同和森表伯商明，二弟即託我弟代陳許妹擇期整裝，早日歸來。動身有日，先行示知，嫂當掃徑相迓，決不能使稍受委曲。至若居處，擬添租東院（傳承浚之房），或西院（和森表伯所租之房），或住嫂之房，余再騰他處，至一切什物自必代備，總之許妹與余同一宗旨同一境遇，同甘共苦扶持堂上，教養遺孤，以慰在天之靈，是余肝膈之要用，特竭誠相告也。倘許妹尚有躊躇，盡請提示條件，嫂無不接受，敢請三弟為我保證。申上之事多賴代勞照管，可免嫂輩遠顧之憂。特此順頌

安康

嫂字

（一九三六年十月）

朱安此信，並不是直接寫給許廣平的，而是通過周建人，希望「許妹擇期整裝，早日歸來。」她與許廣平姐妹相稱，儼然以魯迅正室自居，這反映了朱安的舊式思維。我們不知道許廣平是否有過答覆，可以想見，作爲一個現代女性，她是無論如何也不能接受這樣的安排的，更不願意把自己納入這樣一個舊家庭的格局。對自己和魯迅的關係，許廣平曾有這樣的表白：「我們以爲兩性生活，是除了當事人之外，沒有任何方面可以束縛，而彼

此間在情投意合，以同志一樣相待，相親相敬，互相信任，就不必要有任何的俗套。我們不是一切的舊禮教都要打破嗎？所以，假使彼此間某一方面不滿意，絕不需要爭吵，也用不著法律解決，我自己是準備著始終能自立謀生的，如果遇到沒有同住在一起的必要，那麼馬上各走各的路……」[1]

對許廣平而言，她當初和魯迅同居是出於愛情，是超越了所謂名分的。在魯迅去世後，她全力奔走於魯迅全集的編輯和出版，以弘揚先生的作品和思想作爲自己後半生的事業。通過周建人，她向魯迅的母親傾訴了自己對將來的打算，委婉地陳述了不能北上的理由。同時爲了出版魯迅全集，她請求把魯迅全集的出版權委託給自己。對此，魯老太太出面答覆如下：[2]

廣平媳鑒：

昨接喬峰信，知你以我為念，我想你隨豫才不過十年，勤苦持家，今一病不起，白髮

1 許廣平〈魯迅年譜的經過〉，《許廣平文集》第二卷，第三百八十二頁。原載一九四〇年九月十六日《宇宙風》（正刊）二卷九期。

2 一九三六年十一月三日魯瑞致許廣平信，《魯迅研究資料》第十六輯，第三至四頁，天津人民出版社一九八七年版。

老母，及黃口嬰兒，皆累及於你，我想起來很可憐你，也很感謝你呢。從前有豫才通訊，原不必你再寫信。你們母子的生活狀況，我極紀念，而且也想深知一切。海嬰年幼，不能執筆，我惟有盼你時常來信，有什麼苦楚，盡量地告訴我，我總能體諒你的。你明春能與海嬰同來一敘家庭之樂，實獲我心，最好不過的了，將來打算寄住何處，你可預先來信，我為預。你向來做事很有分寸的，你如何主張，我無不同意的，至於豫才的版稅，我向不經意，宋先生許先生他們來說，我都叫他與你及蔡子民先生商量的辦，惟你如果一時拿不定主意，或者與喬峰商量，不必顧慮。總之，以後我與你既係婆媳，兩不客氣，但願你們身體健康，生活安定，以慰豫才在天之靈。此間親友們都說豫才的兒子錯不了的，不過以後全仗你善為教養成人了。我想你現在的景況雖苦，覺得可憐，只要海嬰一長大成人，你就是我周家的功臣，也與我一樣地做老太太。你因佩服豫才，從以終身，現在豫才棺蓋論定，博得各國文人推崇，你能識英雄於草昧，也不失為巾幗丈夫，已有一部分的人，很在讚揚你呢。我想死者已矣，豫才我雖想他，可憐他，是無益的了，現在我的一粒心，只有轉移到你與海嬰身上了，我的大媳婦很明白，也很想念你與海嬰呢。人家都設許多的方法來勸我，我傷感無益，所以很虛心的接受的，現在我也希望你從遠大處著眼，不要過於悲傷，時常通個信，你安慰安慰我，我也解勸解勸你，好在你也一向知道我的，我也就不客氣，不多說了。

母字

（一九三六年十一月三日）

在宋子佩、許壽裳兩位魯迅生前好友的斡旋下，魯老太太同意將魯迅全集的版權授予許廣平，對許廣平收集整理魯迅作品的計畫表示了極大的支持。此後，許廣平代替魯迅，始終與母親保持通信，時時問候。一九三七年七月，朱安就出版魯迅全集的事情，第一次給許廣平寫了信，此信也是一封委託書：[1]

景宋女士：

聞 先夫魯迅遺集全部歸商務書館出版，姊甚贊成，所有一切進行以及訂約等事宜即請女士就近與該書館直接全權辦理為要。女士回平如有定期祈先示知以免老太太懸念。其餘一切統俟面談。此頌

時祺。並祝嬰兒健康。

姊朱氏斂衽

七月二日（一九三七年，原信送商務）

1 一九三七年七月二日朱安致許廣平信，《魯迅研究資料》第十六輯，第二十二頁。

代筆書寫這封委託書的是宋琳，他還給許廣平附了一信，其中說：「大先生遺集出版有日，不勝欣喜之至。大師母處已與說明，茲按照她的意思代寫委託書一封附上，即請檢核，此事自當由先生全權辦理。大師母亦甚明白，外間自無從造謠也。」[1]

信中的「大師母」指朱安，可見朱安對於出版魯迅全集的積極態度。在這封信裡，朱安仍希望許廣平帶著孩子早日回到北平。然而，就在這之後的第五天，「七七」事變爆發，不久，日本人的鐵蹄佔領了北平，正如老舍在《四世同堂》中所寫：「天很熱，而全國的人心都涼了，北平陷落！」時局動盪，兩位老人的日子更艱難了。在悲傷的後面，還有著更大的悲傷。

1 一九三七年七月二日宋琳致許廣平信，《魯迅研究資料》第十六輯，第二十三頁。

苦境——西三條的女主人

「娘娘」的遺囑

魯迅去世後，朱安與婆婆二人相依爲命，她們的生活來源，主要是許廣平寄來的魯迅著作的版稅，以及之前攢下的積蓄。對於許廣平的一片孝心，魯瑞也常在信中表示欣慰：「寄來的錢收到了，當我接到這筆錢的時候，同時感到不安，爲了想像到，你籌措時的困難，仍也感到娛快，因爲我有這樣的兒媳……」[1]然而，時局險惡，北平在淪陷一年後，物價日漲，百姓日子十分艱難，西三條的積蓄已經用盡，兩個老人的生活陷入了窘境：「此間現尚安靜，惟物價日漲，米煤幾漲一倍。」[2]「平寓用費因現在百物奇貴，米煤蔬菜均較前漲兩三倍。縱極力節省，每月約非八十元不可。」[3]所幸有許多與魯迅生前交誼深厚的人

1 一九三七年十一月五日魯瑞致許廣平信，《魯迅研究資料》第十六輯，第三十頁。

2 一九三八年七月七日魯瑞致許廣平信，《魯迅研究資料》第十六輯，第四十五頁。

3 一九三八年十一月八日魯瑞致許廣平信，《魯迅研究資料》第十六輯，第四十六頁。

士，他們盡個人的能力關心著他的遺屬。特別是李霽野[1]，從現存的他寫給許廣平的信裡，可以看出他是一片古道熱腸，為魯迅遺屬做了不少事。一九三七年十一月他還在天津，得到許廣平的信後，立即想法向曹靖華借了百元，託在北京的常維鈞轉送給魯迅在北平的家屬。一九三八年秋李霽野應聘到輔仁大學教課，見許廣平一個人負擔一家生計很不容易，他建議她跟周作人商量共同分擔費用：

九月五日信早到，宮門口多天前也和常維鈞兄去過，老太太們精神甚佳，不過經濟方面，二先生僅於今年送過十五元零用。他們夫婦也間月輪流去一次，坐坐而已，小孩們是不上門的。據云用款至多是支到陽曆年底。二先生到處借錢，據說也是實情。他現每月孔德領百至百五十元，燕京八十，基金會譯書他自言已不做，傳說（北京偽）教育部每月二百元（但此尚待調查，有人說沒有）。豐一在孔德和燕京教書，得薪當也在百元以上。等他自動負責恐怕無望，老太太也不肯找他去，你若寫信可言你在滬無法顧及（已寄之款也可說），並云聽說近即無法（不必說我傳），請他酌力按月擔負多少，看覆信如何，再

1 李霽野（一九〇七—一九九七），安徽霍邱人。一九二四年冬結識魯迅，為未名社成員。曾編輯《莽原》週刊，翻譯作品有《簡愛》等。早年在創作、生活等方面得到過魯迅的幫助。

商其他辦法。我想累得你精疲力竭，還不如有話早說，商出一永久辦法為妥也。[1]

許廣平聽從李霽野的建議，給周作人寫去了信[2]。在魯迅去世後，魯老太太對周作人說：「老二，以後我全要靠你了。」而周作人說出的卻是：「我苦哉，我苦哉。」老太太當時心裡不太高興，覺得「老二不會說話。」其實，周作人說「我苦哉」，也未嘗不是一句大實話。魯迅在世時，母親的生活費幾乎由大哥承擔，周作人只給點零用錢。魯迅一死，周作人就不能再這麼輕鬆瀟灑了，至少對老母親的生活總不能袖手旁觀。

周作人並沒有回覆許廣平的信，不過，從以下這封信可知，周作人明確了從此分擔西三條一部分費用的態度，魯老太太在給許廣平的信裡寫道：

景宋賢媳鑒：

日前寄一信，想可收到。李、常二先生秋節來寓談及出書情形，予亦為之焦急。現在

1 一九三八年九月二十三日李霽野致許廣平信，《李霽野文集》第九卷，第十三頁，百花文藝出版社二〇〇四年版。

2 見《許廣平文集》第三卷，第三百二十六至三百二十七頁。

時勢如此，百物奇貴，滬寓自不易維持，八道灣老二亦深悉此中困難情形，已說明嗣後平寓在予一部分日常費用由伊自願負擔管理。惟老大名下平滬共計三人休戚相關終須一體。賢媳高明當不使予稍有顧慮也。予身體尚好，市面也安靜，可勿念。海嬰近來如何？便希告予，以免惦念。此白。

母字

十月十七日（一九三八年）

信中的李、常二先生即李霽野和常惠，他們向魯老太太講述了上海方面的情況。當時，生活在「孤島」上海的許廣平，也是捉襟見肘，戰亂時期，書業蕭條，魯迅著作的版稅往往延誤，且北平和上海之間的匯兌費大增，匯寄也很困難。經過協商，自一九三九年一月起，許廣平每月負擔朱安費用四十至五十元，由於上海與北平匯兌十分艱難，許廣平委託李霽野設法按月按需給西

晚年魯瑞。

三條送上生活費，許再將款項集中託人捎帶或設法匯寄給李霽野。這筆錢加上周作人每月負擔五十元，兩個老人勉強度日。這一時期，在北平的沈兼士、李霽野等均關心著兩位老人的生活，曾登門去探望，送上錢款：

昨天去西三條，老太太有點兒頭疼的小病，並不甚要緊。一月的用度，二先生送去五十元，或者只養母親，或者以為二人可夠，不甚了然。兼士先生給十五元，我一共先送上去四十元去，本月當無問題。以後我們當再逐月設法，你先不必操這份心。師母囑寫信給你說明寓中情形，你可去信說暫無法，並說已託我這樣做，不必客氣。還有一位齊先生境況很好，兼士先生說想去找他。這以後，我想就先這樣維持著。紀念金也由輔仁一個學生收到三十元，是兼士先生交給他募的，現在先存在這裡，以後也可借用。[1]

在李霽野的這封信裡還談到周作人遭槍擊一事：「二先生元旦遇險，死一車夫，重傷一個去訪的朋友（沈啓無），他自己腹部打破一個扣子，僅皮膚上受點兒輕傷。刺他的原因不明。」緊接著三月十四日的信中寫道「二先生『爲老幼』，聞已遙領北大圖主任薪，

1　一九三九年一月六日李霽野致許廣平信，《李霽野文集》第九卷，第十六頁。

想來五十元該不好意思停送，所以現下的錢已經夠維持多時的了。」此時的周作人已經下水[1]。

在日本兵的鐵蹄下，北平老百姓的生活日益艱難。眼看物價一天天飛漲，一向樂觀的魯老太太，也在信中感嘆：「時事艱難可怕的很呀！」有時碰到臨時開銷，免不了還要問李霽野臨時借一點：「大太太昨至李先生處借來大洋伍拾圓，想彼亦另有信通知。」[2]「李先生上月得一子，大太太買了五元錢禮物親自送去。李先生節前亦有禮物送來，實不敢當。」[3]爲了籌錢，朱安也顧不得一雙小腳，到處奔波了。

一九四〇年初魯老太太曾寫信給許壽裳訴說當時的困境：「值茲米麵價格較平時貴至十倍，其他百物亦漲至五六倍以上，僅此區區四十元如何分配。若無救濟辦法，實有斷炊之虞。豫才夫人侍我二十餘年，老婦目睹困苦能不慘然？」[4]這一時期，平滬雙方都很困難，也產生了一些誤解，許壽裳、李霽野等都很體諒許廣平的難處，指出「自周先生一人

1 指周作人此時在汪偽政府任職，抗戰勝利後也因此事被以漢奸罪名起訴。
2 一九三九年二月二日魯瑞致許廣平信，《魯迅研究資料》第十六輯，第五十頁。
3 一九三九年六月二十六日魯瑞致許廣平信，《魯迅研究資料》第十六輯，第五十六頁。
4 一九四〇年三月九日魯瑞致許壽裳信，北京魯迅博物館藏。

北京西三條魯迅故居陳列的魯瑞房間。（作者攝於2007年3月）

去世，專賴弟一人料理身後，撫育遺孤，又使譯著及全集分別出版……」[1]。李霽野在四月七日致許廣平的信中則寫道：「這方生活費的增長也確是事實，據大師母說，太師母的五十元須留下二十作自己零用，三十爲生活費，而一個傭人的工食即要占去大半，又不能處處計較，想吃的東西總要買，有時頗貴，而買來也未必吃，這是她常覺爲難的。因爲以前家庭的糾紛，太師母的個性也很梗強，所以向八道灣開口也不肯。既疑滬方或有存款，又有實際的困難，所以惡意的挑撥是容易得力的。我們看透這點，也就不必太怪她們，或傷心自苦了。所以關於這一點，望力制自己的憂傷，並爲海嬰多多珍重。」從李霽野此信中可知，此時西三條生活費爲七十元，又用了兩

1 一九四〇年四月九日許壽裳致許廣平信，《魯迅研究資料》第十六輯，第六十三頁。

個女僕，自然難言寬裕，但八道灣也偶爾為母親送來米和煤。

李霽野信中有這樣的話：「對於亡師和太師母，我們這樣做過都可以安心了。如誤會依然，我們也只有嘆惋，為亡師『盡義務』罷了，這樣到無可為力為止。」自魯迅去世後，李霽野作為轉款人，確實盡了不少力。一九四一年十二月太平洋戰爭爆發，日本憲兵到處搜查，常維鈞於一九四二年被捕，輔仁教師也有一些被捕的。一九四三年一月李霽野離開了北平，輾轉到了重慶。而此時的「孤島」上海，在事實上也落入了日軍的控制中，許多文化界進步人士被日本憲兵隊逮捕，許廣平也在十二月十五日被拘留，在獄中關了兩三個月，關於這段經歷，在她的回憶錄《遭難前後》中有詳細的記述。由於許廣平的被捕，我們現在所見到的魯瑞與許廣平的通信，最後一封的日期是一九四一年九月三十日，從這以後，雙方的聯繫就中斷了。

在艱難的世道中，魯瑞度過了一個憂心忡忡的晚年。她痛失了長子，惦記著遠在上海的老三周建人，惦記著在上海的兒媳和孫兒，也目睹周作人拖著沉重的家累，一步步陷入泥淖中而無可奈何。一九四三年四月二十二日，她帶著內心的憂患離開了人世，享年八十七歲。在周作人晚年重寫的《先母事略》中抄錄了他自己在母親臨終那一天的日記：

二十二日，晴，上午六時同信子往看母親，情形不佳，十一時回家。下午二時又往看母親，漸近彌留，至五時半遂永眠矣。十八日見面時，重覆云，這回永別了，不圖竟至於此，哀哉。惟今日病狀安謐，神識清明，安靜入滅，差可慰耳。九時回來。[1]

魯瑞去世前，叮囑周作人，要他把每月給自己的零花錢，在她死後繼續付給終身服侍她的賢媳，並囑咐朱安一定要收下，說這是屬於她的錢，與別人無關。據周作人日記，她的靈柩先是停在嘉興寺，第二年六月十九日下葬於西郊板井村墓地。朱安為婆婆送了終，自此，西三條只剩下她一個孤單的身影，彷彿一葉孤舟，飄蕩在無依無靠的人世間。

出售魯迅藏書事件

自母親去世後，當時已經附逆的周作人負擔著長嫂的部分費用，最初是每月一百元，隨著物價的上升而漲到一百五十元、兩百元。對於收周作人的這筆錢，朱安的內心並不情願，而這筆錢也很難維持起碼的生活，她的生活貧困至極。因此，她聽從了周作人的建

1 周作人《知堂回想錄》，第五百九十七至五百九十八頁。

議，決定出售魯迅的藏書。周作人令北京圖書館開列了藏書目錄，準備委託來薰閣出售[1]。一九四四年八月二十五日的《新中國報》刊登了這一消息，許廣平聞悉，憂心如焚，立即給久未通音信的朱安寫了信，加以勸止：[2]

朱女士：

日前看到報紙，登載「魯迅先生在平家屬擬將其藏書出售，且有攜帶目錄，向人接洽」的消息。此事究竟詳細情形如何，料想起來，如果確實，一定是因為你生活困難，不得已才如此做。魯迅先生生前努力教育文化工作，他死了之後，中外人士都可惜他，紀念他，所以他在上海留下來的書籍、衣服、什物，我總極力保存，不願有些微損失。我想你也一定贊成這意思。至於你的生活，魯迅先生死後六、七年間，我已經照他生前一樣設法維持，從沒有一天間斷。直至前年（卅一年）春天之後，我因為自己生了一場大病，後來又匯兌不便，商店、銀行、郵局都不能匯款，熟託的朋友又不在平，因此一時斷了接濟。

1 可參見王錫榮〈周作人覬覦魯迅的藏書？〉，《周作人生平疑案》第兩百六十一至兩百七十四頁，廣西師範大學出版社二〇〇五年版。

2 一九四四年八月三十一日許廣平致朱安信，《魯迅研究資料》第十六輯，第七十一至七十二頁。

但是並未忘記你，時常向三先生打聽。後來說收到你信，知道你近況。我自己並託三先生到處設法匯款，也做不到，這真是沒奈何的事。魯迅先生直系親屬沒有幾人，你年紀又那麼大了，我還比較年輕，可以多挨些苦。我願意自己更苦些，盡可能辦到的照顧你，一定設盡方法籌款匯寄。你一個月最省要多少錢才能維持呢？請實在告訴我。雖則我這裡生活負擔比你重得多：你只自己，我們是二人；你住的是自己房子，我們要租賃；你旁邊有作人二叔，他有地位，有財力，也比我們旁邊建人三叔清貧自顧不暇好得多。作人二叔以前我接濟不及時，他肯接濟了。現在我想也可以請求他先借助一下，以後我們再設法籌還。我也已經去信給他了，就望你千萬不要賣書，好好保存他的東西，給大家做個紀念，也是我們對魯迅先生死後應盡的責任。請你收到此信，快快回音，詳細告訴我你的意見和生活最低限度所需，我要盡我最大的力量照料你，請你相信我的誠意。海嬰今年算是十五歲了，人很誠實忠厚，時常問起你。只要交通再便利些，我們總想來看望你的。其實想北上的心是總有的，魯迅先生生前不用說了，死了不久，母親八十歲做壽，我們都預備好了，臨時因海嬰生病了取消。去年母親逝世，自然也應當去，就因事出意外，馬上籌不出旅費，所以沒有成行。總之，你一個人的孤寂，我們時常想到的。望你好好自己保重，趕快回我一音。即候

近好

許廣平

八月三十一日（一九四四年）

同時，許廣平委託律師在同年九月十日的《申報》上發表聲明：「按魯迅先生終身從事文化事業，死後舉國哀悼，故其一切遺物，應由我全體家屬妥爲保存，以備國人紀念。況就法律言，遺產在未分割前爲公同共有物，不得單獨處分，否則不能生效，律有明文規定。如魯迅先生在平家屬確有私擅出售遺產事實，廣平等決不承認。」

聽聞朱安打算出售魯迅藏書的消息，住在上海的魯迅生前友好內山完造也感到自己有責任阻止此事，他給在北京的朱安寫了信，這封信看來沒有保存下來，我們只能從朱安請人代筆的回信裡，體會到內山先生的一片苦心，全信如下：[1]

內山先生：

我們雖未見過，從前聽說魯迅先生時常稱道先生的道德學問，所以在我的意識上似乎一向對於先生是很熟悉而欽佩的，現承先生不惜下教，足徵道義精神，尤為可感！我個人

1 一九四四年九月二十三日朱安致內山完造信，北京魯迅博物館藏。

的身世狀況，本來不值得一談，但為尋求殘年養生活命之計，又不能不率直而摘要地向先生說一說，希望先生用最公正的友誼，來同情我的一切。

魯迅生前，我和我婆母周老太太的生活費，每月提前寄到，過年過節總是格外從豐，並且另有存儲一千餘元，以備不時之虞，我也克盡我的天職，處處節省，自魯迅逝世之後，我秉承婆婆的意思，把儲存之款分月撥作家內的家用，當時有一位許壽裳先生，來代許女士索要魯迅先生全集的出版權，擔保許女士嗣後寄回北京寓的生活費，不使缺少，同時許女士也有信來索取版權，並表示極端的好意，我自愧無能，慨然允諾，當將委託手續全部寄去以後，許女士如何辦理，迄未通告，我亦未曾問過，到廿八年冬季，因家用不足，我婆婆周老太太函商許女士，請每月酌加二十元，未能辦到，以後婆婆的花費，都由周作人先生擔任，銀錢之外，米麵煤炭，常有送來，水果糕點，應有盡有，房屋亦來修過。卅一年五月，並我每月四、五十元之另費也沒有了著落，只好典賣釵裙，黯自彌補，卅二年三月，我婆母周老太太逝世，一切喪葬費用，全由作人先生擔任，並仍每月送我一百五十元，實在可感！雖然這點錢仍是杯水車薪，但我也不便得寸進尺，計較盈絀。

生活是飛也似的高漲，我的債務也一天天的加高到四千餘元，這真使我無法周轉！

我侍候婆婆三十八年，送老歸山，我今年也已經六十六歲了，生平但求布衣暖菜飯飽，一點不敢有其他的奢望，就是到了日暮途窮的現在，我也仍舊知道名譽和信用是很可寶貴的，無奈一天一天的生活壓迫，比信用名譽更要嚴重，迫不得已，才急其所急，賣書還債，維持生命，倘有一籌可展，自然是求之不得，又何苦出這種下策呢！

現在北京的生活恐怕不在上海之下，前月華北新報曾有一段記載，每人每月最低生活費用即需六百元，我又老而兼病弱，燒飯灑掃種種雜事，又不能不雇用一個女僕，因此每月最低限度也要支出在千元左右，像我這毫無收入的人，實在是「不知所措」啊！

先生如肯仗義執言，使我債務得以清理，生活不致斷絕，那時不但我感激您的心不是筆墨可以形容的，就是魯迅先生在天之靈，也要感激老朋友的愛護呢。拉雜的寫了這些話來答覆先生給我的關心，希望先生有了具體辦法以後，再給我一個答覆，感謝感謝！祝您

康健！

周朱氏

九月廿三日（一九四四年）

從此信中可體會這位毫無謀生能力的老婦人淒涼的晚景。朱安的信都是請人代筆的，有學者指出，這封信的代筆者很可能就是周作人[1]。從這封信的行文看，這個寫信的人有

1 岸陽子〈超越愛與憎——魯迅逝世後的朱安與許廣平〉。

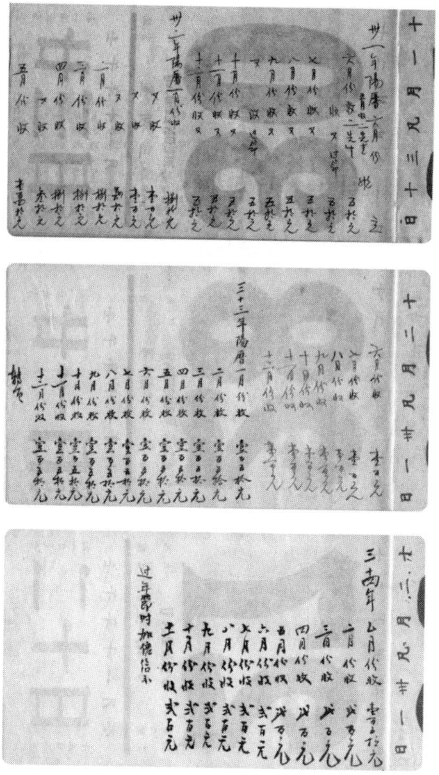

收周作人款記賬單（三頁）。

著相當的文化素養，不僅熟悉朱安的情況，而且也相當瞭解她的內心世界，瞭解朱安對許廣平的微妙的情感。信中對於魯迅與內山完造有深交這件事，瞭解得很透徹，深知內山完造是一個不可漠視的人物。此外，這封信中涉及到許廣平的部分，有一種刀筆吏含而不露的毒辣語氣，同時又在信中過於強調了周作人對她的援助。

得知魯迅藏書有可能被出售，上海文化界進步人士都很焦急，不僅由許廣平、內山完造出面寫信勸阻，該年十月，還推舉唐弢和劉哲民二人去北京解釋勸阻。這事的經過在唐弢的〈「帝城十日」解〉及〈關於周作人〉中都有較為詳細的記載。十月十日他們從上海出發，到北平後，將書信一一投送，一面請趙萬里把舊書出售的路子堵死，一面訪問了宋子佩，十月十五日由宋子佩陪同，唐弢和劉哲民一起去西三條見到了朱安：

那天宋子佩陪著哲民和我去到西三條二十一號的時候，天色已近黃昏，朱夫人和原來侍候魯老太太的女工正在用膳，見到我們，兩位老人都把手裡的碗放了下來，裡面是湯水似的稀粥，桌上碟子裡有幾塊醬蘿蔔。朱夫人身材矮小，狹長臉，裹著南方中年婦女常用的黑絲絨包頭，看去精幹。聽說我們來自上海，她的臉色立刻陰沉下來。

宋子佩說明來意，我將上海家屬和友好對藏書的意見補說幾句。她聽了一言不發。過一會，卻沖著宋子佩說：

「你們總說魯迅遺物，要保存，要保存！我也是魯迅遺物，你們也得保存保存我呀！」

說著有點激動的樣子。[1]

長期窘迫的生活，又加上對上海方面的誤會，在來客面前，朱安的情緒顯得很激動。在困頓的歲月裡，哪怕是作爲「魯迅的遺物」，她也被世人長久地遺忘了。萬千辛酸，使

---

1 唐弢〈帝城十日解：關於許廣平魯迅手跡和藏書的經過的一點補充〉，《新文學史料》一九八〇年第三期。

她發出了這悲愴的吶喊。其實，從她的內心來說，一定也不願意賣掉魯迅的藏書，她之所以同意這麼做，恐怕也存著這樣的心思——希望借此提醒人們她這個「遺物」的存在。也正因爲如此，當唐弢將日本憲兵逮捕許廣平等經過告訴她，並將海嬰的情形說了一遍，她的態度立即發生了變化。當她聽到海嬰病已痊癒，竟說：大先生就這塊肉了，爲什麼不將海嬰帶到北平，讓她看看。於是氣氛一轉，藏書出售問題也便迎刃而解了。

據唐弢說，當時兩位老人的生活費（家中還有一位女工王媽），每月爲「聯準票」（聯合準備銀行發行）九千元，幣值比南方通用的「儲備票」（汪記中央儲備銀行發行）低。那時用錢以億計，以萬計，九千元只抵探親訪友時買點水果糕點的費用。周作人照例月給寡嫂一百五十元。因魯迅生前每月寄家用一百五十元或二百元，周作人給魯老太太零用錢十五元。幣制變動，物價飛漲，後來十五元折合「聯準票」一百五十元。

當時日本人控制的華北地區通用的是聯合準備銀行發行的「聯銀券」（即唐弢所說的「聯準票」），聯合準備銀行創辦於一九三八年初，自抗戰結束，北平市民通用的貨幣就是聯銀券。據唐弢說，當時朱安和女工的生活費需「聯準票」九千元，而據九月二十三日朱安給內山完造的那封信，說「每月最低限度也要支出在千元左右」。這裡所說的「千元左右」應當也是指聯銀券。二者所說數字出入很大，顯然對不上。那麼，當時北平的生活水準究竟如何？每人每月至少需要多少元可以維持生活？

朱安在給內山完造的信中提到：「前月華北新報曾有一段記載，每人每月最低生活費用即需六百元……」一九四四年五月七日的《華北新報》上恰好有〈最貧窮的小學教員〉一文，據這篇報導，一九四三年、一九四四年，小學教師的工資仍是幾十元至一百多元不等。一個四口之家，每月買糧、買煤、租房、買水等最基本生活支出最低也需七百八十七元偽幣，而一個小學教師的工資加上津貼最多不超過兩百五十元。[1]這說明當時一般人的收入水準，少則幾十元，多也不過二、三百元，以此勉強養家糊口，這自然是不夠的，戰爭年代，大家的生活水準都大大降低。又據《華北新報》的專稿所報導的一九四四年上半年情況：薦任級官員收入（薪水及補貼等）最高的，每月六百四十元；如果是薦任科員，則只有四百餘元。委任官薪俸以一百二十元計，加上補貼每月可得兩百四十元。雇員工資以五十元計，每月可得一百九十元。[2]也就是說，一九四四年上半年收入較高的也就六百多元。

唐弢時隔多年的回憶裡說，「那時用錢以億計，以萬計，九千元只抵探親訪友時買點

---

1 郭貴儒、張同樂、封漢章《華北偽政權史稿：從「臨時政府」到「華北政務委員會」》，第三百六十頁，社會科學文獻出版社二〇〇七年版。

2 同上，第三百六十三頁所引《華北新報》專稿。

水果糕點的費用」，而周作人給長嫂的一百五十元錢還不夠他和劉哲民來回西山雇三輪車的費用，這裡面恐怕有一個時間的差異和物價的差異。據北京檔案館所藏〈北京躉[1]貨物價查報表〉，統計出一九三七至一九四五年北平市民生活必需品的物價變動情況，一九四四年十二月的物價如下（以聯銀券計）：醬油每百斤三百二十元，大頭菜每斤一點四六元，綠豆芽每斤四元，豆腐每斤一元，花生米每斤二十二元，白糖每百斤一百七十元，茶葉每百斤兩萬七千元，毛巾每條六十元，阿司匹林每片七元。根據這份表格，比起一九四三年來，物價漲了兩倍至十幾倍[2]。這漲幅自然也是驚人的，但幣值以萬計，當是在抗戰勝利後；至於幣值以億計，則當是在一九四八年國民黨政府發行金圓券後，總之不是在這個時間段。

實事求是地說，在婆婆於一九四三年去世後，最初朱安每月拿周作人一百五十元，加上出租房屋的錢，再想法借點錢，大約是可以維持起碼的生活的。當然，這生活也是很窘迫的，比起魯迅在世時差遠了。她欠下的債務有四千元，也是個不小的數字。在日僞統治北平的八年間，物價大幅上漲，特別是日本投降前一年，物價的漲幅令人咋舌。可以想

1 躉，音盹，整批的購入。
2 陳靜〈淪陷時期北平日偽的金融體系及掠奪手段〉，《抗日戰爭研究》二〇〇二年第三期。

見，到一九四四年，朱安的生活發生了很大的困難。雖然比起一九四五年物價以幾十倍至幾千倍的幅度上漲，情況還不是最糟糕，但原本就不具謀生能力的朱安，在此種形勢下，生活自然更趨於惡化，心理上也更加惶恐和脆弱。

當然，這也不僅僅是她的主觀感受，她的晚餐只有稀粥和醬蘿蔔，則她的生活水準也一目了然，無需多說了。物價不斷上漲，周作人僅僅將「零用錢」漲到兩百元，朱安也絕不開口要他加錢，這樣朱安和老女傭兩人的生活成了問題。而且周作人的接濟在她看來也是名不正言不順，當唐弢說周作人給的錢「的確太少了」，朱安的回答是：

「我不是這意思，你知道，先生生前，從來沒有要過老二一分錢。」
「一百五十元我不要。我沒有辦法，才賣書。」
「我生為周家人，死為周家鬼。娘娘（婆婆）怎麼說，我怎麼辦，決不違背！……」

仔細品味這些話，可以體會到她的心情：她想起了大先生從前對她的供養，從來都是那麼慷慨，大度，她的言語中充滿了對大先生的懷念。在魯迅生前，是絕不會要周作人一分錢的，而她卻落到要讓他施捨接濟的地步，要看別人的臉色過日子，她感到說不出的屈辱。她也有自尊，如果可以自己想辦法的話，她寧可不要這筆錢。在唐弢回上海後，接到

她的來信，信中再次申訴了她的困頓和無奈：[1]

唐先生台鑒：

……因氏近來感受生活威脅，已將衣飾變賣墊用。物價仍在狂漲，素手實難支持，務懇我公顧念先夫生前清白自持之志，垂憐未亡人困苦無依，代與許女士迅籌接濟，俾得維持殘生。氏亦非無恥不知自愛者，已將古稀之年，老而不死，毫無生活能力，尚需搖尾乞憐，清夜自思，深滋愧赧。還祈鑒諒，不勝拜禱。惟是滬上物價更高，生計亦艱，如實未能援手，亦乞見覆，以便早日為謀。蓋天寒日暮，時艱益急，勢不便坐以待斃也。特此奉商，敬頌

台綏　鵠候

惠書

周朱氏啟

（一九四五年）

1 一九四五年朱安致唐弢信，原信無具體日期，北京魯迅博物館藏。

唐弢將此信轉給了許廣平，並附信說：「所述北平情形，大致確切，惟匯兌未通，不知可否由先生或西諦先生迅函兼士先生，託為設法，根據來信語氣，似乎未曾收到款項也。」[1]當時郵路不暢，朱安翹首以盼的匯款大概還沒有到，於是請人寫了這封催款信。

一九四四年，朱安已是六十六歲的老人，年老體弱，又不幸身處亂世，想要設法變賣家產維持生計，亦是不得已。幸虧有許廣平等出面阻止，不然，魯迅的遺物就此散失，則後果不堪設想。為保存魯迅的藏書等遺物，許廣平在自己生活亦相當艱難的情況下，不斷地寄上錢款，維持她的生活。自此，朱安和許廣平的通信不斷，她的信最初是寫給海嬰的，後來也直接寫給「許女士」了。在給海嬰的信中，她多次感激許廣平的救助：「值茲上海百物高漲生活維艱之秋，還得堂上設籌接濟，我受之雖饑寒無虞而中心感愧，寔難名宣……」[2]又鼓勵海嬰「早自努力，光大門楣，為汝父增色，亦一洗我一生之恥辱也。」[3]

對此，周海嬰在《我與魯迅七十年》中寫道：「我從來沒見過朱安，所以也談不上什麼印象。不過從她與母親往來信件看，她對我還是很關愛的……我知道在她心裡，把我當作香

1　一九四五年十二月二十八日唐弢致許廣平信，北京魯迅博物館藏。
2　一九四五年十一月二十四日朱安致周海嬰信，《魯迅研究資料》第十六輯，第七十二至七十三頁。
3　一九四五年十一月二十七日朱安致周海嬰信，《魯迅研究資料》第十六輯，第七十三頁。

火繼承人一樣看待。」的確是這樣。

寧自苦，不願苟取

一九四五年八月十五日，日本宣佈無條件投降。長達八年的抗戰結束了，北平終於獲得了自由，就像老舍〈四世同堂〉裡描寫的那樣：「日本人降下了膏藥旗，換上了中國的國旗。儘管沒有遊行，沒有鳴禮炮，沒有歡呼，可是國旗給了人民安慰。」終於把侵略者趕走了，大家的心情都很舒暢，對未來充滿了希望。

這年十二月六日，周作人被國民黨政府逮捕，送至北平炮局胡同監獄。朱安在一九四六年一月三日給海嬰的信裡也提到：「二先生因漢奸名義已於上月六號被捕，至今尚未脫險，現設法營救還沒有結果，近日八道灣房子已有憲兵去住。」一九三六年魯迅去世後，八道灣房產的房契改為周作人、周建人、朱安三人的名字，周作人入獄，她擔心八道灣的房產會被抄沒，決定將自己的那一份轉到海嬰的名下：「茲抄附一干預備之議約一紙，未知對此房子將來可有應用之處，大約須俟審確定始有辦法也……」她還提到：「近來《世界日報》對於大先生後事時有登載，我聽說之後購求了十一、十二兩天報紙，如要或再剪寄，其實無甚關係，郵筒有份量限制，故未附上……」雖然她不識字，但是對於報章上有關大先生的報導卻很留意，特意購買了這兩天的報紙。

可能是由於前一段的出售魯迅藏書事件，抗戰結束後，朱安的境遇引起了不少人的同情和關注，魯迅生前好友及社會人士紛紛登門來看望她，並送上錢款。這些，她都一一在信中告知上海方面的許廣平。對於社會上的捐款，她一般都辭謝不受：「本月二十日有北平民強報館朱學郭君來家訪問，出贈大小鈔票兩紙約僞幣一千五百元，或者還須多些，因當時遜謝不收，故未看清，伊索汝父作品，京寓無存，亦已覆絕，更有同月二十三日朝鮮藝術劇團理事長徐廷弼君來贈法幣四千元，因受之無名，我亦婉謝。我想我之生活費，既由汝處籌寄，雖感竭蹶，爲顧念汝父名譽起見，故不敢隨便接收漠不相關之團體機關贈送，若爲汝父籌設圖書館等紀念事業，應該有整個計畫，具體辦法，方爲合式，故寧自苦，不願苟取，此與汝之將來前途，亦有關係也。」[1]

魯老太太生前一直訂閱的《世界日報》，在抗戰結束後對魯迅遺族的生活表示出極大的關注，在「明珠」版登出了一系列呼吁援助魯迅遺族的文章（見本書附錄三）。自一九四五年十二月十九日發表了海生的〈爲魯迅先生的遺族和藏書盡一點力吧〉開始，隨即得到署名「朽木」的回應信，以及署名「因雲」的來信，提議以「明珠」爲中心「發起

1 一九四五年十二月二十七日朱安致周海嬰信，北京魯迅博物館藏。

一捐款運動，作爲實物援助」。十二月二十九日，《世界日報》「明珠」版的編輯弓也長先生和海生先生一起，親自登門探望住在西三條的朱安。他們看到時年六十七歲的魯迅夫人，站起來的時候顫巍巍的，個子很矮，一身黑色的棉褲襖，在短棉襖上罩著藍布褂，褂外是一件黑布面的羊皮背心。頭髮已經蒼白，梳著一個小髻，面色黃黃的。他們進去的時候，正趕上朱安吃飯。一盞昏黃的電燈，讓來客看清楚桌子上的飯食：有多半個小米麵的窩頭擺在那裡，一碗白菜湯，湯裡有小手指粗的白麵做的短麵條（有人管這叫「撥魚」），另外是一碟蝦油小黃瓜，碟子邊還放著兩個同是蝦油醃的辣椒，一碟醃白菜，一碟豆腐乳。沒有肉沒有油，沒有一個老年人足夠的營養。她對來客談到交通的不便，談到物價的飛騰，說：「八年了，老百姓受得也夠了，然而現在，見到的還是不大太平！」而她的身體總不大好，常常喘，雖然血已經不吐了。看到魯迅夫人的生活如此窘迫，兩位來客的心情都很感到沉重，覺得對魯迅的遺族應當盡一點義務。

弓也長的這篇〈訪問魯迅夫人〉發表後，在社會上引起熱烈反響。許多讀者來信來稿，就魯迅遺族的生活，魯迅藏書，乃及出版全集，建立魯迅紀念館等問題發表意見，出謀劃策，還有不少熱心人士寄來錢款，《世界日報》不到一個月共收到法幣五千八百元，擬捐贈給魯迅在北平的家屬。

對於《世界日報》的熱心捐款，朱安表示，沒有上海方面的同意，她不會接受任何援助。她將登有呼吁援助魯迅遺族文章的剪報寄給許廣平，和她商量該採取的態度：「我本不看報，遂託人覓得兩紙，因特剪寄，用否把上列兩款登報鳴謝，以後再有來者，應該如何應付，望與堂上商定方針，函告照辦，我想如係汝父生前舊交人名致送者，或可接收歟，未知然否。」[1]

許廣平來信對她的這種獨善其身的處理方式表示了稱讚：[2]

朱女士：

前後給海嬰信，都已收到。你的生活為難，我們是知道的，而且只要籌得到，有方法匯寄，總想盡方法的。以前知道寄款不易，在勝利前曾託來薰閣陳先生轉上法幣兩萬元，今天又託上海銀行匯出法幣兩萬元，共四萬元。頃又託人匯去十五萬元，三批共十九萬元（籌借不易，望省用數月）。來信說，不肯隨便接收外界捐助，你能夠如此顧全大局，「寧自苦，不願苟取」，深感欽佩。我這些年來，一切生活不肯隨便，亦是如此。總之，你的生活，我當盡力設法，望自堅定。社會要救助的人很多，我們不應叫人費心。至於報

1 一九四五年十二月二十七日朱安致周海嬰信。

2 一九四六年一月十八日許廣平致朱安信，《魯迅研究資料》第十六輯，第七十七頁。

上說，有人想捐一筆款買下藏書，仿梁任公辦法，放圖書館內，我們不贊成的。大先生作品、藏書、什物送人，也不贊成。想你也不會贊成的。如果有人說及，謝絕好了。我們都好，勿念。

祝好。

許廣平

一月十八日（一九四六年）

從她們這一兩年的通信中可知，朱安對於外界的援助，大多堅決辭謝，只有少數情況下她接受了下來。一次是魯迅生前好友沈兼士送來的準備票五萬元（合法幣一萬元），因爲是與魯迅生前有交誼的，所以收下了[1]。還有一次是一九四六年春節前有人送來蔣介石的一筆饋贈：「曾於廿四日有中央黨部鄭秘書長彥棻來寓，代蔣委員長饋贈法幣十萬元，我辭不敢受，據云長官賜不敢辭，別人的可以不收，委員長的意思，一定要領受的，給我治病及貼補日用之需，即請留下，我替代謝就是了，我想鄭君言之成禮，也就接受了。」這是一九四六年二月一日朱安寫給許廣平的信，這一天是除夕日。

1 一九四五年十一月二十七日朱安致海嬰信，《魯迅研究資料》第十六輯，第七十三頁。

在魯迅去世後，許廣平將魯迅留下的一紙一字都視爲生命，她全身心地投入到整理出版魯迅全集的工作中，盡一切可能保存魯迅的遺物。朱安雖不是特別有主見，但還能夠明辨是非，願意聽從許廣平的意見。正如有學者指出的那樣：「許廣平不僅是把魯迅的文章作品、而且是把魯迅用盡畢生心血與整個舊社會進行戰鬥的所有軌跡、把魯迅的整個人生軌跡都作爲一項遺產而竭盡全力地保全著。把魯迅的一生作爲遺產繼承下來的深遠意義也許朱安並不能理解，然而，爲了維護魯迅的名譽，她也一直忍受了貧困之苦。」[1]從朱安寫給許廣平的信中，可以看出抗戰後貨幣貶値，百物奇貴，她的基本生存始終是個大問題。一九四六年八月二十二日，抗戰結束後一年，她給海嬰的信裡寫道：[2]

> 你母親七月廿日來信，我已收到了。謝謝她對我這樣費心。錢匯來時，我也有信去過，想已收到了吧！北平物價曾一度低落，最近恐怕又要漲，大米，最次的一斤要七百多元，白麵次的要六百元左右，小米三百多元，玉米麵二百多元一斤，煤球一百斤兩千六百元，劈柴一百多一斤。近來時局又不樂觀，人聽了總要難受的。事情我一個人又作不了，

---

1 岸陽子〈超越愛與憎——魯迅逝世後的朱安和許廣平〉。

2 一九四六年八月二十二日朱安致海嬰信，《魯迅研究資料》第十六輯，第八十二頁。

總要用個人，每天最少就要兩斤多糧食，別的零用還不算，我前存的一點糧食也快完了。北平近來時時大雨，房子也要修理，昨天瓦匠來看過，最低要三萬餘元，每一個大工每日工資五千元，小工三千元之多。我的腳已好啦！不過多走了路還是要痛的。咳嗽、氣喘不容易好的，三、五天總是要犯的。我現在花點錢實在難受，總要你母親這樣費心，但是總實在不經花，又總是不夠用。我記得李先生[1]每月送五拾元，還可以夠花，現在只買一個燒餅，真有點天淵之別。你同你母親有沒有最近的相片，給我寄一張來，我是很想你們的……

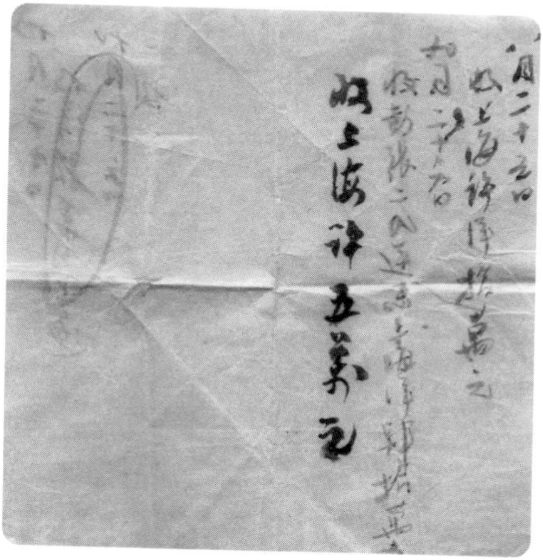

收許廣平款項記賬單。

她寫給許廣平的書信，幾乎總是在嘆息物價高昂，錢款不經用。她很想念他們母子，

1 李先生即李霽野。

要許廣平寄照片給她。在收到了照片後，她回了這樣一封信：[1]

許女士：

來信及相片都收到了。您的精神很好，可是顯得老了，也瘦了些。都是為工作過多勞累所致。海嬰也長大得多了。我看見這相片後，心裡非常高興，並祝福你們。兩次帶來的六十萬元都早已收到，作購米麵煤炭之用了。我既無力生產故應極力節省。北平日來物價尚算平和，只希望最低限度不要再漲已算萬幸，並且希望國家的內戰停止才可以慢慢的好起來。這裡天氣很好，我也很好，請你們不要惦念。別的事情下次再談。

近安

周朱氏鞠躬

十月十八日（一九四六年）

每年魯迅忌日，當社會各界舉行各種紀念儀式時，朱安也會在西三條的家裡，在靈台

1 一九四六年十月十八日朱安致許廣平信，《魯迅研究資料》第十六輯，第八十六頁。

前供上魯迅生前愛吃的食物，爲他焚香默禱，以自己的方式表達著對亡夫魯迅的懷念。在魯迅去世十周年之際，她給許廣平的信中寫道：

許女士：

前天有龐女士同一位張女士送來法幣四拾萬元，已經收到了，請你放心並謝謝您的費心。昨天是大先生的十周年紀念，這裡的親友都送了些禮，於是我留他們吃的中飯。在張、龐二位女士的口中得知你的頭髮已經白，身體還好，海嬰也大得多了。現在學校大概已經開學了吧！昨天又有幾位報館記者來訪問，我當時沒有見，據說以後還要來，這事很使我感覺到麻煩。我的身體還好，請勿惦念，別的話下次再談。祝

你們安好

周朱氏斂衽

十月一日（一九四六年）[1]

1 《魯迅研究資料》第十六輯，第八十五頁，為魯迅做十周年紀念一事，一九四六年九月二十八日彭子岡致許廣平的信中曾提到：「老太太以十周年將屆，心上很難受，她紀念陰曆，九月初五即明天將祭奠一番，言下她尚落淚。」

從以上的通信中可以看出，最初對許廣平抱著強烈戒心的朱安，現在是發自內心地信任著「許女士」，感激她寄錢維持自己的生活，凡遇到事情都找她商量，真正把她當作了可以依靠的親人。而許廣平也由衷地理解朱安的困境，儘管戰後每個人的日子都不好過，但她仍想方設法寄上生活費，保證她基本的開支。從這時起，兩個無論是思想還是教養都迥異的女性，出於對魯迅共同的愛，攜起手來，在動盪的歲月裡共同負擔起了保存魯迅藏書的責任。

一九四六年十月下旬，許廣平終於北上，回到了她闊別多年的西三條寓所。走進這小小的四合院，她驚訝地看到一切都那麼陌生：曾經是清潔齊整的小院，已經顯出衰頹之象，黑漆的大門早已部分剝落，門口掛著「阮和森醫寓」的銅牌子。大門的頂棚也支離破碎，門裡橫陳著大小多種的醃菜瓮，滿院子的雜亂無章，一望而知住在裡面的人口不會太少。原來，同院還住著魯迅的三表兄阮和孫一家，所以除了北屋和入門東屋的一間留作自用，其餘南屋大小四間，西屋一間都讓給阮家租住了。阮和孫曾作過幕友，又懂得中醫，所以這時開起了診所。他有善先、紹先、耀先等子女多人，這宅院裡並不像許廣平想像的那麼冷清，倒是相當雜亂和熱鬧。

許廣平在北京逗留期間，清點和整理了魯迅的藏書：「我從十月二十四日至十一月五日差不多兩個星期，天天躲在這書箱周圍，逐只打開，去塵，包裹，再投些樟腦丸，然後重行封鎖……」整理完書，看望了一些朋友後，許廣平就踏上了回程。回上海後，她寫了一篇〈魯迅故居和藏書〉發表在一九四六年十二月的《文匯報》上，文中只記述了整理魯迅藏書的一些經過，沒有提到朱安，但她此行肯定也帶著探望朱安這位老人的目的。在她回去後，朱安的信裡寫道：「你走後，我心裡很難受，要跟你說的話很多，但當時一句也想不起來，承你美意，叫我買點吃食補補身體，我現在正在照你的話辦。」[1]

時隔二十年，在魯迅去世十周年時，兩個白髮斑斑的女人在丁香樹搖曳的小院裡重逢，多少感慨，難以言述，而這也是她們的最後一面。

1 一九四六年十一月二十四日朱安致許廣平信，《魯迅研究資料》第十六輯，第九十頁。

尾聲——祥林嫂的夢

寂寞的死

一九四七年的除夕，北京城下了一場近年來罕見的大雪，積雪深達三尺，天氣寒冷異常。西三條的院子裡，白雪皚皚。朱安過年前剛生了一場大病，眼下已大有好轉。她叫來住在南屋的表侄兒阮紹先，請他代寫一封信給上海的許女士，告訴她四十萬元今天收到了，自己的病也好起來了，能隨便下地走走了，請她放心……她說一句，侄兒寫一句，她的心情很愉快，因為自生病以來，已經好久沒有這麼精神了。[1]

然而，僅隔了一個多月，遠在上海的許廣平又收到朱安請人代筆的一封信，這封信也可視為朱安的遺書，全信如下：

許先生：

我病已有三個月，病勢與日俱進。西醫看過終未見好，改由中醫診治，云係心臟衰

1 一九四七年一月二十七日朱安致許廣平信，《魯迅研究資料》第十六輯，第九十四至九十五頁。

弱，年老病深不易醫治。自想若不能好，亦不欲住醫院，身後所用壽材須好，亦無須在北平長留，至上海須與大先生合葬。衣服著白小衫褲一套、藍棉襖褲一套，須小腳短夾襖一件、小常青夾襖褲一套、褲袍一件、淡藍綢衫一件、紅青外套一件、藍裙一條、大紅被一幅、開領黃被一幅、粉被一幅、長青圓帽一頂、槻一個、招魂袋一個。須供至七期。海嬰不在身邊，兩位侄男亦不擬找他們。此事請您與三先生酌量辦理。我若病重，此地應託何人照料，並去電報通知。老太太及老太爺的事，亦須按時以金錢接濟之。

周朱氏字

中華民國三十六年三月一日

經歷了八年抗日戰爭的艱苦歲月，六十九歲的朱安已是年老體衰，病入沉屙。她意識到自己將不久於人世，於是託人寫信，就身後事向許廣平做了交代。信中，她表示要與魯迅合葬在上海的墓地，申明雖然有兩位親侄子，但她希望由周家的人，即許廣平、周建人、海嬰出面來料理她的後事。這是朱安最後一次強調了自己「生爲周家人，死爲周家鬼」。

儘管在北京生活多年，但朱安還是牢記著故鄉紹興的風俗，對入殮時穿的衣服、蓋的被子等做了詳細的交代。依照紹興的規矩，當病人病勢轉危，回天無力時，就要及早準備臨終換穿的衣服，趁還有一口氣，迅速替他（她）換上，俗稱「回首」衣裳。一經斷了氣，哪怕連忙來換，也已經來不及了，因爲他（她）臨斷氣的時候穿的是什麼，死後也是穿什麼。故臨終換衣是一個極重要的環節。一般情況需要爲臨終者趕製「十三件頭」的殮衣，至少七副的「被褥」。[1]

收到這封信，許廣平的心情是頗爲複雜的。一方面，她立即寄了一百萬元（當時的幣值）給朱安，並寫信安慰她：「你一面醫理，一面陸續做些衣服，沖沖也好。但千萬不要心急，年紀大了，有病自然不舒服。也許吉人天相，天氣暖了，逐漸會好起來。」[2]另一方面，她給在北平的委託人的信中表示：「喪事從簡從儉，以符魯迅『埋掉拉倒』之旨。」「但因病人沉重，恐難理解『魯迅精神』，此節不必

朱安在北京西三條院内全身相片。

1 《紹興風俗簡志》，第一百二十六至一百二十七頁，紹興市、縣文聯編印。
2 一九四七年三月三日許廣平致朱安信，《魯迅研究資料》第十六輯，第九十七頁。

先向其徵求意見。」[1]

由於許廣平遠在上海，所以朱安病後這段時間，主要仰仗在北平的親友多方相助。除宋子佩和住在西三條的阮和孫一家外，抗戰勝利後，與魯迅一家素有交往的謝敦南[2]及其家人，以及劉清揚女士[3]等，受許廣平之託，代爲轉款給朱安並幫助照料，出力甚多。謝敦南的夫人常瑞麟與許廣平是天津女師時的同窗好友，因此受許廣平託付經常來照看。劉清揚作爲一名社會活動家，在事務繁忙的情況下仍說明管理錢款，還專程去西三條看了朱安一趟：「到時果見病人又是非常痛苦！氣喘不舒，臉與周身均已浮腫，飲食已大減少，令人觀之，非常可憐！如此受罪，眞不如早死之爲癒，大家雖均作如此想，但其本人尚在求生

---

1 一九四七年四月一日許廣平致吳院長、徐先生信，《魯迅研究資料》第十六輯，第一百頁。吳院長即吳昱恒，係當時北平地方法院院長。徐先生即徐盈，當時《大公報》的記者。

2 謝敦南（一九〇〇—一九五九），名毅，字敦南，安溪縣參內鄉圓潭村人。他的夫人常瑞麟（字玉書，一九〇〇年生），與許廣平是天津女師時的同窗好友。一九二六年後謝敦南和常瑞麟赴黑龍江謀職，此後一直與魯迅許廣平保持著聯繫。

3 劉清揚（一八九四—一九七七），天津人。「五四」運動時期和直隸女師的同學郭隆真、鄧穎超等發起成立了天津女界愛國同志會，當選為會長。一九二一年加入中國共產黨，一九四四年，在重慶加入中國民主同盟，並當選為民盟中央委員和婦女委員會主任。

甚切，因更迫切須要打針救濟……」[1]

朱安從過年前發病，病情日漸沉重，在三月十六日給許廣平的信裡她自述病狀：「腳腫至大腿根處，兩頰發紅，初時僅夜間氣喘，後早晨亦喘，近來竟整日喘氣。」到五月中旬她的病情更加惡化：「病狀與前一樣每至夜間十二小時光景則較重，兩條腿永久是冰冷幾乎不知道是自己的了，沒有辦法，當我氣喘不上來難受得太厲害時，只好請大夫來打一針，我知道這病是不能醫好的了……」在六月二十三日，也是她寫給許廣平的最後一封信裡說道：「我的病恐怕好是不容易的事。可是一時大危險也不至於，這是大夫的看法，這很使我爲難。病的痛苦，有時不得已只好請大夫來打針，暫時可以好一些。您對我的關照使我終身難忘，您一個人要擔負兩方面的費用，又值現在生活高漲的時候，是很爲難的……」

知道自己可能來日無多，臨終前一段日子，朱安請隔壁傅太太列出了衣物清單[2]（此清單附於一九四七年七月二十二日阮紹先致許廣平信內）：

---

1 一九四七年六月九日劉清揚致許廣平信，北京魯迅博物館藏。

2 朱安贈親友衣物清單藏北京魯迅博物館，一九四七年七月二十二日阮紹先致許廣平信中提及此份清單。

麻料裡子一塊送許先生，藍綢褲料一塊送許先生；

白漢玉七塊，翡翠鐲一對，絲棉被一條，駱駝絨棉被一條，大紅綢被一條，漂白床單一條，線毯一條，桌毯一條，皮車毯一條，蘭胡二色麻料兩塊，皮背心一件，紅青外套一件，花緞夾褲一條，月白長褲一件，花緞長衫一件，胡色紡綢長衫一件，月白綢單褲一條，原色小棉襖一套，紅青小絲棉襖一件，原色中棉襖一件，桌布一塊，白布一塊，襯絨小夾襖一件，窗簾兩付，賬子三頂，絲棉小襖一件，毛線衣兩件，毛褲一條，蘭麻料被面一件，補花床單一條，大小布長衫四件，月白竹布裙一條，被褥包袱一塊，舊羅夾襖一件，錫罐一對。

和議單房契都封鎖在箱內，鑰匙交宋先生、阮太太收著。

送人衣物單

元青綢大襖雪青短綢衫一件（送宋太太）

藏青麻料一件（送宋先生）

短皮襖一件麻綢衫一件白洋布床單一條（送朱吉人）

夾襯絨斗篷一件（還二太太）
熱水銅暖壺一個（二先生、二太太）
水煙袋一個（還大少爺）
襯絨綢長夾袍一件（送大小姐）
小櫃一個（還二太太）
白綢長衫一件（送三小姐）
麻料紅青絲棉褲一條（送孫女）
黑綢裙一條、白綢單衫一件（送孫女）
蘭綢棉袍一件（送大少奶奶）
原色棉袍一件（送阮太太）
原色綢褲一條（送阮少奶奶）
繡花綢料一件（送阮筠先，已送）
雪青綢褲一條（送阮筠先）
藏青麻料一塊（送二少爺、三少爺）
胡色紡綢小褂一件（送傅太太）
月白麻料褲一條（送傅文彥）

原色麻料斗篷一件（送西院張媽）

麻料棉袍一件小褲褂一身（送二太太家李媽）

胡縐夾袍一件小褲褂一身（送二太太家當差老李）

我所蓋用之舊棉被褥子舊衣物等候我死後分給伺候過我的老媽們大家分分。

這兩份清單，包羅了朱安一生的財物，也包羅了她臨終前所記掛、感激和親近的人們。這些人當中，第一位自然是許廣平和海嬰，此外還有宋子佩及其太太，她的內侄朱吉人、周作人一家，阮紹先一家、隔壁傅太太一家，以及那些照料她多年的老媽子等等。這份留存到今天的清單，讓人多少感到一絲安慰，畢竟，在朱安晚年，作爲魯迅的家屬，還是有那麼多人熱心地照料她，慰藉著她的寂寞。她是個舊式女人，同時也是一個善良的女人，在度過了極其痛苦的一生後，心底裡還保留著感激和暖意，還希望用她遺留下的衣物和被褥，給活著的人以溫暖。

無疑，作爲一個舊式婦女，朱安最記掛的是自己的後事該如何辦理，由誰來祭奠她，將來誰給她燒紙錢。她在三月一日託人給許廣平寫信，鄭重地交代了自己的後事，同時，又一再囑咐阮太太代爲預備後事。爲了使其安心，對於她提出的死後要和魯迅葬在一處之事，阮太太明知這是不可能的，也只好先隨口答應她把靈柩暫存浙江義園，以後有機會再設法南歸。到六月二十四日，她的全身已腫，不能仰臥，翻身亦須有人幫忙，夜中時時胡語，醒來後她對守在身邊的人說，她在夢裡見到了去世的各位親友……[1]對於寂寞了一輩子的朱安來說，自然是希望人死後有靈魂，死掉的一家人還可以團聚。然而，這樣眞的就能使她的一生得到安慰和解脫了嗎？她是否也像祥林嫂一樣，對於「人死後有沒有靈魂」一事，心底曾掠過一絲疑問？也許，她寧可信其有，相信在另一個世界她能和家人團團圓圓地生活在一起，相信她這輩子所受的苦能得到補償。

在她臨終前一日，特地請人把宋琳叫到她的病榻前，當時她的神志還相當清醒，她再三叮囑宋先生要轉告給許廣平兩件事：（一）靈柩擬回南葬在大先生之旁。（二）每七須供水飯，至五七日期給她念一點經。對朱安的遺囑，宋琳在給許廣平的信裡寫道：「琳意（一）可由先生從長酌核。（二）所費不多，希望順其意以慰其靈，念她病時一無親切可靠之人，情實可憐，一見琳終是淚流滿面，她念大先生，念先生又念海嬰。在這種情形之下，琳惟有勸慰而已。言念及此，琳亦爲之酸心。」[2]她生前一直侍奉婆婆，眾人心裡也都

1 以上據一九四七年三月二十七日、六月二十四日阮紹先致許廣平信，《魯迅研究資料》第十六輯，第九十九至一百頁，一百零五至一百零六頁。

2 一九四七年七月九日宋琳致許廣平信，《魯迅研究資料》第十六輯，第一百零七至一百零八頁。

認爲她葬在魯瑞的身邊是最好的歸宿，然而，她卻留下了這樣的遺囑。這是否也意味著她對自己一生的否定呢？至死，她還是幻想著能在魯迅的身邊，至少在死後被他接受，她始終沒有覺悟到自己是封建婚姻的犧牲者。此情此景，令人嘆息。

一九四七年六月二十九日，朱安走完了她的人生之路，享年六十九歲。在北平的親友料理了她的喪事，葬禮儀式雖然一切從簡，但還是依照她的遺願，在她去世後次日請來了和尚念經做法事，這天，宋琳、阮家的人、謝敦南的夫人謝太太（即常瑞麟）以及羽太信子和周豐一等都在場[1]。許廣平本希望「在老太太墳旁能購地」，將她與魯迅母親同葬在板井村的墓地，惜未能如願。後經宋琳等與周豐一商洽的結果，將她暫葬於西直門外保福寺[2]。她生前陪伴了魯老太太一生，死後卻沒能守在婆婆身邊。

在她死後，許廣平委託在北平的親友們保護好魯迅西三條故居內的藏書及物品。這一

1　一九四七年六月三十日劉婉如致許廣平信：「……賴太太、傅太太、宋先生及一位鈕太太均在照料，周宅的日本太太及其長子也在。棺材都很好，賴太太料理，傅太太寫賬，鈕太太奔跑一切，總算很好……」信中的「賴太太」當為「阮太太」。原信藏北京魯迅博物館。

2　保福寺的墓地是周作人家所有的另一塊墳地，一九四八年曾被當作漢奸財產沒收，「文革」破四舊運動中，朱安的墳地被毀壞。而西郊板井村墓地安葬了魯迅母親，陪伴在旁的有兒媳羽太信子、羽太芳子，孫子周豐三、孫女周若子四人。

朱安去世後，一個人葬在偏遠的保福寺。今天北京的保福寺一帶，馬路寬敞，高樓林立，除了地名還保留著，一切都已改變。（作者攝於2009年4月）

份物品清單，是由常瑞麟登記的，附在阮紹先寫給許廣平的信中：[1]

三屜書桌一張　竹床一　黃皮箱一（裝書）　大木椅二把　書架一　雙屜櫃一　茶几一個　三屜櫃一　三屜書櫃兩（裝書）　書架一個　六屜櫃一　書櫃一（裝書）　桌燈一個　茶几四　衣箱六　三腳架一　大櫃兩層一份　上供用鐵盒兩份　籐椅六　床板四份　茶具一份（一盒一壺一杯）　方桌一　缸一口　小大蘭邊碗七　紅木椅四　臉盆架一　小大花邊碗四　菜櫃一　元凳兩　小飯碗十九　帶鏡雙屜桌一　紅方凳　十碟子八　圓椅一　衣架一　彩色碟八　藤圓桌一　木箱十（裝書）　蘭邊碟五　洋爐兩　書箱八（裝

1　一九四七年七月十日阮紹先致許廣平信，《魯迅研究資料》第十六輯，第一百零八頁。

書）　湯碗兩　雙屜桌三　白皮箱四（裝書）　小花盆帶底兩份　小茶杯六　茶壺一　長碗一　鋁湯勺八　鐵湯勺四　小湯勺六　磁湯勺九　玻璃杯二　醬油壺一　醬油碟兩　酒杯十三　帶蓋瓷盆一　新暖壺一　舊暖壺二　銅暖壺一　藍磁片一　洋灰盆一　桌圍二　水壺大小共三　牛乳鍋一個　條案一　木箱一　高凳一　雙屜櫃一　煙筒四條　水缸三　煤球爐二　鐵鍋六　砂鍋三　案板一　籠屜一　泡菜罈一

以上各物皆經謝太太查點後囑為記下者。

這份物品清單很細碎，如果大致分一下類的話，主要就是傢俱、魯迅的書櫃和書箱及鍋碗瓢盆等生活用品。其中較觸目的是「煙筒四條」，這大概是朱安生前唯一的奢侈品吧。

〈朱安小傳〉

朱安去世後，整整隔了一個月，南京的《新民報》上登載了一篇關於她臨終前的報導，標題爲「朱夫人寂寞死去」，記錄下了她走之前的音容笑貌，也留下了時人對她的評價。

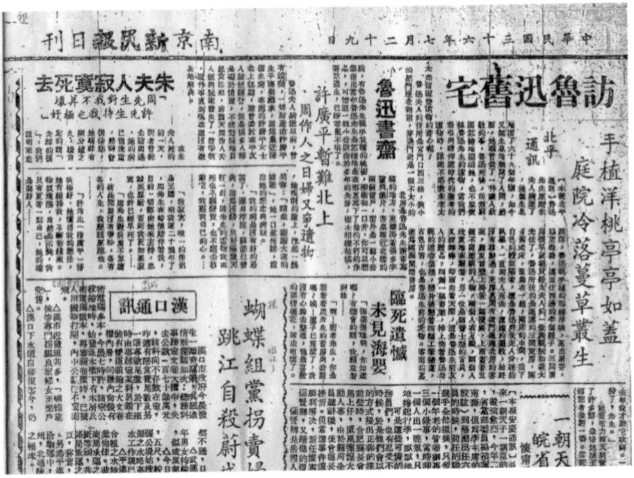

中華民國三十六年七月二十九日

南京新民報日刊

訪魯迅舊宅

手植洋桃亭亭如蓋 庭院冷落蔓草叢生

北平通訊

魯迅書齋

許廣平暫難北上 周作人之日婦又穿遺物

朱夫人寂寞死去

「周先生對我不算壞 許先生待我也極好」

臨死遺憾 未見海嬰

漢口通訊

蝴蝶組黨拐賣

跳江自殺蔚

南京《新民報》與1947年7月29日刊載了朱安去世的消息。

《新民報》的記者稱，他們在朱安去世的前一天，去訪問了西三條，當時她的病已很沉重，但神智很清楚，她端詳有兩分鐘之久，才肯定地說：「失認得很。」記者說明來意後，她瘦削的臉上，浮起一絲笑容，說：「請坐，謝謝大家的惦記。」她用蘇州話[1]訴說她的病狀：「我的病是沒有好的希望了，周身浮腫，關節已發炎，因爲沒錢，只好隔幾天打一針，因先生的遺物我寧死也不願變賣，也不願去移動它，我盡我自己的心。……」她還對記者說，她寂寞的生活中，唯一的伴侶是王媽，王媽來了二十幾年了，魯迅在時就陪伴著她，目前一切都由她來主持，忠誠而忍耐，否則她更加寂寞，也許已經早死了……

對於她和魯迅的關係，她說了這樣的話：

1 這裡記者有誤，應當是紹興話。

「周先生對我並不算壞，彼此間並沒有爭吵，各有各的人生，我應該原諒他。」她還提到許廣平：「許先生待我極好，她懂得我的想法，她肯維持我，不斷寄錢來。物價飛漲，自然是不夠的，我只有更苦一點自己，她的確是個好人……」她臨終的遺憾是沒有見過海嬰，她對記者說：「海嬰很聰明，你知道嗎？有機會的話，我願意看到他……」當記者提出要看看魯迅的書房和後院時，她說：「啊！記者先生，你是想看看周先生的書房與套院嗎？唉！園子已荒涼了，我沒有心腸去整理，他最喜歡的那棵櫻花，被蟲咀壞了。去年我才將它砍倒。一切都變了，記者先生。」記者看到，魯迅親手植的那株洋桃，高出屋脊，綠葉森森，遮蓋住西邊的半個院子。魯迅作爲書房的窗外是一個小套院，有他親手栽種的桃樹、柳樹和一口井，可以想像得出當年他是怎樣地坐在那裡寫下了他的不朽的作品，可惜這一個小套院由於多年的失修，樹木相繼枯槁，蔓草叢生，已經零亂不堪了。記者參觀完院子，向她告別的時候，她連說著再見……

第二天，傳來了魯迅夫人朱安去世的消息。記者這樣感慨她的一生：「朱夫人寂寞的活著，又寂寞的死去，寂寞的世界裡，少了這樣一個寂寞的人。」同時，對她的一生也做了頗爲公允的評價：「魯迅先生元配朱夫人病逝了，她無聲息地活了六十九個年頭，如今又無聲息地離開了人間，然而，她確曾做了一件讓人欽敬的事，魯迅死後，任憑窮困怎樣地逼迫她，也不忍賣掉魯迅先生的遺物，當我們憑弔與瞻仰這時代的聖者的遺物時，誰能不感激朱老太太保留這些遺物的苦心呢？」[1]

時隔一年後，北平出版的《新民報》又登載了她的一份「小傳」和一張去世前的照片，照片及小傳的提供者爲「森」，有可能是曾住在一個院子裡的阮和森（即阮和孫），也有可能是與魯迅一家關係至爲密切的宋琳，他的名字正好也有三個「木」字，總之應該是與朱安十分熟悉的人。報導的標題爲〈魯迅夫人〉，全文如下[2]：

魯迅先生與夫人不和，這是我們大家都知道的事。後來魯迅先生去上海，與許廣平女士同居，而在北平的朱夫人，還保持著緘默，魯迅去世後，許女士也念到這位老太太可憐，常分一點版稅給她。在去年夏季，魯迅的老友們，傳出朱夫人去世的消息，事後曾有人到宮門口二條去訪問，發現了她所住的地方是十分清寒的，讓人發生著很多的感慨。

魯迅夫人的相片，本刊過去曾登過一次，因為是小相片放大的，不能算是十分清楚。茲又由森君寄來朱夫人相片一張，並附小傳。我們覺得還有重登的價值，所以再製版刊如文左一圖。那小傳也一並列後：

1 以上引自〈朱夫人寂寞死去〉一文，原載一九四七年七月二十九日《新民報》（南京）。

2 原載一九四八年三月二十四日《新民報》（北平）。

夫人朱氏，紹興世家子，生於勝清光緒五年七月。父諱某，精刑名之學，頗有聲於郡國間。夫人生而穎慧，工女紅，守禮法，父母愛之不啻若掌上珠，因而擇婿頗苛，年二十八始歸同郡周君豫才（即魯迅）。夫人柔色淑聲，晨昏定省，羞饋以事其太夫人魯氏數十年如一日。民國三十一年春，太夫人病歿。夫人曾親侍湯藥，數月不懈。夫人以女子無才為德，因不識字，而又無所出，故其夫魯迅，常卜居春申，然夫人以善從為順，初無怨尤，迨勝利後，米珠薪桂，夫人以所得魯迅版稅餘潤，幾無以自存。蒙蔣主席賜予法幣十萬金，始延殘喘，可謂幸矣。民國三十六年六月，夫人病於平寓，享年六十有九。嗚呼！夫人生依無價之文人，而文人且不能依，物價殺人，識字者已朝不保夕，彼又安得不貧困而死哉！（照片森君寄刊）

魯迅夫人

北平《新民報》於1948年3月24日刊載了一份〈朱安小傳〉。

這篇文言小傳以充滿同情的口吻，回顧了朱安令人嘆惋的一生。也許，「死」對朱安來說是徹底的解脫。在風雲激蕩的二十世紀，她用一雙小腳跌跌撞撞地走完了她的人生，也曾發出一聲聲痛苦的吶喊。現在，她終於可以安安靜靜地休息了。小傳中有這麼一句感慨：「嗚呼！夫人生依無價之文人，而文人且不能依」。一個「依」字，不正道出了朱安悲劇性一生的根源？作爲一個默默無聞的舊式婦女，她的存在或許是卑微的；然而，作爲魯迅的影子，或者說，作爲魯迅的遺物，又是人們想忘也忘不了的。

尾聲

在一九九一年出版的《上海魯迅研究》上，刊有楊志華的〈朱吉人與朱安及魯迅〉一文，文中言及一九八七年，在朱安去世四十周年時，上海魯迅紀念館收到朱吉人先生捐贈的一幀朱安晚年的照片。如前所述，朱吉人係朱安之弟朱可銘的長子，出生於一九一二年，與姑母朱安感情甚篤，朱安曾一度欲將他收爲養子。此文中談及了他和姑母後期的一些往來：

一九三六年九月，朱吉人回紹興結婚，婚後，因妻不願隨同到上海，仍住紹興父母家。十月初朱吉人回滬，不久，獲悉魯迅逝世消息，遂赴萬國殯儀館瞻仰魯迅遺容。因姑母曾有信囑咐，不要以親戚身分參加魯迅有關的任何活動，所以魯迅逝世後，朱吉人只以一般民眾的身分參加了弔唁。

一九三七年，抗戰開始，朱吉人全家均失業，各人只得自謀其生，朱吉人往北平姑母家，意圖就業謀生。但一直未找到合適的工作，此後至一九四三年間，朱吉人往返於紹興、上海兩地，先後在紹興地政丈量處任臨時代書及上海華洋襪廠門市部作臨時工。

一九四三年春，因無固定職業，朱吉人重上姑母家，在朱安及老夫人的挽留下，他暫留北京陪伴二老，並幫助外出採購家鄉土特產及點心等。不久，老夫人於四月二十二日去世，姑母生活更清苦，她曾動員朱吉人將妻兒一同接往北京居住，但因閒居半年多無業可就，他想重回上海謀事，姑母瞭解實情後，遂設法託人介紹去唐山工作。在共同生活中，朱安與朱吉人建立了深厚的感情，姑侄關係勝似母子。臨行時，朱安特地將自己六十三歲時在寓院內拍攝的這幀照片贈與侄兒留作紀念。一九四四年一月，朱吉人去唐山地檢處當雇員（抄寫）。在逢重大節

朱安63歲照，攝於北京西三條寓院內，原照背面注有日期：「陰曆十一月十九日六十三歲時一九四一。」這幀照片是朱安贈其內侄朱吉人的紀念物，1987年，朱吉人於姑母去世40周年之際將此照片捐贈給上海魯迅紀念館。

日時，有時也往北京探望姑母。次年秋冬，地檢處暫時解散，他便往北京等候復職，直至一九四六年初夏，才重回唐山，在唐山檢察處工作。同年年底，因不斷接到上海母親、弟妹信催回上海就業，求得姑母諒解後赴滬。誰知，這次分別，竟成了他與姑母的永別。

一九四七年一月，朱吉人從天津乘船回滬，進江南造船廠當臨時工。未到半年，獲悉姑母病故噩耗，悲痛萬分，因未能親往送葬，乃成終身遺憾。不久臨時工被解雇，只得做小生意（擺煙攤）度日。不幸於八月中旬，被公共汽車輾傷，截去左下肢而殘廢。

一九四九年後，幸得同鄉知友照顧，在一個家庭小廠做零活。一九五六年公私合營時，併入上海家用化學品廠。一九七二年從上海家化廠退休。

從這篇文章中，我們知道，在朱安晚年寂寞的生涯裡，朱家的這位內侄也曾陪伴她，給了她些許的安慰。得知朱吉人後來一直住在上海，也讓我動了尋訪其後人的念頭。經過一番打聽，我得到了朱吉人的地址，不過他已於一九九五年去世了，而且這幾年上海到處動拆遷，很多地方都變成了高樓大廈，很讓人擔心朱家該不會早已遷走了吧？

令人驚喜的是，東余杭路一帶竟然還保留著老城廂的舊有面貌，鱗次櫛比的商鋪，以及街道兩邊賣菜賣雜貨的小攤小販，使這裡洋溢著一種特殊的生活氣息，是待拆遷的本地居民和外來人口混合的地區所特有的氛圍。

我從九百一十號左右開始，留意著門牌號。越接近我要找的地址，心中越是忐忑不安，唯恐我要尋找的那個號恰好拆掉了。另外，也擔心朱吉人的後人已經搬走了，那麼，茫茫人海中搜尋就不易了。雖然，我也知道，此行未必能得到多少新的資料，但還是希望著能見到朱安的後人，和他們隨便聊幾句。

在一家乾洗店前，我停住了匆匆的腳步。雖然沒有門牌號，但從前後的號碼數過來，應該就是這裡。向乾洗店老闆詢問，他們夫妻倆是外地人，告訴我從旁邊的一扇鐵門可以上樓。鐵門一推就推開了，樓道裡停著一輛摩託車，木樓梯有些陡，我走上去，走到一半，出來一位中年男人，問我找誰。我說找姓朱的，朱吉人家裡。他的表情緩和了，把我讓進家裡。

我舒了一口氣，這麼些年了，朱家還住在這裡！我迫不及待地跟進去，這是二樓臨街的房間，光線不錯。房間很小，大約十平方米出頭，裡面的傢俱很有些年頭了。有一個陽臺，面對著街，廚房間就搭建在這陽臺上。我向主人說明來意，並詢問他和朱吉人的關係。他說他是朱吉人的女婿，姓蔡。因爲朱吉人的關係，他對朱安，也就是姑太太的事情是有所瞭解的。他說，那時岳父經常跟他們提到朱安，講到：我有個姑母嫁給了魯迅，魯迅承認是承認，但沒有公開過。

在我的進一步詢問下，蔡先生告訴我：朱吉人三兄弟和一個妹妹都住在上海，彼此較少來往，第三個弟弟從外面回來後，和家裡其他兄弟關係也很疏遠，後來離開了，就不知道去哪裡了。現在三兄弟都去世了，只有妹妹朱晚珍還在，也八十多了，恐怕也記不清過去的事了。朱吉人的夫人名叫嚴阿大（上海話發音就是倪阿杜，聽名字可知是家中的老大），她是帶著一個女兒嫁給朱吉人的，之前她育有一兒一女，和朱吉人結婚後，生下了朱佩英。朱佩英今年五十歲，蔡先生今年五十六歲，都是初中文化程度。他們有一個兒子，二十三歲，已經工作了。我第一次拜訪，朱佩英不在家，第二次上門，我才見到了朱安的這位內侄孫女朱佩英。

朱吉人全家照。自左至右：朱吉人、嚴阿大、朱佩英。（朱佩英提供）

蔡先生說，當年也曾分房子給他們，但地段偏遠。朱吉人過馬路時一條腿被無軌電車軋斷了，當時沒有好好醫治，就殘疾了，他怕住得偏僻生活不方便，就沒有搬。這一住就是幾十年。蔡先生家原在飛虹路，因爲拆遷才住過來的。他聽說我有意寫朱安傳，告訴我，前些年紹興魯迅紀念館等地還寄來資料，這幾年不寄來了。想來是朱吉人去世後，斷了聯繫的緣故。他們藏有一些有關姑太太的資料，都是朱吉人生前收集的。其中有些顯然是各地魯迅紀念館贈送的。

與蔡先生告別時，我打量了一下這房子的結構，二樓緊挨著是另外一戶人家，上面還有一個三層閣，也住著一戶人家。從樓道上安裝的電錶看，這樓上樓下起碼住了四戶人家。要改善居住條件，唯有等拆遷了，但從我的私心來說，卻很慶幸因爲這裡遲遲未能拆掉而找到了朱家後人。

走下窄窄的樓梯，推開鐵門，來到街上，我用照相機攝下了朱安侄子朱吉人住了幾十年的這條街，攝下了那臨街的破舊的陽臺。朱家曾是紹興的大戶人家，朱可銘一家大約在一九三五年舉家遷往上海，從此他們的後人就沉浮在了上海這座喧囂的城市，分佈在上海的角角落落，用各自的經歷書寫著另外一段歷史。

附錄一：朱安家世簡表

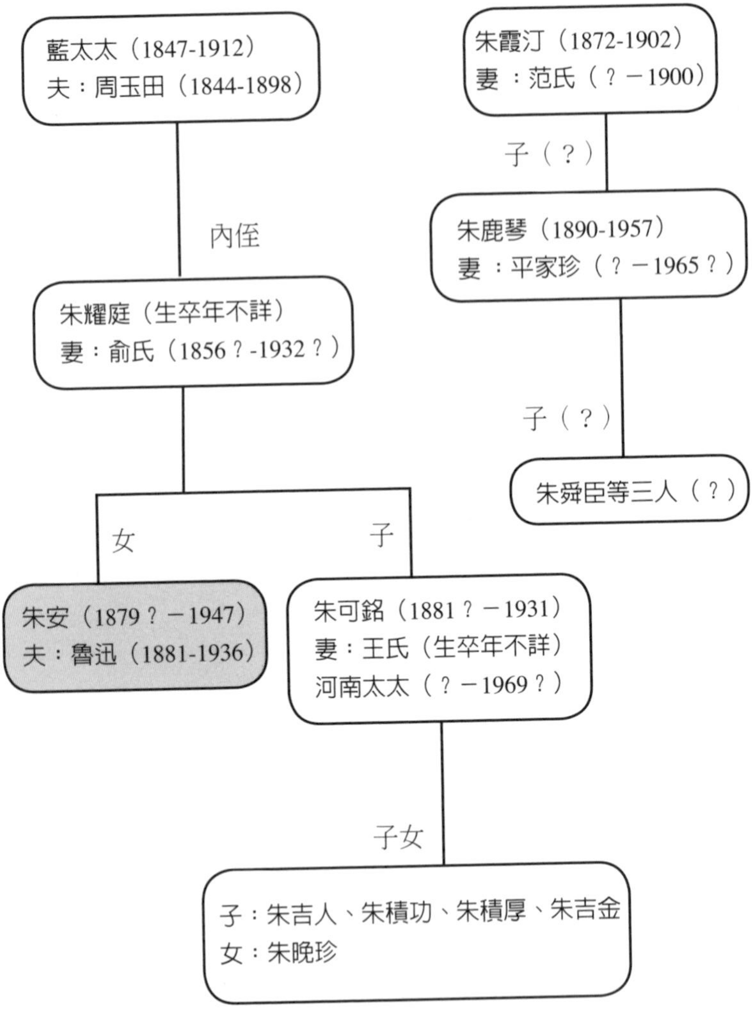
藍太太（1847-1912）
夫：周玉田（1844-1898）
內侄
朱耀庭（生卒年不詳）
妻：俞氏（1856？-1932？）
女
子
朱安（1879？－1947）
夫：魯迅（1881-1936）
朱可銘（1881？－1931）
妻：王氏（生卒年不詳）
河南太太（？－1969？）
子女
子：朱吉人、朱積功、朱積厚、朱吉金
女：朱晚珍
朱霞汀（1872-1902）
妻：范氏（？－1900）
子（？）
朱鹿琴（1890-1957）
妻：平家珍（？－1965？）
子（？）
朱舜臣等三人（？）

附錄二：魯迅家用賬（西曆一九二三年八月二日至一九二六年二月十一日）

癸亥年

民國十二年舊曆六月二十日遂居磚塔胡同六十一號

六月			
二十	煤球	百斤八吊	○．四一二
	鐵爐		一．四○○
廿一	房租	兩月份	一六．○○○
	女工		二．○○○
	零用		四．○○○
廿二	米		三．二○○
廿五	碗碟		○．四○○

廿六	零用		一·〇〇〇
	洋燭		〇·一六〇
廿七	煤球		〇·四一二
廿八	零用		一·〇〇〇
總計			九·九八四（內房錢雙份）
七月			
初二	房租	本月份	八·〇〇〇
初三	水		一·〇〇〇
初四	零用		一·〇〇〇
	煤		〇·四〇二
初七	零用		一·八五　二·〇〇〇
初十	米		六·四〇〇
	零用		一·〇〇〇

十一	煤		○·四○三
十二	零用		一·○○○
十七	煤		○·四三○
	零用		二·○○○
二十	女工		二·○○○
廿一	零用		二·○○○
廿五	零用	內煤百斤	二·○○○
廿九	炭及盆		二·○○○
卅	零用		二·○○○
總計			三三·六八○
八月			
初一	房租		八·○○○
	煤		○·四五○

初二	米		七·〇〇〇
	零用		一·〇〇〇
初四	水		一·〇〇〇
初八	煤及柴		一·〇〇〇
初九	零用		一·〇〇〇
十四	零用		三·〇〇〇
十五	醬油		〇·三〇〇
十六	零用		一·〇〇〇
十八	南貨		一·六二〇
十九	零用		一·〇〇〇
廿二	女工		二·〇〇〇
廿三	零用	內煤百斤	三·〇〇〇
廿九	零用		二·〇〇〇
總計			三三·七三〇

九月			
初一	房租		八・〇〇〇
初五	零用	內煤百斤	二・〇〇〇
初七	雞	六個又三個	二・〇〇〇
初八	水		一・〇〇〇
初十	炭		一・〇〇〇
十一	零用		二・〇〇〇
十四	零用		二・〇〇〇
十八	零用		二・〇〇〇
二十	女工		三・〇〇〇
	米		七・〇〇〇
廿二	零用		一・〇〇〇
	薺		〇・五二〇

廿四	零用		三・〇〇〇
廿七	零用		二・〇〇〇
卅	裝火爐		三・三五〇
	煤		一・四〇〇
總計			四一・二七〇
十月			
初一	房租		八・〇〇〇
	石油		二・〇〇〇
初三	零用		二・〇〇〇
初六	柴		一・〇〇〇
	零用		二・〇〇〇
初十	零用		二・〇〇〇
十五	水		一・〇〇〇
十八	零用		二・〇〇〇

日期	項目		金額
二十	女工		一・〇〇〇
廿一	零用		二・〇〇〇
廿八	零用		二・〇〇〇
卅	米		一四・四〇〇
	送費		〇・一〇〇
總計			三九・五〇〇
十一月			
初一	房租		八・〇〇〇
	零用		二・〇〇〇
初五	零用		二・〇〇〇
初八	零用		二・〇〇〇
十一	零用		二・〇〇〇
十三	石油		二・〇〇〇
	零用		二・〇〇〇

十八	零用		二·〇〇〇
廿一	女工		二·〇〇〇
廿三	零用		二·〇〇〇
	柴		一·〇〇〇
廿四	零用		三·〇〇〇
廿七	水		一·〇〇〇
	土車捐		一·〇〇〇
總計			三三一·〇〇〇
十二月			
初一	房租		八·〇〇〇
	零用		二·〇〇〇
初六	零用		二·〇〇〇
初九	零用		五·〇〇〇

十五	零用		一・〇〇〇
十六	米		七・二〇〇
十七	零用		二・〇〇〇
二十	零用		二・〇〇〇
廿一	女工		二・〇〇〇
廿五	零用		四・〇〇〇
	石油		二・〇〇〇
三十	零用		一・〇〇〇
	女工節錢		一・〇〇〇
	車夫節錢		一・〇〇〇
總計			四〇・〇〇〇
本年陸月零十日共用錢二百四十九元七角另四分。 平均每月用錢三十九元四角三分。			

甲子年

民國舊曆甲子之年

正月			
初三	房租		八·○○○
初五	零用		三·○○○
初九	零用		二·○○○
初十	柴		一·○○○
	水		一·○○○
十二	零用		二·○○○
十七	零用		二·○○○
十九	女工		二·○○○
廿一	零用		二·○○○

日期	項目		金額
廿五	零用		二·〇〇〇
廿九	零用		二·〇〇〇
總計			二七·〇〇〇
二月			
初一	房租		八·〇〇〇
初五	零用		二·〇〇〇
初十	零用		二·〇〇〇
十四	零用		二·〇〇〇
十八	洋油		二·〇〇〇
	零用		二·〇〇〇
二十	女工		二·〇〇〇
廿一	零用		二·〇〇〇
廿四	零用		二·〇〇〇

廿七	米		一四・四〇〇
又	送力		〇・〇六〇
廿八	零用		二・〇〇〇
總計			四〇・四六〇
三月			
初一	房租		八・〇〇〇
初二	水		一・〇〇〇
初二	零用		二・〇〇〇
初七	零用		二・〇〇〇
初十	零用		四・〇〇〇
初十	炭		一・〇〇〇
十六	零用		二・〇〇〇
二十	零用		二・〇〇〇

廿一	女工		二・〇〇〇
廿三	零用		二・〇〇〇
廿六	零用		二・〇〇〇
三十	零用		二・〇〇〇
總計			三〇・〇〇〇
四月			
初二	煤油		二・四〇〇
初四	房租		八・〇〇〇
	零用		一・六〇〇
初七	零用		二・〇〇〇
十一	零用		四・〇〇〇
十四	零用		二・〇〇〇
十八	零用		二・〇〇〇

十九	女工		二・〇〇〇
廿一	零用		二・〇〇〇
廿三	女工		〇・五〇〇
	零用		三・〇〇〇
廿五	零用		二・〇〇〇
廿八	零用		二・〇〇〇
	蝦米		〇・五〇〇
總計			三三・〇〇〇
五月			
初二	零用		二・〇〇〇
初四	零用		二・〇〇〇
初七	零用		二・〇〇〇
初十	零用		二・〇〇〇
十三	零用		二・〇〇〇

十五	零用		二・〇〇〇
十七	零用		二・〇〇〇
二十	女工		二・五〇〇
廿二	米		一四・八〇〇
	麵		三・一〇〇
	送力		〇・一〇〇
	零用		二・〇〇〇
廿五	零用		五・〇〇〇
廿九	零用		二・〇〇〇
三十	女工潘		二・五〇〇
總計			四六・〇〇〇
六月			
初二	零用		二・〇〇〇

初四	石油		二・二五〇
	零用		二・〇〇〇
以下失記			
八月			
初一	柴		一・〇〇〇
初三	零用		三・〇〇〇
初七	零用		二・〇〇〇
初十	煤油		二・三〇〇
十一	零用		五・〇〇〇
十二	節賞		三・〇〇〇
十五	零用		二・〇〇〇
十八	零用		二・〇〇〇
二十	女工		三・〇〇〇
廿一	零用		五・〇〇〇

廿四	零用		二·〇〇〇
廿七	零用		五·〇〇〇
總計			三五·三〇〇
九月			
初三	煤		三·〇〇〇
初五	零用		五·〇〇〇
初七	米二擔		三四·〇〇〇
	麵		三·一〇〇
初十	零用		二·〇〇〇
十二	零用		五·〇〇〇
十五	煤油		二·三〇〇
十五	零用		五·〇〇〇
十九	零用		五·〇〇〇

二十	女工		三・〇〇〇
廿三	煤一噸		一三・〇〇〇
	車錢		一・二〇〇
	零用		二・〇〇〇
廿六	零用		五・〇〇〇
十月			
初一	零用		二・〇〇〇
初四	零用		二・〇〇〇
初七	裝火爐		七・三〇〇
	零用		四・〇〇〇
十二	零用		二・〇〇〇
十五	零用		五・〇〇〇
十九	煤球		三・〇〇〇
二十	女工		三・〇〇〇

廿一	零用		五·〇〇〇
廿三	石油		二·三〇〇
廿四	零用		二·〇〇〇
廿六	零用		二·〇〇〇
廿八	零用		三·〇〇〇
卅	硬煤		一·〇〇〇
	茶葉		二·〇〇〇
總計			四五·六〇〇
十一月			
初二	零用		五·〇〇〇
初七	零用		五·〇〇〇
初八	煤球		一·〇〇〇
初九	零用		五·〇〇〇

十四	零用		五・〇〇〇
十八	零用		五・〇〇〇
十九	拜壽錢		三・〇〇〇
又	女工		三・〇〇〇
廿三	硬煤		一・〇〇〇
廿五	煤油		二・三〇〇
廿八	煤球		四・〇〇〇
	柴		四・〇〇〇
廿九	茶葉		一・〇〇〇
總計			四四・三〇〇
十二月			
初二	零用		五・〇〇〇

初三	紅煤一噸		一三・五〇〇
	大車錢		〇・七〇〇
初九	零用		五・〇〇〇
十三	零用		五・〇〇〇
	南貨		五・〇〇〇
十四	女工		三・〇〇〇
十五	茶葉		二・〇〇〇
十七	米		一六・六〇〇
	麵粉		三・五五〇
十八	零用		五・〇〇〇
	火腿		四・〇〇〇
廿一	零用		一〇・〇〇〇
廿六	零用		五・〇〇〇

廿八	煤油	二・三〇〇
	零用	二・七〇〇
廿九	女工年犒	二・〇〇〇
總計		九〇・三五〇
平均每月用泉		四八・〇六一元

乙丑年

民國舊曆乙丑之年

一月		
初十	零用	五・〇〇〇
十六	零用	五・〇〇〇
十九	茶葉	二・〇〇〇

二十	煤球		三・〇〇〇
	女工		三・〇〇〇
廿二	零用		五・〇〇〇
廿九	零用		五・〇〇〇
總計			二八・〇〇〇
二月			
初三	零用		五・〇〇〇
初七	煤		五・〇〇〇
初九	零用		二・〇〇〇
十五	零用		一〇・〇〇〇
二十	女工		三・〇〇〇
廿二	米		一五・八〇〇
	力錢		〇・一〇〇
廿三	茶葉		二・〇〇〇

廿五	零用		五・〇〇〇
總計			四七・九〇〇
三月			
初一	零用		一〇・〇〇〇
初八	零用		五・〇〇〇
十三	煤球		二・〇〇〇
十六	零用		一〇・〇〇〇
二十	女工		三・〇〇〇
廿七	零用		一〇・〇〇〇
總計			四〇・〇〇〇
四月			
初二	米		一五・八〇〇
初六	零用		五・〇〇〇
初九	零用		一〇・〇〇〇

十一	茶葉		一・〇〇〇
二十	女工		三・〇〇〇
廿二	零用		一〇・〇〇〇
總計			四四・八〇〇
閏四月			
初三	零用		一〇・〇〇〇
初六	茶葉		三・六〇〇
十二	米		一五・八〇〇
	麵		三・七〇〇
十三	零用		一〇・〇〇〇
十九	零用		一〇・〇〇〇
二十	女工		三・〇〇〇
三十	零用		一〇・〇〇〇
總計			六六・一〇〇

五月			
初四	女工節錢		二・〇〇〇
又	茶葉		二・一〇〇
初九	零用		一〇・〇〇〇
二十	女工		三・〇〇〇
又	零用		一〇・〇〇〇
廿八	零用		一〇・〇〇〇
總計			三七・一〇〇
六月			
初五	米		一五・八〇〇
	力錢		〇・二〇〇
初六	零用		一〇・〇〇〇
十二	零用		一〇・〇〇〇
二十	女工		三・〇〇〇

廿一	零用		一〇・〇〇〇
廿九	零用		一〇・〇〇〇
總計			五九・〇〇〇
七月			
初八	零用		一〇・〇〇〇
初十	修屋		八・〇〇〇
十六	石油		二・二〇〇
十七	茶葉		二・二〇〇
十八	零用		五・〇〇〇
廿一	米		一五・八〇〇
	麵粉		三・七〇〇
	女工		二・五〇〇
廿七	零用		一〇・〇〇〇
總計			五九・〇〇〇

八月			
初五	零用		一〇・〇〇〇
初七	煤兩噸		三二・〇〇〇
	煤車錢		二・〇〇〇
十二	零用		五・〇〇〇
十四	節賞		二・〇〇〇
十六	零用		一〇・〇〇〇
廿一	零用		一〇・〇〇〇
廿三	女工		二・五〇〇
廿九	米		一五・八〇〇
	麵		三・四五〇
	送力		〇・二〇〇
卅	零用		一〇・〇〇〇
總計			一〇二・九五〇

九月			
四日	零用		一〇・〇〇〇
七日	煤球千斤		六・〇〇〇
十一	零用		一五・〇〇〇
十七	米二包		三三・〇〇〇
十八	零用		一〇・〇〇〇
二十	女工		二・五〇〇
廿一	零用		一〇・〇〇〇
廿九	裝火爐		一二・〇〇〇
總計			九八・五〇〇
十月			
初三	零用		一〇・〇〇〇
初九	零用		一〇・〇〇〇
十七	零用		一〇・〇〇〇

二十	女工	二・五〇〇
廿四	零用	一〇・〇〇〇
廿九	零用	一〇・〇〇〇
總計		五二・五〇〇
十一月		
初五	茶葉	二・四〇〇
	零用	一〇・〇〇〇
十一	零用	一〇・〇〇〇
十四	煤球	五・〇〇〇
十九	拜壽賞錢	二・〇〇〇
	零用	一〇・〇〇〇
廿一	女工	二・五〇〇
廿三	零用	一〇・〇〇〇
總計		五一・九〇〇

十二月			
初二	零用		一〇・〇〇〇
初五	零用		一〇・〇〇〇
初六	米二包		三三・〇〇〇
初八	零用		一〇・〇〇〇
十一	女工		五・〇〇〇
十四	煤		一〇・〇〇〇
十六	零用		一〇・〇〇〇
廿三	零用		一〇・〇〇〇
廿八	零用		一〇・〇〇〇
廿九	年節賞		二・〇〇〇
總計			一一〇・〇〇〇
平均每月用泉			六六・六四五

附錄三：抗戰後北平《世界日報》「明珠」版有關朱安的報導[1]

為魯迅先生的遺族和藏書盡一點力吧

海生

關於魯迅先生，誰都承認他是中國的大文豪，大思想家，文化鬥士，青年們的導師。雖然他已經死去了九年，卻還在受著千千萬萬的人們的崇敬。

可是，他的夫人——一位白髮蕭蕭的老太太，現在仍舊住在北平（住址是西四牌樓宮門口西三條二十一號），度著極清苦的生活。今年夏天，我受一位朋友的請託，送一筆款子到她那裡去，和她見了一面。那時，她正患著病，咯血，是因為每天吃雜糧而營養不足的緣故。她很傷感地訴述著苦況，並且說：「想死又死不掉！」這樣淒慘的話。

關於魯迅先生生前的藏書，仍舊由她保存著。她一度曾有出賣的意思，後經友人勸阻

1 這一組報導主要根據葉淑穗抄稿整理。

作罷。可是她對我表示，在實在沒有辦法的時候，也只有出賣了完事。

這是一件想不到的事情！像魯迅先生這樣一位一代的文豪死後，他的遺族竟度著這樣淒涼的日子！我們既認爲他是我們青年的導師，我們也正踏著他的足印向前邁進，我們就忍心看著他的遺族在生活壓榨下、痛苦掙扎地受著折磨嗎？我們能不爲保存魯迅先生生前費了多少心血而收藏的書籍，盡一點力嗎？

一位文化的鬥士，爲了國家民族，毀壞了自己的健康，致遭死神的吞噬，他的豐功偉績，是千古不朽的。然而卻沒有人顧念到他的度著艱苦生活的遺族，更沒有一點的撫慰和援助，這可以說是公平嗎？所以我要向大家呼吁請求，我們應該救濟這位孤苦無依的魯迅夫人。我們沒有忘記魯迅先生，也不要忘記他還有「求生不得，求死不能」的遺族在世。

編者按：文中提及之魯迅夫人，係周樹人先生之元配。至於現居上海，撫樹人先生遺孤海嬰之許廣平女士，則係另一魯迅夫人，聞生活亦極窘苦云。

原載一九四五年十二月十九日《世界日報》（北平）

響應援助魯迅遺族

朽木

編者先生：

十二月十九日「明珠」載海生君〈爲魯迅先生的遺族和藏書盡一點力吧〉，我極表同感，並且第一個表示贊成，我們無論如何要幫助魯迅的遺族，現在正是我們作這件事的時候。

迅翁逝世九周年於茲，我們未嘗公開地開過紀念會，或舉行任何紀念儀式，甚至都不敢提魯迅二字。平心說，敵人並不見得可怕，因爲他們也時常提及魯迅，倒是敵人的叭兒們最是了不起——我們實在感到痛心，而也愈顯示出迅翁的偉大。

今年——這個可慶的勝利年，光復年——十月十九日迅翁九周（年）祭，我們可該紀念一下了吧！然而仍未能，眞使我們感到絕大的痛心。好像魯迅已與中國沒有干係了。雖然亦有一些報張副刊上爭載紀念文，或是轉載紀念文，但也都是雞零狗碎，然而那青年的熱心是使人深爲感動的。不過，在大叫紀念魯迅的時候，也該正視一下雖然魯迅偉大，他給我們留下寶貴的教訓，但也要看看他的遺族，那樣的可憐的遺族；孤單的夫人同著迅翁的心愛的藏書，度著淒苦的歲月，並且喊著：「想死又死不掉！」的痛心語。我們這一般敬愛迅翁的青年，就沒有一點感觸麼！

教育部特派員這次奉命北來接收一切文化教育機關，情形大致也差不多了。而最奇怪的，他竟沒有記起這一件事：中國最大作家的遺族，無人照管，度著苦難的日子。其實老實來說吧，沈公也曾是迅翁的知交之一，就因爲這一點私人關係，也不該忘記了吧！這我並不是說，替夫人向沈公佈施，不，不，我一點那樣的意思也沒有。我是說，未嘗不可以借了這個機會，去代表政府向她慰問一番，她也許是一個無知無識的婦人，但只憑藉了他（當然還有迅翁的先太夫人）而將許多珍貴的文獻保留住了，沒有散失，也沒有叫敵寇搶去，這不是我們國家的光彩麼！其他至於興建魯迅紀念館，倒還是後事。

去冬上海盛傳迅翁遺族欲出售翁生前藏書，那時眞使我們捏著一把汗，後來幸而風平浪靜。於是有遠在滬濱給帶款來者，而且亦有賣掉珍愛的藏書而捐與迅翁的遺族的，眞是可歌可泣，稱之爲文化界之戰士並不過譽！

最後，讓我呼喊：我們援助魯迅的遺族要「有一分熱，發一分光」！

朽木拜啓

原載一九四五年十二月二十六日《世界日報》（北平）

訪問魯迅夫人

弓也長

十二月十九日，本刊發表了海生先生的〈爲魯迅先生的遺族和藏書盡一點力吧〉，引起了不曾忘掉魯迅先生的人們的注意。二十三日，收到朽木先生響應的信，我們就用〈響應援助魯迅遺族〉作標題，刊載在二十六日的「明珠」上。二十六日，收到因雲先生的來信，提議以「明珠」爲中心「發起一捐款運動，作爲實物援助」。二十七日，更收到海生先生的〈再訪魯迅夫人〉，說在這幾天之內，曾有兩位生客探望過魯迅夫人，一位是《民強報》的記者朱南郭先生，一位是「朝鮮劇人藝術協會」的理事長徐廷弼先生，他們二位除了對夫人表示慰問以外，更分別地送了點款子，但夫人並沒有收受。二十八日，我給海生先生打電話，請他陪我同去訪問魯迅夫人，這一方面是想代表讀者向夫人致慰，一方面是要把因雲先生函囑轉交的款子送去。當天下午，海生先生實在太忙，所以就約定在二十九日下午，一同去訪問魯迅夫人。

二十九日是一個晴天，然而冷得很。下午四點半，同海生先生在西單的一家咖啡館見面，隨後就雇了兩輛三輪車，在暮色蒼茫中，到宮門口西三條的周宅。是一個坐北朝南的黑門，在那條胡同的緊西頭。院裡好像至少還有兩家，魯迅夫人就住在那三間北房。一進房門，正趕上魯迅夫人吃飯，她顫巍巍地站起來，海生先生就把我介紹給魯迅夫人。

不夠營養的晚餐

一盞昏黃的電燈，先讓我看清楚的是桌子上的飯食。有多半個小米麵的窩頭擺在那裡，一碗白菜湯，湯裡有小手指粗的白麵做的短麵條（有人管這叫「撥魚」），另外是一碟蝦油小黃瓜，碟子邊還放著兩個同是蝦油醃的辣椒，一碟醃白菜，一碟豆腐乳。這就是魯迅夫人當天的晚餐，沒有肉沒有油，沒有一個老年人足夠的營養！

夫人的個子很矮，一身黑色的棉褲襖，在短棉襖上罩著藍布褂，褂外是一件黑布面的羊皮背心。頭髮已經蒼白，梳著一個小頭，面色黃黃的；但兩隻眼，在說話的時候，卻還帶著一閃一閃的光芒。

感謝同情的關切

我先說明了來意，魯迅夫人連說了好幾個「不敢當」，並叫我代她向一切同情關切魯迅先生和她本人的人們道謝。以後，我就把因雲先生的那封信和所附的法幣四百元拿出來。夫人把信接過去，到房外找同院的一位先生給看了看，回來說可惜沒有姓，同時好像也不是眞名。對那四百元，卻始終不肯拿，只說盛意是可感的，但錢卻不能收，因爲生活一向是靠著上海的許先生（按即許景宋女士）給她帶錢，沒有上海方面的同意，另外的資助是不好接取的。據說：由於前幾天朱、徐兩位先生的好意，夫人已經給上海寫信去了。

沈兼士曾有資助

魯迅夫人又說，最近曾收到沈兼士先生送來的一筆款子，是國幣五萬元。這筆錢，本來是上海的許先生要託沈先生帶的，但沈先生當時並沒有拿到那筆錢，只說到北平一定給魯迅夫人送一點款子去；結果，錢是送到了，然而並不是許先生託帶的，而是沈先生自己跟幾位老朋友湊起來送的。

夫人住的三間房，東里間是睡覺的地方，西里間就是魯迅先生藏書的地方，中間的一間是所謂「起居間」，即吃飯會客及閒坐的所在。在中間那一間房子的後面，還有一個小套間，據說那就是當年魯迅先生家居時的寫作和讀書的地方。屋裡，靠東壁擺一張書桌，桌前一把籐椅；北壁上有兩個大玻璃窗，窗外是一個空院，院裡種些棗樹什麼的。夫人說，這間屋子還保持原來的樣子，一點也沒有動，一切都跟魯迅先生生前佈置一樣。我看了看，不禁想起：就在這套間之內的北窗下，魯迅先生的爲人類的筆墨辛勞。

海嬰今年十七歲

夫人今年六十七歲，比魯迅先生大兩歲。海嬰，魯迅先生的遺孤，據說已經十七歲了。夫人說的是紹興話，略帶一點所謂京腔；我是靠了海生先生的翻譯，才能完全聽懂的。

同魯迅夫人，談了大約有一個鐘頭。夫人談到交通的不便，談到物價的飛騰……。她說：「八年了，老百姓受得也夠了，然而現在，見到的還是不大太平！」說完了，冷酷地笑了笑，接著又有幾聲咳嗽。夫人說，這些天身體總不大好，常常喘，可是血已經不吐了。想到夫人的身體，想到夫人的年紀，再想到那沒有足夠的營養飯食，我好像沒有話可以說了。

六點多鐘，同海生先生向夫人告別。夫人送到房門，還不斷地叫我代她向一切關切魯迅先生和她本人的人們道謝。在寒風凜冽中，走著黑暗的西三條，天邊好像有一顆大星在閃眼。海生先生沒有言語，我也沉默著。

然而這樣一個訪問，這樣的一篇拙劣的記述，就能算是已經對魯迅先生和他的孤苦的遺族，盡了我們應盡的義務了嗎？

原載一九四五年十二月三十一日《世界日報》（北平）

因雲先生來信

弓也長先生：

魯迅先生逝世了，但先生的遺族卻貧困得要賣先生的藏書，並到了喊「想死又死不掉！」的地步！

朋友們，青年們！請你們不要想到蘇聯的高爾基，請你們不要想到……如何如何！如果你眞那樣想，未免就太幼稚，悲哀而近於滑稽了！

青年的朋友們！想一想魯迅先生對於我們的熱情與期待！我們爲了要紀念先生，報答先生，安慰先生，希望我們拿出所有的力量，來履行我們的義務！

附法幣四百元，祈轉交魯迅先生的遺族。

因雲

十一月二十一日

因雲先生：法幣四百元，魯迅夫人不肯收。該款如何處置，請示知。

弓也長拜

原載一九四五年十二月三十日《世界日報》（北平）

朽木先生來信

編者先生：

關於魯迅翁遺族稿被刊出，其實我內心尚隱隱有如此一點意思，即以「明珠」爲中心，發起一捐款運動，作爲實物援助。但未悉尊意如何。……匆匆不一，並頌：

文安

朽木拜啓

十二月二十六日

原載一九四五年十二月三十一日《世界日報》（北平）

火熱的人情

弓也長

無論怎麼說，我們覺得這世間還有的是火熱的人情！

在對於魯迅先生的遺族和遺書的問題上，使我們更感到那煦煦的溫暖！

昨年年尾，循從著海生、朽木、因雲諸先生的好意，我們做了一件應該做的事——訪問了魯迅夫人。寫了一篇粗陋的訪問記，那意思，與其說是代什麼人呼吁，不如說是想把這樣的一個問題，更清詳地提示出來。在我們，則有待著讀者們的指點，而爲人群認眞地服役的決意的。

果然，跟著，我們就收到了許多的反應，許多對於這個問題的反應。當然這許多的反應也給了我們許多的欣喜，但這欣喜卻是毫無偏私的。

在來信和來稿之中，都一致地贊同籌集一筆款子，作爲魯迅夫人的生活費和魯迅遺孤的教育費。關於款子的籌措，更有人提出極其具體而確有可能的辦法。至於對遺書之類，則主張最好能由國家的機關負起保存的責任，仿過去用於梁任公的遺書的方式。倘能像待哥德那樣，當然是更好的。

談到捐款的收受一點，上海的許景宋先生的意見，當然是應該聽取的——魯迅夫人不是表示過，沒有上海方面的同意，她不好接受援助嗎？據朽木先生來信說，他已經給許先生寫信去了；而同時，魯迅夫人這方面，聽說也有信寄到上海去。想來不久，大概會都有下文的。

之外，又有人提議出版完本的魯迅全集，和找一個年長的女孩子來侍伴年近七十的魯迅夫人；這兩點，我們覺得，也許還須要再行商榷，尤其是前者，因爲那跟現在保有於遺族手中的版權，是很有關係的。然而同樣地，由此也更能看出大家對於這個問題的苦慮和焦思也。

八號那天，我們又收到「朝鮮劇人藝術協會」徐廷弼先生送來的法幣四千元；附言說，希望「爲普及魯迅先生的偉大性和救其遺族，發起一個廣範圍的運動」；而徐先生，則要與他的同志們，以朝鮮青年的立場，參加這個運動，期在「中韓國交和文化之交流」上，「盡一點微意」；那四千元，就是要「作該運動的一部基本」的。對於徐先生這一位異國的同志，以及爲他的同志的朝鮮青年們，我們應該先表示感謝；至於那四千元，連同以前因雲先生交我們轉交，而魯迅夫人沒有收的法幣四百元，已由我們在九號，作爲活期存款存在金城銀行西城儲蓄處（存摺一七三三九號）；意思是想再等待等待發展的下文。

以下，在今天以及明天後天，我們想把收到的有關這一個問題的來信和來稿，擇要地發表。這將是一個值得珍貴的記錄，一個深蘊著火熱熱的人情的值得珍貴的記錄！

天冷得很，我們且謹守著這一團煦煦的溫暖吧！

原載一九四六年一月《世界日報》（北平）

對魯迅遺族
希能發起捐款運動
已另函徵求許廣平同意

朽木

弓也長先生：

今閱年末日「明珠」，見尊作〈訪魯迅夫人〉，感奮莫名。只因爲有幾封信，略提及關於迅翁的遺族問題，想不到竟勞動大駕，並約同海生先生一同去訪問迅翁夫人，眞令人佩服，佩服！但以此又使我多增加了一點見識，即一個副刊的編者不僅只會看一看稿子，編一編文章便算，而還得要作其他一切可作的事情。但祈不要誤會我說這話是在奉承先生，因爲有許多報章副刊不僅不刊此類文字，甚至對「魯迅」二字均避之若浼，亦很可嘆耳！

先生在那文中使我多知道一些事情，其實那也正是其他廣大的讀者們所極欲知道的。先生在那文末後說的：「然而這樣一個訪問，這樣的一篇拙劣的記述，就能算是已經對魯迅先生和他的孤苦的遺族，盡了我們應盡的義務了嗎？」我想，除了自謙的字眼以外，應修正爲：「我們只弄弄文字，略提及了迅翁的遺族，就算是已經對迅翁和他的孤苦的遺族，盡了我們應盡的義務了嗎？」這麼一來，範圍就廣大得多了——然而我也就不能不先將我自己放進去。

據海生先生說，曾有過兩位生客訪問過迅翁夫人，今又讀因雲先生信，知曾託先生轉交夫人法幣四百元。我們應承認這些都是血淚的捐助，雖然夫人並未收下。據先生文中謂，係未得許廣平先生同意，不好收受任何人的款項。這其實是人情上當然的一種步驟，是無可怪的。前我在給先生第二信後，又給上海許先生寄去一封航空信，是提及北方青年對迅翁遺族的關心，並略略有點徵求她的同意，使允許我們能發起一捐款運動——尤其對北平的迅翁遺族。同時，對她的近況也略有詢及。今見先生的大文刊出，我確認這個運動——即對迅翁遺族捐款的發起運動——已經在廣泛地展開著，當然我希望能在最近期內得到實現，「明珠」是不能逃出這個責任的。至於我呢，絕對無條件地遵從先生的指示，願盡我的力量來幫助完成這件偉大的事情！草草匆此，余不一一，並致敬禮！

朽木

原載一九四六年一月《世界日報》（北平）

關於魯迅的遺族與遺書

朱學郭

本月十九日讀「明珠」海生先生的《爲魯迅先生的遺族和遺書盡一點力吧》一文後，我以《民強報》記者的名義去訪問過一次魯迅夫人。去是擬有一個辦法的，原打算得魯迅夫人同意後，便發動一個捐款運動，預計可得相當成數，作爲她的生活費，而請遺族將遺書捐贈北平圖書館，仿梁啓超先生遺書之例辟專室陳列，永供後人瞻仰閱讀。倘若數目能再大一些，能將房室器具都購置下來，照魯迅先生曾在那裡讀書作文章時的樣式陳列，像德國對哥德的辦法，讓它成爲國家的紀念物，那就更好了。

會到魯迅夫人後，我的原計劃並未開口，因爲我覺得魯迅夫人是個可敬愛的人物，她的生活雖困難，還沒到絕無辦法。她不肯接受援助，遺書也不會失散在她的手裡，住的房屋是自力，在她生前當然還要住下去。

原載一九四六年一月《世界日報》（北平）

依然是關於……魯迅先生的問題

弓也長

關於魯迅先生的遺族和遺書的問題，自經本刊不斷地發表並討論以來，已引起廣大的讀者們的注意，是事實。不過，這個問題的關鍵，也就是我們所要等待的下文，則在於上海方面的許景宋先生的意見。朽木先生，這個問題的最早的回應者，據他來信告訴我們，已經給許先生寫信去了。我們想：許先生不久一定會有回信來的，所以就一直地等待著，等待著。

在這個等待的期間，我們收到了葛教先、楊晉祥、元幾、朱英、王永青、張鐵夫、宋實、聶逸園、徐昭文諸位先生的來信或來稿，並左海、吳青、遂懷平三位先生的寄款。由此可見，這個問題依然在繼續地發展著，並沒有因爲等待而解消。

截到今天爲止，由第一個寄款的因雲先生算起，我們先後收到的寄款有：

因雲先生的四百元，徐廷弼先生的四千元，左海先生的一千元，吳青先生的二百元，遂懷平先生的二百元：一共是法幣五千八百元。

這五千八百元，都由我們存在金城銀行的西城儲蓄處了。（存摺是一七三三九號）

朽木的來信

二十三日，我們又收到朽木先生的來信，原信是這樣的：

弓也長先生：

今日收到許廣平先生來函，內稱不希望我們那樣做。今並將原函奉附，以便參考。我自然感覺一點微微的失望，蓋我們前曾想：至低，許先生亦會允許我們對平市遺族予以幫助也。但許先生既不願意，當亦無法。不過我自始至終覺得我們都是善意的，亦像你所說，都是「毫無偏私的」，緣我們如此做，乃由於對魯迅翁之崇敬。迅翁逝世八周年祭日，我曾為文稱，不要忘記平市迅翁之故居，也就是說，將來要為迅翁建紀念館圖書館時，不只上海，還有比上海更重要的北平故居。而平市遺族係翁生前藏書之保管人，我們因為關切翁生前藏書，自然也就關心到它的保管人，這不是很自然麼？

關於許先生，我相信她之不願意我們如此舉動，亦或自有其苦心，我相信其內心亦仍是善良的。而且亦或以為我們如此做，亦未嘗不與翁之遺囑有相抵觸處。不過我們盡可不必因此而失望，竊以為其他可做的事情還多，正如許先生所謂「各方待救較個人為重」。事實上，倒是更大的事情較更小的事情為重耳。未審尊意云何？匆此不一，順頌文祺。

朽木上
一月廿二日

景宋的意見

至於所附的許先生的信，是：

朽木先生：

兩奉惠教，殷殷垂念魯迅家屬生活，無任感荷。平方生活，當竭盡微力。倘勞社會賢達如先生們者費心，實不敢當，因勝利之後，各方待救較個人為重者實多。謹此布臆，並候台綏！

許廣平啟
一月十八日

如此，則這三個問題，尤其是關於遺族的生活那一部分，恐怕也眞要如朽木先生所說，「許先生既不願意，當亦無法」了吧？那麼，由我們所收存的五千八百元，要怎樣地處置呢？這好像是應該徵詢寄款者的意見之後，才能決定的。所以希望：寄款的五位先生，能早日地給我們指示。

論到遺書，乃及出版全集，建立魯迅紀念館等問題，在現在，似乎也只有擺在這裡了。昨天我們收到珊珊先生的來稿，雖然談的都是關於羅曼羅蘭的事，但想來，好像也未嘗不可作今日的我們的對於上述問題的參考。所以就把那來稿，發表在這篇文字的後面。

朽木先生的信上說：「我們盡可不必因此而失望，竊以爲其他可做的事情還多，正如許先生所謂『各方待救較個人爲重』。事實上，倒是更大的事情較更小的事情爲重耳。未審尊意云何？」那麼，對於一切注意魯迅先生的遺族和遺書這問題的讀者們，我們也應該說一聲：「未審尊意云何」吧？

羅曼羅蘭友人會

——已於本月初在巴黎組成

珊珊

本月二十日，在國際文藝沙龍舉行座談會中，遇到法國駐北平的領事佘敭華氏。佘氏是「明珠」的忠實讀者，對於魯迅遺族的捐款等問題，表示了極其同情的熱忱。以後就說到，在巴黎，對羅曼羅蘭，已於本月初成立了一個叫作「羅曼羅蘭友人會」的組織。這個會，是以羅氏的女公子爲中心的，將從事於羅氏著作全集的出版，和羅氏著作原稿並書箚的搜集整理。同時，更想在最近的將來，成立一個羅曼羅蘭專館。現在呢，則正爲羅氏的遺族發起捐款的運動。至於紀念專館的地址，據說，也許要設在羅氏久住的瑞士。

聽了佘氏的話，不禁地使我想到我們的魯迅先生乃及他的遺族……那麼，「魯迅友人會」之類的組織，在現在，該也有其必要吧？我把它作爲一個問題地提出來，給大家參考。

原載一九四六年一月二十七日《世界日報》（北平）

魯迅藏書出售問題[1]

一、魯迅藏書有擬出售說

八月二十五日本市《新中國報》載有〈魯迅藏書有擬出售說〉新聞一則，內云：「我國近代大文豪魯迅先生，其生前旅居北京時間最久，南下以後，仍擬返平久住。故其平生所搜購之中外書籍及碑帖等，均儲藏於北京寓所，南下後繼續搜購所得，亦隨時北運，收藏頗富。魯迅先生逝世後，紀念委員會蔡子民等除編印全集外，並擬翻印其所藏碑帖，以為研究我國文化沿革作參考，因魯迅先生收藏碑帖之目的，與一般鑒古家異趣，並非視為古董而徒供私人鑒賞把玩也。事變以後，計畫未能實施。近聞魯迅先生在平家屬，擬將其藏書出售，且有攜帶目錄向人接洽。關心文化者聞之，深望中日當局及文化界能設法保留其原狀，以供後世觀摩，不使此一代文豪之手澤，致有散失之虞云。」

二、唐諤：保全文物與重振文化

1 自魯迅逝世後，上海方面關於魯迅身後版權、魯迅藏書出售問題及朱安生活狀況等也有報導，其中有些小報的報導多有不實之處。修訂版增補以下三則報導，以供讀者參考。

據昨日本報載稱：魯迅先生在北平的藏書，其在平家屬有擬出售之說。這一個消息，使人馬上聯想到兩個問題：第一，是一代文豪如魯迅先生，決不能任其手澤遺散，保全之責，不僅是其家屬私人的事；如果任其遺散，那是一樁罪惡。第二，是魯迅先生在北平的家屬只有一人，所以要出售藏書，無非爲了生活艱苦；但是爲什麼會連一個人的生活都要藉出售藏書始能維持？這又是誰的責任？

以近代其他國家爲例：政府以及社會對文人學者生前的優待不必講，身後的哀榮和紀念，更是備極隆重（舉行國葬的很多），其生前的住宅，用具，書籍等，常保持原狀，以供後人憑弔。至於其所遺直系家屬的生活，根本不會發生「饔飧不繼」的情事。（子孫的情況是另一件事，但有時也有人推「屋烏之愛」，而特別扶植他們的。）至於中國，在政治清明之日，人們也常對所敬愛的人物，即一草一木之微，也特加愛護。國風甘棠之詩，峴山墜淚之碑，千古傳爲佳話。退而言之：如嚴子陵的垂釣之所，謝皋羽痛哭之台，後人也備至愛護，偶一登臨，輒使徘徊不忍去。

以魯迅先生的文章氣節，文化的功績而言，列於世界文豪之林，未暇多讓；比於古代文人逸士，更有過之。敬仰他的人，不僅遍於國內，就是國外人士，也備至欽慕。現在離開他逝世的時間，不過九年，屍骨甫寒，墓木未拱，而其平生手澤所存的藏書，就聽其散失，這是何等可痛可羞的事！

事變以來，兵燹遍地，有歷史文化價值的文物，散失損壞的很多。在平時，文化學者的遺物，無論身前身後（特別是身後）散失的也不少。但這種情況，和魯迅先生所遺藏書不同：因為在兵亂戰禍的時候，治安無人維持，文物散失為人力所不及預防或抵抗；這和在治安確立的大都市中環境截然不同。還有某些文人學者，平時對自己所藏的書籍等漠不關心，不事整理，逝世以後，致遭遺失，以我國社會情況而言，雖有熱心維護的人，也來不及挽救保持；但魯迅先生平生對他的書籍等非常愛護，收藏書籍碑帖，為其生平唯一嗜好，隨時整理，逝世以後，又經專家整理，便有極詳細的目錄，保留之事，極簡單容易。如果不散失於民國廿六年戰火籠罩北平之時，而散失於秩序恢復了七年之後的今日，負政治與文化之責者，決不能再有所推諉了。

近年來侈談文化的頗多，各種以建設文化為號召的刊物書籍也發行的不少，但究竟這許多出版物中有文化價值的有百分之幾？誰也不能作任何較大比數的答案吧！單純作宣傳的固然算不得文化；為了報銷而刊行的更說不上文化。可是我們所接觸到的卻獨多這一類的東西。

文化兩字正確的定義，應該是「生活的累積」。戰時固然改變了生活，也創造了新的生活方式，但戰爭是一種手段而不是目的，所以戰時生活是一種過渡時期的生活，是為了取得更高級生活而必須忍受較低生活的方式。因此戰爭時期文化必然降低。戰時的文化工作，正也不必存著過高的期望，只要做到兩點就「可告無罪」了。哪兩點呢？消極的維持文化的持續，積極的儲蓄一些資材和力量，爲戰後作些準備。

這一類話，或者有人認爲太消極，太把戰時的文化工作看輕了。甚至或許有人說：現在是偉大的時代，每個人都在這巨大的洪爐中熬煉，正應該熬煉出燦爛的文化出來。這或許是的，司馬遷在〈太史公自序〉裡曾例舉出許多足爲文化史上里程碑的巨著，都是在艱苦困厄之中成功的，他的史記也是如此。其實這許多巨著，在著作的當時是不受重視的，就是司馬遷的史記，到後漢末葉還被認爲「謗書」的。

（中略）

個人的意見，認爲今天的文化工作，無論在野在朝，第一件緊要的事是保全現有的文物，好搜集儲藏各種資料，爲不久之後的文化工作多準備一些可資憑藉的資料。換句話說：就是爲我國文化前途多保留一些元氣，使以後重振文化時有所憑藉。這是極易做到的，也是必需做到的。（八月二十六日新中國報「專論」）

三、君宜：魯迅藏書出售說

據報載：魯迅先生在平藏書，其留平家屬有擬出售之說。聞之頗使人憮然。文人多窮，雖著作等身，輒生前貧病交迫，死後更無以庇其遺族。魯迅翁一生倔強，不肯乞憐，平生節衣縮食，除搜藏書籍外別無嗜好，故所貯藏者雖非盡精本善本，大都爲有用有價值之典籍。翁平生酷愛北平，常擬老居於此，故南下後所搜購者亦隨時裝箱北運。如出售之說果確，則翁手澤散失，亦文化浩劫之一矣。並世各國對學者莫不尊崇備至，其生前所居之處，所用之物，雖數百年後尚保留如舊，以供後人憑弔瞻仰。我國凡事落後，不足語此，但卓然成家如魯迅翁者，死不十年，即不能保留其手澤，自不能使人不興「龜玉毀於櫝中」之感也。

魯迅翁在平家屬，除其介弟啓明老人外，僅前妻一人，本與其老母同居。魯迅翁生前，由北新書局月發版稅二百元匯平。事變以後，啓明老人淹留故鄉，即因有「老母寡嫂在」之故。今其老母已逝，所餘僅「寡嫂」一人，日用消耗，亦極有限。豈以啓明老人今日之地位，竟不能庇一「寡嫂」而必欲出售魯迅翁遺澤始足爲生耶？此則未免令人百思而不解者矣。（八月二十六日《海報》第二版）

四、許廣平：啓事

陶愛成律師代表魯迅（周樹人）先生家屬許廣平周海嬰啓事

茲據魯迅先生家屬許廣平周海嬰來所聲稱：「據八月二十五日新中國報載：『魯迅先生在在平家屬擬將其藏書出售，且有攜帶目錄向人接洽。』聞後甚爲驚異。按魯迅先生終身從事文化事業，死後舉國哀悼，故其一切遺物，應由我全體家屬妥爲保存，以備國人紀念。況就法律言，遺產在未分割前爲公同共有物，不得單獨處分，否則不能生效，律有明文規定。如魯迅先生在平家屬確有私擅出售遺物事實，廣平等決不承認，並深恐外界不明眞相，予以收買而滋糾紛，爲特委請貴律師代表登報聲明。」等語前來，合代啓事如上。

（九月十日申報）

啓

關於魯迅先生在平家屬出售藏書的資料，例如藏書出售部分的目錄，以及出售者姓氏和兜售的實情，如有所知，希望本外埠讀者賜函或賜稿，本刊站在維護文化，保衛文化遺產的立場上，當以純客觀的態度選輯後酌予發表。——編輯室

原載一九四四年十月十日《文藝春秋》第一期（上海）

蔣主席慰問魯迅夫人!!
事經本報駐平記者投函陳訴,平市府奉命辦理並饋十萬金

海燕

上月二十八日,上海電信局送來一份四一一八〇號的專電,是本報駐平記者何海生君發來報告新聞的。文云:

「上海《海光》週報社同人鑒:蔣主席蒞平時,弟曾函陳魯迅夫人寓平生活清苦現狀。昨經鄭秘書長彥棻偕臨大補習班主任陳雨屏奉命前往周寓宣慰,並代主席致送十萬金。余事容即函詳——弟何海生叩」

這是一件很有意義的事,尤其是蔣主席憐老恤貧,不遺在遠那番德意,令人不勝感奮。

接著,何君的航空快函,也在翌日遞到。經過情形,大概是這樣的:

老人家生活太清苦

文化巨人魯迅先生逝世後，他的夫人仍舊住在北平西四牌樓宮門口西三條二十一號；但她老人家孤零零地度著非常清苦的生涯。雖則上海許廣平女士時常有款匯去接濟她，無如北平物價的不斷高漲，常使她陷於很窘迫的環境中。所以，她每天只吃雜糧，蘿蔔頭，芝麻醬等等，都是一點沒有營養的食物。這對於老年人，當然不很相宜，於是，病魔也就時常的糾纏著她。

前次，蔣主席蒞平的時候，曾設立陳訴箱，准許人民陳訴一切痛苦。何君遂以本報記者的名義，特地寫了一封信詳述魯迅夫人清貧現狀，請求加以救濟。因爲魯迅先生是中國最偉大的文化鬥士，大家不能眼睜睜地看著他老人家的遺族，度著淒涼的歲月。這雖是一個整個的社會問題，但和資本家施給貧寒人一點小惠的意義，是絕端不同的。所以，何君便仗義執言，寫就一封長信投到西四牌樓的陳訴箱裡去。因爲，倘沒人去陳訴，主席又怎會知道呢？

平市民傳爲美談

後來，主席飛回了重慶，不久間就將何君投函察及；並即函飭北平市政府遵示辦理了！在二十四日的早晨，市府鄭秘書長彥棻即偕同臨大補習班主席兼北大教授陳雨屏氏奉命前往周寓，特向魯迅夫人面致殷勤慰問之意，並代主席致贈國幣拾萬元。

事後，平市民眾得知此事，傳爲美談！何君得此消息，因於翌日的傍晚，特地去拜訪魯迅夫人。那時候，她正在用著晚餐。但和平時不同，她已經在吃著紅燒肉和大米飯了！

原載一九四六年二月六日《海光》第十期（週報，上海）

魯迅德配夫人在平生活
許廣平供給開支，周作人住宅被封

施恩

魯迅先生逝世依舊，而周作人則以曾任華北僞組織之「教育總辦」，爲當局所逮捕，羈押獄中已二月矣！魯迅先生之元配夫人，至今猶在北平，度其清苦之生活。近有友人自北方南來，友人之寓，適與魯迅北平宮門口西三條之老家爲毗鄰，因與魯迅夫人相稔熟，每月生活之資，皆取自許廣平處。彼今年已六十餘歲，身材極瘦小，然精神甚健，屋爲魯迅自置之產，距置產時，已將三十年，屋尚寬敞，客室後尚有魯迅生前之著書室，壁上懸魯迅之照相及畫像，書櫥內多日文書籍，淩亂未整理，蓋猶與十餘年前魯迅伏案時無異。

魯迅夫人與戚串數人同寓宅中，故頗不寂寞。周作人被捕後，八道灣之住宅，方由憲兵看守，其東洋太太則猶住偏房內，魯迅夫人時往探視，並略周濟，蓋周作人恃筆桿爲生，入獄後其家屬生活頗艱困也。

原載一九四六年三月二十三日《快活林》第八期（週刊，上海）

主要參考文獻

回憶資料

1、郁達夫〈回憶魯迅〉，原載一九三九年三月至八月上海《宇宙風》（乙刊）（收入郁達夫《回憶魯迅——郁達夫談魯迅全編》，上海文化出版社二〇〇六年版）。

2、孫伏園〈關於魯迅——於昆明文協紀念魯迅逝世三周年大會席上〉，一九三九年十月（收入《孫氏兄弟談魯迅》，新星出版社二〇〇六年版）。

3、許廣平〈魯迅年譜的經過〉，原載一九四〇年九月十六日《宇宙風》（乙刊）二卷九期（收入《許廣平文集》第二卷，江蘇文藝出版社一九九八年出版）。

4、孫伏園《魯迅先生二三事．哭魯迅先生》，重慶作家書屋一九四二年初版。

5、歐陽凡海《魯迅的書》，文獻出版社（桂林府前街十四號）一九四二年五月初版。

6、荊有麟〈魯迅回憶斷片〉，上海雜誌公司一九四三年十一月初版（收入《魯迅回憶錄．專著》（上冊），北京出版社一九九九年版）。

7、林辰〈魯迅的婚姻生活〉，選自《魯迅事蹟考》，一九四五年三月（收入《魯迅傳》

附錄，福建人民出版社二〇〇四年版）。

8、許壽裳〈亡友魯迅印象記〉，峨嵋出版社一九四七年十月版。

9、增田涉〈魯迅與許廣平結婚的問題〉，選自《魯迅的印象》，一九四九年初版（中文版湖南人民出版社一九八〇年版）。

10、許廣平《欣慰的紀念》，人民文學出版社一九五一年版。

11、周遐壽（作人）〈魯迅的故家〉，上海出版公司一九五三年三月版（收入《魯迅回憶錄・專著》（中冊）。

12、曹聚仁《魯迅評傳》，香港世界出版社一九五六年版。

13、〈魯迅家乘及其佚事〉，陳雲坡記錄，內部資料，一九五八年，藏北京圖書館。

14、周冠五《回憶魯迅房族和社會環境三十五年間（一九〇二—一九三六）》，人民文學出版社內部資料，一九五九年（收入周冠五著，倪墨炎、陳九英編選《魯迅家庭家族和當年紹興民俗・魯迅堂叔周冠五回憶魯迅全編》，上海文化出版社二〇〇六年版）。

15、周作人《知堂回想錄》，香港三育圖書文具公司一九七〇年出版。

16、許羨蘇〈回憶魯迅先生〉，《魯迅研究資料》第三輯，文物出版社一九七九年版。

17、壽洙鄰〈我也談談魯迅的故事〉，《魯迅研究資料》第三輯。

18、許欽文《魯迅日記中的我》，浙江人民出版社一九七九年版。

19、唐弢〈帝城十日解：關於許廣平魯迅手跡和藏書的經過的一點補充〉，《新文學史料》一九八〇年第三期。
20、俞芳《我記憶中的魯迅先生》，浙江人民出版社一九八一年出版。
21、周芾棠《鄉土憶錄——魯迅親友憶魯迅》，陝西人民出版社一九八三年版。
22、《許廣平往來書信選》，《魯迅研究資料》第十六輯，天津人民出版社一九八七年版。
23、唐弢〈關於周作人〉，《魯迅研究動態》一九八七年五月號。
24、〈陳文煥談朱安家母等情況〉，裘士雄記錄整理，未刊稿（一九九〇年十一月）。
25、〈朱吉人談姑母朱安等情況〉，裘士雄記錄整理，未刊稿（一九九〇年十一月）。
26、孫伏園〈朱安與魯迅的一次衝突〉，《魯迅研究月刊》一九九四年第十一期。
27、周作人《周作人日記》（上），大象出版社一九九六年版。
28、周建人口述，周曄筆錄《魯迅故家的敗落》，福建教育出版社二〇〇一年版。
29、李霽野致許廣平信（收入《李霽野文集》第九卷，百花文藝出版社二〇〇四年出版）。
30、張能耿《魯迅親友尋訪錄》，黨建讀物出版社二〇〇五年版。
31、《山陰白洋朱氏宗譜》，上海圖書館藏。

32、竹內好《魯迅》，一九四四年初版（收入竹內好著、孫歌編，李冬木、趙京華、孫歌譯《近代的超克》一書，三聯書店一九九五年出版）。
33、尾崎秀樹〈圍繞著魯迅的舊式婚姻——架空的戀人們〉，日本《文學》一九六〇年五月號。
34、高木壽江〈魯迅的結婚和情〉，日本《魯迅之友會〈會報〉》第十三期。
35、程廣林〈日本人關於魯迅舊式結婚問題的探討〉，《中國現代文學研究叢刊》一九八〇年第三輯。
36、稽山（裘士雄）〈魯迅和朱安女士以及他倆的婚姻問題〉，載《紹興師專學報》一九八一年第二期。
37、蔣錫金〈自題小像婚姻說〉，《新苑》一九八一年第三期。
38、薛綏之主編《魯迅生平史料彙編》第一輯，天津人民出版社一九八一年版。
39、稽山《魯迅和朱安婚姻問題史料補敘》，《紹興師專學報》一九八二年第一期。
40、裘士雄《元配夫人朱安》，未刊稿。
41、李江〈魯瑞、朱安照片兩幀〉，《魯迅學刊》第三期（一九八二年四月）。

42、薛綏之主編《魯迅生平史料彙編》第三輯，天津人民出版社一九八三年版。
43、裘士雄《魯迅與嘯唫阮家》，《魯迅研究資料》第十一期，人民出版社一九八三年版。
44、段國超《魯迅與朱安》，《中國現代文學研究叢刊》一九八三年第三期。
45、余一卒《朱安女士》，《魯迅研究資料》第十三期，天津人民出版社一九八四年版。
46、紹興市、縣文聯編印《紹興風俗簡志》，一九八五年。
47、楊燕麗《朱安埋在哪裡？》，《魯迅研究動態》一九八五年第六期。
48、張自強《魯迅與朱安舊式婚姻締定年代考》，《紀念與研究》第九期（一九八六年十二月）。
49、葉子《魯迅母親的木床》，《魯迅研究資料》十六期，天津人民出版社一九八七年版。
50、祝肖因《關於魯迅舊式婚姻的幾個問題》，《魯迅研究月刊》一九八七年第九期。
51、楊志華《新發現的一幀魯迅在日本時的照片》，《魯迅研究動態》第七十二期（一九八八年四月）。
52、楊志華《關於朱可銘及朱氏》，《魯迅研究動態》第七十九期（一九八八年十一月）。
53、楊志華《朱安與魯迅》，《紹興魯迅研究專刊》第九期（一九八九年六月）。
54、祝肖因《惜花四律是否與舊式婚姻有關？》，《上海魯迅研究》第三期，上海百家出版社一九九〇年版。

55、裘士雄〈淺論魯迅對中國傳統婚姻的「妥協」與抗爭〉，《紹興師專學報》一九九一年第三期。

56、楊志華〈朱吉人與朱安及魯迅〉，《上海魯迅研究》第四期，上海百家出版社一九九一年版。

57、張華〈「魯迅家世」漫評〉，《魯迅研究月刊》一九九二年第七期。

58、吳俊〈在母親和妻子之間〉（收入吳俊《魯迅個性心理研究》，華東師大出版社一九九二年版。

59、佘錦廉〈我談「魯迅與許羨蘇」〉，《魯迅研究月刊》一九九四年第六期。

60、南江秀一〈魯迅元配：朱安〉，《書城》一九九四年第二期。

61、南江秀一〈關於許羨蘇的幾點思索〉，《書城》一九九四年第十一期。

62、丸尾常喜〈朱安與子君〉（收入丸尾常喜著、秦弓譯《人與鬼的糾葛——魯迅小說論析》，人民文學出版一九九五年版）。

63、〈朱安屬兔〉，《魯迅研究月刊》一九九六年第五期。

64、張鐵錚〈知堂晚年軼事一束〉（收入陳子善編《閒話周作人》，浙江文藝出版社一九九六年版）。

65、吳長華〈平凡之中見精神——魯迅家用賬讀後記〉，《上海魯迅研究》第7期，上海百家出版社一九九六年版。

66、李允經〈向朱安告別——〈傷逝〉新探〉（收入《魯迅的情感世界》，北京工業大學出版社一九九六年版）。

67、葉淑穗〈北京魯迅故居中的朱安居室〉（收入葉淑穗《從魯迅遺物認識魯迅》，中國人民大學出版社一九九九年版）。

68、馬蹄疾《在無愛中死去的朱安》，《魯迅生活中的女性》，知識出版社一九九六年版。

69、張能耿〈「徵婚」與「戀愛」〉，《紹興學刊》一九九九年第六期。

70、張能耿、張款〈魯迅的元配夫人朱安〉（收入〈魯迅家世〉，黨建讀物出版社二〇〇〇年版）。

71、岸陽子〈超越愛與憎——魯迅逝世後的朱安與許廣平〉，《魯迅世界》二〇〇一年第四期。

72、王錫榮〈「文豪」還是「富豪」——魯迅究竟有多少錢〉（收入《魯迅生平疑案》，上海辭書出版社二〇〇二年版）。

73、王錫榮〈周作人覬覦魯迅的藏書？〉（收入《周作人生平疑案》，上海廣西師大出版社二〇〇五年版）。

74、高彥頤《閨塾師——明末清初江南的才女文化》，江蘇人民出版社二〇〇五年版。

75、山田敬三〈我也是魯迅的遺物──關於朱安女士〉（收入山田敬三古稀紀念論集刊行會編《南腔北調論集──中國文化的傳統與現代》，東京，二〇〇七年七月）。

76、李東軒〈朱自清與魯迅的略說〉，《上海魯迅研究》二〇〇七年夏季號，上海文藝出版社二〇〇七年版。

77、裘士雄〈關於魯迅參與絕賣「公田」的公同議單〉，《上海魯迅研究》二〇〇八年夏季號，上海社會科學院出版社二〇〇八年版。

78、張業松〈暗夜的苦痛和想像〉（收入《文學課堂與文學研究》，復旦大學出版社二〇〇八年版）。

相關報導

79、〈周夫人述悲懷〉，一九三六年十月二十日《世界日報》（北平）。

80、介夫〈中國名作家魯迅夫人訪問記〉，一九三六年十月二十一日《北平晨報》。

81、〈魯迅在平家屬訪問記〉，一九三六年十月《新民報》（南京）。

82、〈許廣平負責整理魯迅先生全部遺作，外間種種消息都是謠傳〉，一九三六年十一月二十七日《電聲》第五卷第四十七期（週刊，上海）。

83、〈上海夫人與北平夫人之爭，魯迅遺作及全集起糾紛，周作人將親自出馬南下交涉〉，一九三六年十二月十八日《電聲》第五卷第五十期。

84、〈魯迅逝世後許廣平女士和朱夫人並無異議，準備明春會面商討家事〉，一九三七年一月一日《時代生活》第五卷第二期（天津）。

85、〈爲了一筆文學遺產，魯迅的兩夫人大起鬥爭，周作人調停無效兩面受氣〉，一九三七年四月二日《電聲》第六卷第十三期。

86、司馬星〈關於魯迅夫人〉，一九四三年一月二十日《萬歲》第一期（半月刊，上海）。

87、〈文化報導：魯迅留平藏書有由其家屬出售說……〉，一九四四年九月十日《雜誌》第十三卷第六期（上海）。

88、〈魯迅先生藏書出售問題〉，一九四四年十月十日《文藝春秋》第一期（上海）。

89、〈魯迅藏書出售問題〉，一九四四年十月十日《兩年》（文藝春秋叢刊之一）。

90、霜人〈懷魯迅藏書〉，一九四五年二月十五日第四卷第七期《文友》（上海）。

91、聞言〈魯迅藏書出售問題〉，一九四五年十月二十一日《光華週報》第一卷第六期。

92、海生〈爲魯迅先生的遺族和藏書盡一點力吧〉，一九四五年十二月十九日《世界日報》（北平）。

93、朽木〈回應援助魯迅遺族〉，一九四五年十二月二十五日《世界日報》（北平）。

94、弓也長〈訪問魯迅夫人〉，一九四五年十二月三十一日《世界日報》（北平）。

95、〈因雲先生來信〉，一九四五年十二月三十一日《世界日報》（北平）。
96、〈朽木先生來信〉，一九四五年十二月三十一日《世界日報》（北平）。
97、弓也長〈火熱的人情〉，一九四六年一月《世界日報》（北平）。
98、朽木〈對魯迅遺族希能發起捐款運動〉，一九四六年一月《世界日報》（北平）。
99、朱學郭〈關於魯迅的遺族與遺書〉，一九四六年一月《世界日報》（北平）。
100、弓也長〈依然是關於魯迅先生的問題〉，一九四六年一月二十七日《世界日報》（北平）。
101、海燕〈蔣主席慰問魯迅夫人!!〉，一九四六年二月六日《海光》第十期（週報，上海）。
102、施恩〈魯迅德配夫人在平生活〉，一九四六年三月二十三日《快活林》第八期（週刊，上海）。
103、大木〈魯迅的兩位夫人〉，一九四六年五月十三日《吉普》第二十六期（週刊，上海）。
104、失名〈主席撥款救濟魯迅元配夫人〉，一九四六年十月二十二日《海星》第二十七期（週報，上海）。
105、天聲〈許廣平故都訪魯迅前妻〉，一九四六年十二月一日《新上海》第四十四期。
106、飛螢〈魯迅兩夫人之爭！〉，一九四七年二月二十四日《海天》（週報）新三期。
107、〈朱夫人寂寞死去〉，一九四七年七月二十九日《新民報》（南京）。
108、〈魯迅夫人〉，一九四八年三月二十四日《新民報》（北平）。

後記

我用蝸牛一樣的速度爬行到現在，才終於完稿。總算可以長長地吁一口氣了，回首過去的這段時間，我常常想到一句俗話：「巧婦難爲無米之炊」。我不是巧婦，因此，這本書可以說寫得很吃力，很痛苦，但同時我又感覺非常值得，因爲這是我心裡醞釀已久的一本書。

我選擇寫朱安這樣一個人物的傳記，絕不是偶然。多年前，還是在復旦讀書的時候，關注的是女性文學，自然也閱讀了不少國外的女性主義經典著作。其中最吸引我的是山崎朋子的《望鄉——底層女性史序章》（即電影《望鄉》的原作，中譯本於一九九八年出版），這本薄薄的小書，讓我看到自己應該努力的方向。我暗暗決定，今後要像山崎朋子那樣，站在女性的立場上，對女性的命運加以關注和思考。

畢業後，從事魯迅研究方面的工作，一直在這個領域裡努力著。一晃好幾年過去了，我似乎已經把讀書時的志願淡忘了。但另一方面，有一個題目始終盤旋在我心頭，那就是朱安。毋庸諱言，眼下名人的婚戀成爲一大熱點，魯迅與朱安的包辦婚姻也難免成爲眾說紛紜的話題，但我之所以打算寫朱安，並不是想湊這個熱鬧，更不是爲了爭論魯迅與朱安在這樁婚姻中究竟孰對孰錯。向來我們只把朱安看成包辦婚姻的犧牲品，一個沒有時間性的悲劇符號，認爲她的一生是極爲單薄的，黯淡無光的。眞的是這樣嗎？有人說，「黑暗也能發出強烈的光」，朱安站在暗處的一生是否也有她自己的光？

但構想歸構想，眞正動筆時，我還是感到不小的壓力。首先，我想一定會有人質疑：爲什麼要爲這樣一個毫無光彩的女性寫一本傳記？會不會影響到魯迅的高大形象？對此，我確實也有過猶疑，讓我感到欣喜的是，當我說出自己的打算時，無論是一些魯研界的前輩，還是我的同行們，都很鼓勵我，認同我，並給予我許多建議和幫助。這使我信心倍增，同時，也使自己沒了退路——總不能「雷聲大雨點小」，讓大家對我失望。

其次，我也知道寫朱安的傳記，資料是個難題。由於可以想見的原因，朱安的生平資料很匱乏，有關於她的種種細節絕大部分都失落了。而各種各樣的回憶或說法，很多也是自相矛盾的。不過，我並不同意有些人的看法，認爲朱安的一生乏善可陳，沒什麼好寫。其實，朱安六十九年的人生也經歷了許許多多，在魯迅去世後，她默默地熬到了抗戰結束，現在留存下來的當年的報導，讓我看到了一個飽經滄桑的老婦人。她生前託人代筆的一封封書信，讀來只覺得淒切入骨，令人心生感慨……在翻閱這些舊資料的過程中，她的形象在我的眼前晃動著，她的一生在我的腦海裡逐漸變得清晰起來。

當然，我覺得最困難的是傾聽這樣一位女性的心聲。雖然山崎朋子的《望鄉》被我奉爲典範，但其實，它走的是「口述歷史」的路子，不是我所能效仿的。以往的女性傳記，都是精英知識女性的傳記，起碼有一些自述性的文字，從中可以解讀她們的內心世界。而朱安不同，她早已不在人世，又是個不識字的女人，作爲一位徹頭徹尾的舊女性，我們連弄清她的生平細節都有很多障礙，更不用說對她的處境感同身受，進入到她的內心深處。

由於以上原因，寫到半當中時，我有過動搖，也有過自我懷疑。不過，更有許多可回味的片斷。

這兩年，爲了鉤沉有關朱安的史料，我利用各種機會，去踏訪朱安足跡所到的地方，向紹興和北京兩地的魯迅研究者求教，搜集各方面的第一手資料。我漸漸地體會到在魯迅紀念館工作的好處，就是可以經常與紹興和北京兄弟館的同行進行交流。每次去這兩個地方出差，我都可以向他們討教，從而不至於多走彎路。

我記得在紹興，跟著周芾棠老先生尋訪朱安娘家丁家弄。其實前一天我也曾去過，可謂一無所獲，但是跟著周老先生，一個下午，我們跟當地的住戶聊了許多。而且打聽著打聽著，最後居然找到了當年朱家的房客！那天我跟在他後面，才眞正地有了實地採訪的感覺。那一次，幸虧有周老先生陪伴，不然我這連紹興話都聽不太懂的外鄉人，是很難和老住戶們隨意攀談的。現在想想，那回我連照相機都忘了帶，實在是不夠專業！我決定，等這本書出版後，一定要再去丁家弄，找到俞先生、王先生和周阿婆，跟他們合影留念。

我還記得紹興魯迅紀念館裘士雄先生的大辦公室，他在這裡每天埋頭著述，出版了一部部極具紹興地域特色的著作。他自稱是「以書養書」，即拿到某本書的稿費後，再自費出版另外的書。這使我肅然起敬。作爲魯迅研究者，裘先生早年通過對朱氏後人及鄰里的走訪，記錄下關於朱家台門的情況，搶救了不少資料。聽說我打算寫朱安傳，他把自己留意搜集的資料提供給我參考。並特別指出，對待魯迅和朱安的包辦婚姻，一定要結合當時的社會背景來看問題，而不能片面地得出結論。雖然，我未必能達到他的要求，但寫作中始終記著他的告誡。

朱安後半生住在北京。去年十一月去北京，我遇到了曾在北京魯迅博物館保管部工作的葉淑穗老師，她向我介紹了許多有關朱安的情況。葉老師說，朱安是西三條故居的最後一位女主人，只要是她在故居的生活用品，都保存了下來，除了一些穿得很破爛的小腳鞋，凡朱安生前用過的，如水煙袋、衣服、新的小腳鞋等，都保存了下來，包括她爲魯迅守孝的衣服也都在。朱安很矮，比常人都要矮，她的衣服很窄小，有些是用魯迅母親的衣服改的，很瘦很瘦的。朱安後來也有可能是死於胃癌，她有一個老保姆，原來住在附近，曾去找過。據這位老保姆說，臨終前朱安胃很疼。我詢問朱安是否擅長做手工活，葉老師認爲，有很多資料表明，朱安不大會繡花之類新式的手工，她的手工活很粗，可能會做鞋子或鞋墊等。遺憾的是，要看到朱安留下的遺物需要很多審批手續，我雖然很好奇，但也只能作罷。

葉淑穗老師在資料方面也給了我不少指點，她告訴我，《世界日報》訪問朱安的資料是很好的，真正寫朱安生活的資料很少，但是《世界日報》從保護魯迅文物的角度出發，去看望了朱安，親眼目睹了她的生活狀況。當時，她特意去圖書館抄錄了下來，她還抄錄了許多朱安的家信……可以感覺到，葉老師對於北京時期的朱安不僅很瞭解，而且也很關心。我從她這裡瞭解到許多活生生的細節，也由衷地感到，正如葉老師等所說的，對朱安的問題，要從歷史出發，看問題要全面，不能以偏概全，更不能輕率地下結論。

朱安的一生，前四十年在紹興，後二十八年在北京。照理，輪不到我這個外鄉人來寫，多虧有魯迅研究界前輩熱心指點，有許多同行相助，今天才有了這本十多萬字的小書。無論是善意提醒我的人，還是在資料上給予我說明的人，我都將一直銘感在心。

我要感謝的人很多，而我尤其要感謝的是王錫榮副館長。當我忐忑不安地把擬就的提綱交給他，準備著被他潑冷水，不料他很支持我們提出個人的研究計畫，而且很鼓勵我們突破成見，發表自己的想法，在魯迅研究的道路上踏出自己的印跡。同時，他也給了我許多切實的建議，指點我多向魯研界的前輩虛心求教，盡可能全面地搜集史料，以客觀地反映朱安的一生。他還提醒我，過去大多是站在魯迅的角度來敘述，希望我能站在朱安的角度，多挖掘朱安的內心。他的一席話使我有如醍醐灌頂，茅塞頓開之感。遺憾的是，我雖然盡力朝這個方向去努力，但顯然還做得很不夠。

需要指出的是，我館從去年起設立了專項課題，用於支持個人的研究計畫，我的這本傳記也列入了這一課題。在這裡，我還要感謝我們部門的同仁。寫作是一件耗費心力和時間的事，如果沒有一個寬鬆的學術環境，人往往會變得浮躁，也很難靜下心來做事。我很慶幸，置身於濃濃的學術氛圍裡，平時既能夠互相切磋，也能彼此體諒。這都為我完成此書創造了條件。

所以，我也感到很慚愧，最終我只能寫到這個程度。現在想來，如果我多一點刨根問底的勇氣，也許會有更多發現。但現在只能是這樣了。

感謝王錫榮副館長、裘士雄先生，他們在百忙之中審讀了我的原稿，並提出了中肯的建議，特別是指出了一些史實性的錯誤。紹興的顧紅亞女士為我影印刊登在《紹興魯迅研究專刊》上的資料，在此也表示感謝。

有一句自謙的話叫「拋磚引玉」。如果我的這塊「磚」能夠引來美玉，那麼，我就做一塊磚吧。

國家圖書館出版品預行編目資料

我也是魯迅的遺物：朱安傳／喬麗華著 . -- 初版 .
-- 臺中市 : 好讀 , 2018.08
面 ;　公分 . -- (人物誌 ; 32)

ISBN 978-986-178-465-6(平裝)

1. 朱安 2. 傳記

782.886　　　　107011300

好讀出版

人物誌 32

我也是魯迅的遺物：朱安傳

作　　者／喬麗華
總 編 輯／鄧茵茵
文字編輯／莊銘桓
行銷企劃／劉恩綺
發 行 所／好讀出版有限公司
台中市 407 西屯區工業 30 路 1 號
台中市 407 西屯區大有街 13 號（編輯部）
TEL:04-23157795 FAX:04-23144188　http://howdo.morningstar.com.tw
（如對本書編輯或內容有意見，請來電或上網告訴我們）
法律顧問 陳思成律師

總經銷／知己圖書股份有限公司
106 台北市大安區辛亥路一段 30 號 9 樓
TEL：02-23672044　23672047 FAX：02-23635741
407 台中市西屯區工業 30 路 1 號 1 樓
TEL：04-23595819 FAX：04-23595493
E-mail：service@morningstar.com.tw
網路書店 http://www.morningstar.com.tw
讀者專線：04-23595819 # 230
郵政劃撥：15060393（知己圖書股份有限公司）
印刷／上好印刷股份有限公司

線上讀者回函：
請掃描 QRCODE

初版／西元 2018 年 8 月 1 日
定價：300 元
如有破損或裝訂錯誤，請寄回知己圖書更換

Published by How-Do Publishing Co., Ltd.
2018 Printed in Taiwan

ISBN 978-986-178-465-6